国家社科基金项目(项目编号:17BGL071)

中国管理会计人才评价体系构建研究

熊焰韧　苏文兵　著

中国财经出版传媒集团
中国财政经济出版社

图书在版编目（CIP）数据

中国管理会计人才评价体系构建研究／熊焰韧，苏文兵著．——北京：中国财政经济出版社，2019.12

ISBN 978－7－5095－9488－9

Ⅰ.①中… Ⅱ.①熊… ②苏… Ⅲ.①管理会计－技术人才－评价－研究－中国 Ⅳ.①F234.3

中国版本图书馆CIP数据核字（2019）第274149号

责任编辑：吕小军　　　　责任校对：张　凡

封面设计：思梵星尚

中国财政经济出版社出版

URL：http：//www.cfeph.cn

E－mail：cfeph@cfeph.cn

社址：北京市海淀区阜成路甲28号　邮政编码：100142

营销中心电话：010－88191537

北京富生印刷厂印刷　各地新华书店经销

710×1000毫米　16开　20印张　336 000字

2019年12月第1版　2019年12月北京第1次印刷

定价：78.00元

ISBN 978－7－5095－9488－9

（图书出现印装问题，本社负责调换）

本社质量投诉电话：010－88190744

打击盗版举报热线：010－88191661　QQ：2242791300

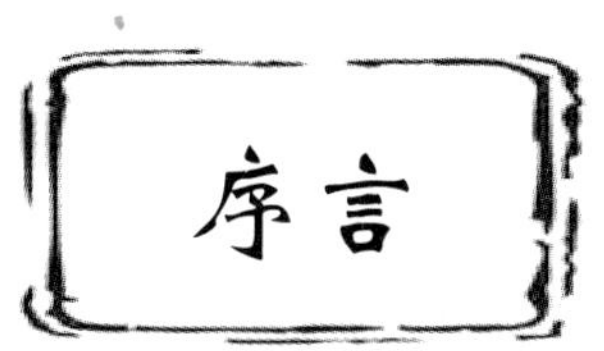

序言

中国经济进入新常态，企业从管理理念、框架以及方法等层面均产生巨大的变化，由此必将形成新的经营模式和管理会计新需求。财政部因势利导提出建立中国管理会计体系的指导意见，吹响了中国管理会计如何适应现实环境的重大变化而重塑自身的进军号。中国管理会计研究由此进入新阶段，需要立足中国宏观与微观发展现实做出创新尝试。

我们过去对管理会计的研究，大多集中于管理会计技术方法层面，但从管理会计实践发展来看，其效果不仅取决于技术方法，更取决于管理会计人才。立足中国管理会计实务发展现实需要，管理会计人才知识与能力结构问题的研究，比管理会计技术方法的研究，对推进中国管理会计实践进而提高实践效果更具迫切性。

当代会计实践发展，不仅面临着企业范围与规模乃至结构巨大变化带来难以满足管理对会计计量要求的困境，更面临信息技术飞速发展对会计职业的挑战。但是，传统的会计职业和人员从信息技术角度看，对网络化后的经济信息需求缺乏应有的认知，更谈不上计量反映报告的意识和能力了。面临信息化的全新社会环境，管理会计人才知识与能力的有效重塑，将左右着现代会计发展能否有效满足社会需要的具体方向。

学界普遍认为高质量、多技能、复合型管理会计人才对更好地满足管理会计实践效果更为关键。但是，具体需要管理会计人员具备哪些能力？哪些能力在实务中更为重要？对此的认知目前尚缺乏精确细致的回答。这一分歧的存在导致管理会计人才需求与供给之间的矛盾一时难以缓解。

国际几大会计人才认证机构在人才培养框架体系建设方面做出了许多有益的尝试，然而现有的管理会计能力框架体系并没有得到实务界的广泛认同。各认证机构大力开拓市场的同时，同质化倾向愈发明显，证书的“含金量”正呈现下降的趋势。正是基于以上考虑，我们认为构建中国管理会计人才评价体系，尤为重要。

南京大学会计学系一直以来有问卷调查的研究传统，《中国管理会计人才评价体系研究》继承了17年来的南京大学会计学系的问卷调查传统，重点关注管理会计问题。具体就企业负责人对财会工作的总体评价、财会人员的整体素质、财会部门提供信息的质量及对财会信息的需求一一发问。

研究发现，企业负责人对财务人员的会计核算能力、资金筹集能力、财务分析能力、成本管理能力、内部控制能力的满意程度较高，对财务人员数据可视化能力和信息展示能力、市场预测能力、信息需求规划能力、数据挖掘能力、信息集成和整合能力满意程度较低。这一方面说明会计核算能力、财务分析能力、成本管理能力等是财务人员的基本能力和传统能力，发展的比较成熟，企业负责人和财务人员都比较重视；另一方面也说明企业负责人仍然将财务人员的地位定位于传统的核算分析层面，财务人员在企业高层决策中发挥作用的空间十分有限。回顾20世纪初管理会计之所以能够在美国企业的管理革命中发挥重要的作用，与以安德鲁·卡内基、艾尔弗雷德·斯隆等人为代表的企业高管对管理会计的倚重[①]是密不可分的。

数据可视化能力、信息展示能力、市场预测能力、信息需求规划能力、数据挖掘能力、信息集成和整合能力都属于新兴能力要求，在传统职能划分上不完全属于财务人员的职能范畴，因此企业负责人和财务人员都不很重视这些专业技能。然而随着大数据时代的到来，企业需要提高“业财融合”的程度，同时企业负责人也对财务人员能力提出了新的要求，因此，财务人员需要进行职能转型，尤其是高级财务人员需要突破传统财务职能的束缚，积极进行职能转型，继承发扬“100年前由科学管理运动激发的创新意识”[②]。

随着企业各项创新的开展、业财融合的深入发展，财务必须要与企业一起创新，实现协同发展的局面，这就要求财务部门职能的创新。创新是财务工作

① 钱德勒：《看得见的手——美国企业的管理革命》，重武译，商务印书馆1987年版，第309页、第321—327页。

② 约翰逊、卡普兰：《管理会计兴衰史——相关性的遗失》，金马工作室译，清华大学出版社2004年版，第11页。

服务于企业价值增长并实现自我提升的永恒使命，也是财务人员实现自身价值的重要体现，一味拘泥于传统职能只会带来职业消亡的厄运。我们长期问卷调查和实地访谈的经验积累表明，中国企业发展过程中，面临独特的制度环境和历史机遇，形成了不同于西方企业的发展路径，中国管理会计的发展必须顺应这一历史潮流，在管理会计资格认证和人才培养中探索出有中国特色的道路，为中国会计在世界会计大家庭中赢得令人尊敬的一席之地做出贡献。

我们期待熊焰韧和苏文兵两位老师的《中国管理会计评价体系研究》一书面世，能激发业界和学界更多的同行，携手共进推动中国管理会计走向世界！

南京大学教授、博士生导师
南京大学会计与财务研究院院长
中国会计学会副秘书长、学术委员
杨雄胜
2019 年 12 月

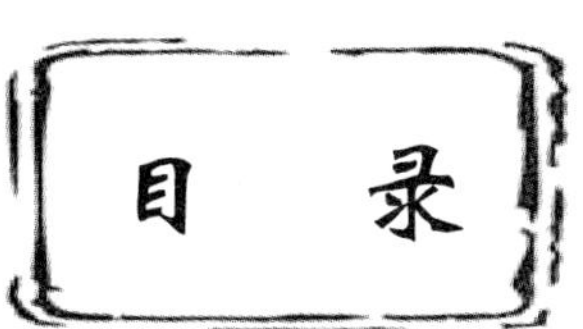

目　录

第一部分　引言

第二部分　国际经验

第三部分　中国管理会计现状分析

第四部分　中国管理会计人才评价体系的构建

第一部分

引　　言

1 管理会计发展现状与面临的挑战

1.1 经济发展的新常态对会计的要求

自改革开放以来，我国的经济发展取得了令人瞩目的成果。但2008年，受全球金融危机的影响，各国经济发展都呈现出不同程度的增长减缓，我国亦是如此。自此，中国的经济发展告别了长期以来两位数的增长速度，回落到个位数的中高速发展阶段。经济增长速度的回落，只是经济增长的速度放缓，并不意味着经济不发展。中国经济在经历了30多年的持续高速增长后，经济体量已经变得很大，位居世界第二。在一个巨大的基数下，即使是微小的增长，其增长量也是可观的。就像人的成长一样，在成长的初期，成长较快，而进入青年和成年后，自然就要放慢，经济发展也是如此。同样，日本和韩国等国家，在其经济发展的历史长河中，也经历了从高速增长到中高速甚至低速的发展历程。这充分说明经济增速的回落是适应经济发展规律的必然结果，是进入新的更高一级发展阶段的表现。在此背景下，习近平总书记提出和阐明了中国经济的“新常态”，以“新常态”来判断当前中国经济的特征，并将之上升到战略高度，表明我国发展仍处于重要战略机遇期。

在这一阶段，中国经济的发展将呈现减速换挡、结构调整、转型升级、挑战增多的新特征。在这个全新的发展时期，经济发展和市场需求都发生了本质性的改变，经济发展的速度和规模不再是衡量发展好坏的首要标准，提质增效成为经济发展的新要求。我国已进入中高速发展的新时期，而现有的经济结构是为了满足原经济高速增长的需求，因此，必须对经济结构进行调整，解决传统产业产能过剩、核心技术匮乏、污染严重、创新动力不足等问题以适应新的发展阶段。相对于过去依靠资源消耗支撑的高速发展，中高速发展主要依赖产业结构调整、管理转型升级和创新来实现经济发展的质量提升和效益增长，加强发展的可持续性。

新的经济发展方向对于企业来说就是新的发展要求。在“新常态”经济下，企业要想稳固自身发展地位，取得长远发展，必须立足于长远的战略目标，舍弃以往一味追求利润的短期经营理念，以创新为发展动力，提质增效，努力生产高质量的产品，进行高质量的经营管理，创造企业价值。从产品服务的角度来讲，以往模仿型、排浪式消费需求基本结束，个性化、多样化消费渐成主流，消费者需要的是质量更高、更具特色的产品和服务。那么对于企业而言，以往批量式的生产销售模式已不再具有市场价值，企业必须通过技术创新，生产更高质、更具差异性的产品，以创新供给激活需求，满足消费者的需求从而提高其市场竞争地位。从企业投资的角度来讲，对于企业自身的大规模基础设施的投资已基本完善，企业将投资目标由自身转变为对外寻求投资契机，提高资金的使用质量，这种对外的投资需求已逐渐成为市场经济的重要组成部分，对资源的优化配置起到重要的促进作用。从企业的组织管理来讲，专业化、信息化将成为企业管理的新目标，对于企业而言，生产要素规模驱动力已逐步减弱，未来企业的发展将更多地依靠优质的人力资本和信息化手段进行管理，从而实现管理上的提质增效。

会计一直以来都是企业经营管理的重要组成部分，而以往的会计人员只是对经济业务进行记录和简单地分析，这些职能已不能满足新经济形势下企业经营管理的需求，企业更多的是需要会计人员提供管理方面的专业知识与技能，需要会计人员对新产品和新技术进行市场分析，为产品的经营决策提供必要的信息支持，对投资的可行性和收益率进行预测，为投资决策提供可靠的信息保证，从企业内部改善企业的经营和组织管理，创造企业价值，最终实现企业持续、高质、高效发展。这就促使会计人员在原有职能的基础上，扩展新的专业技能，更多地运用管理会计方面的知识与技能，在提升企业价值的同时也实现自身专业水平、工作层次、事业台阶的提升，由传统的财务会计人员，最终转变为管理会计人员，在决策支持与战略制定过程中发挥越来越重要的作用。

1.2 企业经营管理对会计职能提升的要求

从全球角度看，对管理会计的反思和创新是最近20年会计发展的一大特征。与此同时，引进、吸收西方管理会计成为我国管理会计学界的主旋律。如果说，改革开放40多年的市场经济体制建设，打开了中国管理会计广泛学习借鉴西方管理会计先进理论与实务的窗口，中国经济进入新常态，企业从管理理念、框架以及方法等层面均会产生巨大的变化，由此必将形成新的经营模式和管理会计新需求。财政部因势利导提出建立中国管理会计体系的指导意见，2014年10月发布了《财政部关于全面推进管理会计体系建设的指导意见》，2016年发布了《管理会计基本指引》和《管理会计应用指引》，2018年又陆续制定管理会计具体应用指引，吹响了中国管理会计适应现实环境的重大变化而重塑自身的进军号!

这表明我国管理会计实践发展与人才培养正进入快速发展阶段，充分把握国际范围内各相关认证机构发展现状与趋势，对我国管理会计健康发展意义重大。与此同时，中国管理会计研究也将跨入新阶段，需要立足中国宏观与微观发展现实做出创新尝试。

我们过去对管理会计的研究，大多集中于管理会计技术方法层面，但从管理会计实践发展来看，其效果不仅取决于技术方法，更取决于管理会计人才。我们认为立足中国管理会计实务发展现实需要，管理会计人才知识与能力结构问题的研究，比管理会计技术方法的研究，对推进中国管理会计实践进而提高实践效果更具迫切性。具体而言，有以下两方面理由:

1.2.1 经济发展对会计提出新要求

在经济社会持续发展、财富类型空前丰富、财富规模空前积累的时代，会计作为计量财富的重要方式，越来越得到社会各界的高度重视（周守华、刘国强，2016），而管理会计的发展在相当一段时间内一直滞后于时代（约翰逊、卡普兰，1987）。

其实，管理会计发展落后于时代，不只是简单地表现在技术方法层面，更突出表现在管理会计人才知识能力对时代发展的不适应性。从历史上看，管理会计技术方法乃至良好的实践效果是泰罗科学管理乃至整个现代企业管理的基础保障和发展动力①。只是到20世纪末叶，管理会计实务已与管理实践需要不相适应，在业界引发了“相关性消失”② 的惊呼！管理会计在现代管理中由“先锋官”变成“小尾巴”，与管理会计人才知识能力水平的落后密切相关。我们的基本看法是，管理会计落后于管理实践需求，表面上是管理会计技术方法的落后，实际上是管理会计人才丧失了对实践发展内在需求的感悟能力。

我们不要忘记历史上对管理学科以及管理会计做出重大贡献的人才，正是将其他领域的经验与成果创造性地应用在了我们这一领域。泰罗是体育教师出身，他正是把标准化的操练动作和精确计时的练习方法引入生产活动中，产生了大幅提升产能的标准化生产系统；法约尔是机械工程师，他在代表作《工业管理与一般管理》中阐明，企业组织可以效仿机械组织，有序规律地运作。因此，历史上管理会计方法的创新，无一例外都是杰出人才推动的产物。新经济环境下，如何根据时代发展对现实中管理会计人才的知识能力进行重塑，成为管理会计学界亟须攻关研究的重大课题。

1.2.2 信息化为会计转型提供了可能性

强化管理会计在企业中的应用，是将会计的职能从成本核算与控制为主扩展到解析过去、控制现在与筹划未来的更高层次。新经济环境下的现代企业，在对内部管理进行提质增效的同时表现出对管理会计以及管理会计人员的迫切需求，而企业信息化的发展使得管理会计在经营管理中广泛应用以及会计人员向更高层次的管理会计发展成为必需。随着计算机技术、互联网技术的广泛应用，云计算、大数据以及人工智能的发展使得数据分析、数据挖掘、逻辑推理、场景模拟更加便捷，为管理会计职能从事后分析向事前规划和事中优化发展提供了十分有利的技术环境。

当代会计实践发展，不仅面临着企业范围与规模乃至结构巨大变化带来难以满足管理对会计计量要求的困境，更面临信息技术飞速发展对会计职业的挑

① 钱德勒：《看得见的手——美国企业的管理革命》，重武泽，商务印书馆1987年版，第313—327页。

② 约翰逊、卡普兰：《管理会计兴衰史——相关性的遗失》，金马工作室译，清华大学出版社2004年版，第8页。

战。但是，传统的会计职业和人员从信息技术角度看，对信息网络化后的经济信息需求缺乏应有的认知，计量反映报告的意识和能力乏善可陈。面临信息化的全新社会环境，管理会计人才知识与能力的有效重塑，将左右着现代会计发展能否有效满足社会需要的具体方向。

在新环境下，企业成长与发展面临新的挑战，催生了会计在企业管理中功能的扩展以及财务会计人员向管理会计人员的转变。现代的企业已不是单一经营的企业，业务范围多样化和复杂化，导致企业的规模逐渐扩大，使进行有效的内部管理和控制的必要性日益凸显。经济活动的多元化推动内部管理活动的多元化，经济越发展，越需要会计对经济活动中的资金流动进行管理，使得资金流向回报更高的业务领域，提高资金的使用效率，以维护正常的经济秩序和正确处理各方面的经济关系。传统的会计，也就是财务会计对企业经济活动的事后核算已经不能满足企业多元化管理的需求，企业更关注对经济活动的事前预测和分析管理，因此企业需要会计人员更多地参与到管理和决策制定中来。这也在一定程度上提高了管理会计在企业经营管理中的应用。与财务会计相比，管理会计具有的特点如表 1.1 所示。

表 1.1　　管理会计与财务会计的对比

	管理会计	财务会计
目标	主要是为企业内部管理人员提供有效经营和最优决策的各种财务与管理信息，为强化企业内部经营管理、提高经济效益服务，属于“对内报告会计”	主要侧重于对企业外部投资者、社会公众和外部审计提供财务信息，属于“对外报告会计”
职能	能动地利用有关信息预测前景、参与决策、规划未来、控制和评价经济活动，属于“经营管理型会计”	反映和报告企业具体的财务状况和经营成果，主要是对经济业务的计量、报告、确认和记录，属于“报账型会计”
信息特征	跨越过去、现在、未来三个时态；具有货币和非货币性价值单位	大多为过去时态；以货币为价值单位
采用方法	采用的程序与方法灵活多样，具有较大的可选择性	填制凭证、登记账簿、编制报表等有较固定的程序与方法，并受会计规范的约束
对会计人员素质的要求	宽泛的知识体系、扎实的理论基础、一定的分析能力、创造性思维、丰富的经营管理知识	扎实的财务会计知识、较强的操作能力、工作细致

强化管理会计在企业中的应用，是将会计的职能从财务会计单纯的核算扩展到解析过去、控制现在与筹划未来的更高层次。管理会计更加适应现代企业管理的需求，是现代企业对内部进行高质、高效管理，实现新经济环境发展要求的有效手段和可靠保证。而管理会计职能的实现依赖于会计人员，这也导致了财务会计人员向管理会计人员的转变。新经济环境下的现代企业，在对内部管理进行提质增效的同时表现出了对管理会计以及管理会计人员的迫切需求，而企业信息化的发展使得管理会计在经营管理中的广泛应用和财务会计人员向更高层次的管理会计人员的发展成为可能。随着计算机技术、互联网技术的广泛应用，越来越多的企业将日常的经营管理进行信息化处理，提高了工作效率，而会计电算化就是信息技术在企业中运用的重要部分。目前我国企业已普遍实现了财务会计的电算化管理。计算机系统能够代替会计人员进行日常业务记录和初步的会计数据处理。以前烦琐的凭证编制、账簿登记和报表编制，现在都由计算机系统辅助进行，会计人员只需进行基本操作，这极大地节约了会计人员进行业务处理的时间，也保证了业务内容的准确度。这也使得会计人员有时间和精力重点从事管理工作，发挥管理会计职能。

2 管理会计的发展现状分析

2.1 企业管理会计体系有待完善

从管理会计本身来讲，随着会计实务与理论的不断交互发展，管理会计逐渐从传统会计中剥离出来，成为与财务会计并重的，着重为企业改善经营管理、提高经济效益服务的一个日趋独立的会计分支。管理会计是为了满足企业内部管理的需要而建立并发展起来的，对于改善和提升企业的内部管理具有重要的促进作用。现阶段，我国正进一步推动市场经济的深化改革，加强对管理会计的研究与应用具有重要的现实意义。我国自 20 世纪 70 年代末 80 年代初引入管理会计，经过 30 多年的探索与发展，管理会计在实务中的运用已得到认可，实务界普遍认为管理会计比财务会计在提升企业经营水平、改善企业管理方面更加重要有用。但管理会计一直都未能像财务会计那样形成一套完善的独立的理论体系，其理论探索和实践还远远不能满足企业管理实践需要。随着经济体制改革的深化，我国经济发展已进入了减速增质的发展阶段，企业迫切需要管理会计理论发展和实务的支持。这就需要进一步推动管理会计在企业中的应用来满足企业发展的需要。自中国加入 WTO 以来，国际化趋势的发展和全球化竞争的加剧，将管理会计体系的建设推到一个日益急迫的议程上来。但是，目前无论是从理论层次还是实践层次，管理会计都未成为一个独立的主体。

鉴于目前管理会计在企业中的应用，仍有部分企业管理层没有建立起重视管理会计的观念意识，管理层对管理会计信息能否支持决策疑虑重重，不愿把重要的工作交给会计人员，管理会计在企业决策和管理中扮演的角色日趋边缘化，会计人员苦于无用武之地，缺乏工作的积极性与主动性，这严重制约了管理会计在企业中的发展与应用。而部分企业，即使意识到管理会计的重要性，他们中的绝大多数也并未设置管理会计这一工作岗位，而仅仅是在财务会计的职能岗位中增加部分管理会计职能，这在客观上形成了财务会计为主、管理会计为辅的局面，资源配置和职权划分都限制了管理会计作用的发挥。

2.2 管理会计人才队伍亟须建设

会计人才是国家人才体系的重要组成部分，是维护经济秩序的重要力量。在新的经济形势下，必须加快推动会计人才队伍的建设，将会计人才队伍向更专业化、更高层次、更高社会地位的方向推进，而管理会计人才队伍的建设是新时代下会计人才发展的新方向。随着我国经济对外开放的扩大，我国企业不仅要面对国内同行业的竞争，还要面临国外企业的挑战。经济全球化的发展和生产技术的进步，使得竞争的压力不仅仅来源于市场、技术，更多地来源于战略和管理模式方面。企业只有转变发展方式，充分挖掘管理潜力，才能在国际竞争中取得长远发展。因此，企业迫切渴望能有一批管理会计人才参与到经营管理当中。培养熟悉国内外市场、资本运作、风险控制、战略制定等管理领域的管理会计人才，使其深度参与企业决策制定当中，为提高企业内部管理水平提供专业管理会计知识与技能的支持，这已成为企业应对国内外挑战，增强价值创造能力，实现可持续发展的必然选择。

虽然管理会计在企业中的应用广泛，但主要是由财务会计人员代为履行职能；在职称考评和岗位设置方面，重财务会计轻管理会计的情况较为严重，造成企业中的管理会计人才匮乏的局面。

一方面，虽然改革开放以来，我国不断完善会计法规制度，推进注册会计师行业建设，但这些建设主要还是致力于为外部投资者、社会公众和外部审计提供会计信息，主要还是对财务会计人才的培养。而对于企业内部管理方面的专业人才的培养，并未有一套完善的系统的人才评价体系。企业乃至社会并未对专业的独立的管理会计人员形成统一的认识，并未意识到管理会计人员的重要性，并且管理会计并没有一个相应的、被认可的规范性组织。毫无疑问，一个缺少组织进行规范管理的群体是散漫低效的，我国的管理会计人才体系前一阶段正是处于这种状态。

另一方面，企业自身对管理会计应包含哪些必要知识模块和专业技能并未形成清晰认知，对如何设置管理会计岗位职能也缺乏经验。

相对于传统的财务会计而言，管理会计对会计人员的专业知识与技能提出了更高的要求。管理会计人员既要熟悉和掌握财务会计理论和实务操作，也要具备企业战略制定、业务决策分析、内部控制等方面的专业知识以及在实务处理中的技能和方法，同时还要熟练掌握和运用企业的信息化管理系统，对于ERP系统和各类财务软件，不仅要懂得如何操作，还要懂得如何使用这些高度集成的财务软件进行分析和管理，对于人工智能、大数据、区块链等先进技术的发展动态，必须实时跟进，及时应用。这就需要对管理会计所包含的知识领域进行分析和总结，在理论分析的基础上结合管理会计在企业中的实践，明确管理会计的知识架构，从而为管理会计人才能力框架的构建提供依据，让企业以及会计人员明白管理会计人员应该具备哪些知识和技能，为管理会计人才的培养提供理论支持。

2.3 构建具有中国特色的管理会计体系的背景

一方面，我国经济已经由高速增长阶段转向高质量发展阶段。在这个转变发展方式，优化经济结构，转换增长动力的经济发展阶段，经济的发展为我国管理会计工作的推进奠定了坚实的经济基础，大力推进和加强管理会计工作、积极构建和发展具有中国特色的管理会计体系是与新经济发展阶段相适应的。

另一方面，我国管理会计的发展存在一些问题，一是管理会计人才短缺；二是缺少衡量管理会计人才的标准。这些问题成为管理会计人员进入各企业、行政事业单位并发挥作用的重要制约因素。与此同时，一些国外在华机构发布了管理会计能力框架。如英国皇家特许管理会计师公会（CIMA）于2014年发布了与美国注册会计师协会（AICPA）共同编制的《全球特许管理会计能力框架》；美国管理会计师协会（IMA）于 2016 年发布了《管理会计能力素质框架》，于 2018 年发布了《加强版管理会计能力素质框架》（征求意见稿）。

针对目前我国管理会计存在的问题，为了使单位培养、衡量管理会计人才时能有一套符合我国国情、具有中国特色的人才标准，为了培养管理会计人才和给部分财会人员转岗提供帮助，财政部和中国总会计师协会等相关部门在深入调查研究，广泛吸取国内管理会计研究和实践成果、国外经验并听取各方面专家意见的基础上，颁布了一系列重要指导性文件，以构建和发展具有中国特色的管理会计体系。

为推进我国的管理会计工作，财政部先后印发了《关于全面推进管理会计体系建设的指导意见》《管理会计基本指引》和多项《管理会计应用指引》系列文件。

为了促进落实财政部发布的关于管理会计体系建设的系列制度并作为系列制度的有益补充，进一步构建具有中国特色的管理会计体系，中国总会计师协会一方面配合财政部的工作，积极参与财政部组织的管理会计课题研究、管理会计案例征集等活动；另一方面还举办了中国管理会计论坛、研讨会、沙龙并组织开展了涉及管理会计的研究、培训等一系列推进管理会计的工作。2019 年，考虑实际工作需要和会员建议，中国总会计师协会依据《管理会计基本指引》和“管理会计应用指引”等系列文件，通过专家论证、广泛调研等方式，编制了《中国管理会计职业能力框架》。

2.4 中国管理会计的职业能力框架

目前，我国会计师职称序列分为初级（助理会计师）、中级（会计师）、副高级、正高级 4 个等级。其中，初级、中级、副高级职称是通过参加全国会计专业技术资格统一考试合格后获得，正高级职称采用评审办法产生。

按照我国现行会计师职称序列以及职业能力达到的不同程度，管理会计分为初级、中级、高级、特级 4 个等级。《中国管理会计职业能力框架》是对不同等级管理会计职业能力水平的描述。其中，对初级、中级、高级职业能力，按照专业能力、综合能力分类有较具体的描述（财务会计能力描述引自《会计专业职务试行条例》)。根据在调查研究中了解到的情况和部分专家学者的意见,特级的职业能力应高于高级,但更强调对宏观经济形势的分析、判断能力,以及政策掌控能力并注重工作经历及工作业绩,因此,对特级只做概括性描述,不再列出具体职业能力要求。

一般来讲,管理会计初级职业能力侧重于了解和掌握具体管理会计工具方法;中级职业能力侧重于理解和熟练操作管理会计各种工具方法以及具有一定的组织协调能力;高级和特级职业能力则侧重于制定和指导、组织实施与管理会计相关的各项工作的能力。

《中国管理会计职业能力框架》适用于单位培养、衡量相关人才,资质水平及职称的评定仍按有关政策执行。其中,《中国管理会计职业能力框架》中提到的单位包括企业、行政和事业单位。由于行政和事业单位具有和企业不同的性质,在应用《中国管理会计职业能力框架》时,行政和事业单位可根据自身特点做出调整。

根据管理会计的职能和特点,管理会计的目标是通过运用管理会计工具方法,参与单位规划、决策、控制、评价活动并为之提供有用信息,推动单位实现战略规划,以持续创造价值为核心,促进单位可持续发展。管理会计职业能力分为专业能力和综合能力两大类。专业能力包括财务会计能力和管理控制能力,综合能力包括创新能力和领导力。管理会计的职业能力应该建立在职业道德与行为规范基础之上。

财务会计能力是管理会计的基础职业能力,管理会计开展工作所依托相关信息的基础来自于财务会计。

管理筹划能力是管理会计的根本能力,是管理会计职业能力最重要的部分,综合考虑管理会计工具方法的应用领域和实践,我们将管理筹划能力具体分为战略管理能力、预算管理能力、成本管理能力、营运管理能力、绩效管理能力、投融资管理能力、风险防控能力、管理会计报告能力 8 个方面。

管理会计与财务会计相比是开放型的,其所涉及的领域也大大超出财务会计,最终应用效果是达到单位的业财融合。因此,做好管理会计工作,仅有专业技术能力是远远不够的,还要具有综合能力。一是需要强调开拓创新能力,包括技术上善于依托信息等新技术手段,思维上勇于创新开拓。二是管理会计工作是面向全单位经营管理的各个环节,管理会计人员沟通、协调能力以及高级管理会计人员的领导能力,成为管理会计职业能力不可或缺的组成部分(见图 2.1)。

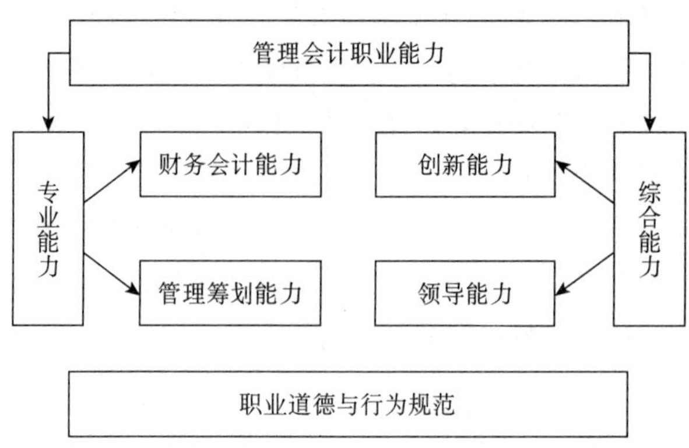

图 2.1 管理会计结构

根据以上考虑，管理会计职业能力包括专业能力、综合能力两大类，并符合相应的职业道德行为规范要求，管理会计的职业能力框架如表 2.1 所示。

表 2.1 管理会计职业能力表

<table>
<tr><th colspan="3">管理会计职业能力分类</th></tr>
<tr><td rowspan="9">专业能力</td><td colspan="2">财务会计能力</td></tr>
<tr><td rowspan="8">管理筹划能力</td><td>战略管理能力</td></tr>
<tr><td>预算管理能力</td></tr>
<tr><td>成本管理能力</td></tr>
<tr><td>营运管理能力</td></tr>
<tr><td>绩效管理能力</td></tr>
<tr><td>投融资管理能力</td></tr>
<tr><td>风险防控能力</td></tr>
<tr><td>管理会计报告能力</td></tr>
<tr><td rowspan="6">综合能力</td><td rowspan="3">创新能力</td><td>思维创新能力</td></tr>
<tr><td>信息技术应用能力</td></tr>
<tr><td>管理会计工具创新能力</td></tr>
<tr><td rowspan="3">领导能力</td><td>沟通协调能力</td></tr>
<tr><td>团队建设能力</td></tr>
<tr><td>组织能力</td></tr>
<tr><td colspan="3">职业道德与行为规范</td></tr>
</table>

管理会计职业能力依据其专业能力和综合能力达到的程度分为初级、中级、高级、特级4个等级（见表2.2）。专业能力主要包含财务会计能力、管理筹划能力；综合能力主要包含创新能力、领导能力。

管理会计特级职业能力应满足以下要求：

①有大局观，有国际视野，具有对宏观经济分析、判断能力；

②能够有效地制订单位战略规划，具有较强的决策能力和创新能力；

③具有优秀的组织协调能力和突发事件处置能力；

④在贯彻执行国家有关政策规定，解决单位重大实际问题方面取得显著的经济效益、社会效益及生态效益；

⑤专业能力和综合能力不低于高级。

表2.2　　中国管理会计职业能力框架表

（根据《中国管理会计职业能力框架》团体标准（T/CACFO 004－2019）整理）

分类		初级	中级	高级	特级
专业能力	财务会计能力	达到或相当于助理会计师的财务会计能力水平；掌握一般的财务会计基础理论和专业知识；熟悉并能正确执行有关的财经方针、政策和财务会计法规、制度；能担负一个方面或某个重要岗位的财务会计工作	达到或相当于会计师的财务会计能力水平；较系统地掌握财务会计基础理论和专业知识；掌握并能正确贯彻执行有关的财经方针、政策和财务会计法规、制度；具有一定的财务会计工作经验，能担负一个单位或管理一个地区、一个部门、一个系统某个方面的财务会计工作	达到或相当于高级会计师的财务会计能力水平；较系统地掌握经济、财务会计理论和专业知识；具有较高的政策水平和丰富的财务会计工作经验，能担负一个地区、一个部门或一个系统的财务会计管理工作	有大局观，具有国际视野；具有对宏观经济分析、判断能力；能够有效地制订单位战略规划，具有较强的决策能力和创新能力；具有优秀的组织协调能力和突发事件处置能力；在贯彻执行国家有关政策规定，解决单位重大实际问题方面取得显著的经济效益、社会效益及生态效益；专业能力和综合能力不低于高级

续表

分类			初级	中级	高级	特级
专业能力	管理筹划能力	战略管理能力	熟悉单位战略的概念和内容，了解单位战略、管理流程，掌握战略领域管理会计工具方法的相关知识	了解单位全局的、长远的发展方向、目标及实现目标的具体政策和任务；了解单位资源配置决策和管理的过程，明确实施单位战略管理的应用环境；能够参与单位战略地图的设计、绘制或实施工作	参与制定单位发展战略；能够将战略目标分解、落实到各个执行部门并组织实施；能够监督战略规划实施；评价战略规划执行效果，并能根据实际情况及时调整	
		预算管理能力	熟悉预算管理流程及不同的编制预算方法，并能够参与单位预算的具体编制工作	熟练掌握、应用滚动预算、零基预算、弹性预算、作业预算等预算编制方法；能够参与单位预算流程各个环节的工作；参与预算执行情况分析，能够在预算执行的过程中发现问题并提出建议	能够制定单位预算编制流程；参与审定及批准预算方案；注重预算执行，通过对预算执行中来自各个部门的信息进行分析，及时发现异常，并提出解决意见；如确有必要，能够提出调整预算的方案；能够对单位预算完成情况做出全面评价	
		成本管理能力	熟悉成本核算的概念，了解并掌握不同的成本管理工具方法；能够从事一般的产品成本核算和分析工作	能参加单位成本管理；熟练运用标准成本法、目标成本法、作业成本法和变动成本法等各种成本核算方法；能够编写成本分析报告，为决策提供信息	能够制定单位成本管理战略；能够组织运用适合本单位情况的成本核算方法；组织实施成本管理战略；能根据内部、外部条件的变化及时对成本管理战略做出调整，优化成本管理	

续表

分类			初级	中级	高级	特级
专业能力	管理筹划能力	营运管理能力	了解营运管理的一般工作内容；能够掌握本量利分析、敏感性分析、边际分析等营运管理的常用工具方法；了解现行税收制度	能参与单位营运管理；能够参与设计营运指标；熟练运用本量利分析、敏感性分析、边际分析等方法进行经营分析；能够依法、依规有效进行税务筹划；监控并考核各项营运指标	能够组织制定单位营运管理目标；明确营运管理各环节的工作目标、职责分工、工作程序、工具方法、信息报告等内容并组织具体部门实施；对税收筹划做出决策；规范营运管理信息的收集、整理、传递和使用，确保及时性和准确性，以有效支持管理者决策；能够利用本量利分析等营运管理相关工具方法为经营决策层提出预测方案，并不断提高预测精准度	
		绩效管理能力	了解绩效管理的基本流程，熟悉绩效管理领域关键绩效指标法、经济增加值法等工具方法的原理和计算过程	能参与设计单位绩效考核指标及各指标权重，并能熟练运用预算绩效指标法等绩效管理相关工具方法；能够进行绩效评价并做出综合的差异分析，调查和解析业绩差异背后的含义、成因，提出解决方案，确保绩效目标的实现	能够组织制定单位绩效管理目标、流程，并就实现绩效目标制定切实措施；在单位营运过程中及时发现问题，确定原因，做出调整决策，以便有利于绩效目标实现；组织进行绩效考核	

续表

分类			初级	中级	高级	特级
专业能力	管理筹划能力	投融资管理能力	了解投融资的基本工作内容，了解基本的投融资决策技术及其在决策支持中的应用	能参与投融资分析工作，能够准确测算单位资金需求；能熟练运用贴现现金流法等工具方法；能够分析不同投融资方案的利弊，从财务可行性角度提出投融资建议	掌握不同投融资方式的特点，能对不同的投资和融资方案进行分析和比较，并根据单位实际需求提出最优化的资金配置方案，规避投融资风险；组织、指导资本运作全过程	
		风险管理能力	了解风险管理的基本流程，了解风险管理领域的主要工具方法	参与单位风险防控管理；参与建立单位风险防控体系的具体工作；并制定和实施适用的财务控制措施；能在风险防控体系运行过程中及时发现单位面临的风险；建立监控财务运行的流程，确保财务运行合规性和有效性	参与建立单位风险防控管理体系，组织风险防控体系的运行；对于风险防控体系运行中反映出单位面临的风险能够及时提出处理方案，有效规避风险；能够监督风险防控管理体系运行，对运行情况进行梳理，不断优化内控流程	
		管理会计报告能力	了解管理会计报告的内容和范围，熟悉财务和非财务信息的收集渠道，能够参与撰写管理会计报告的具体工作	能够参与单位管理会计报告的设计及撰写，利用管理会计报告信息为经营决策层提供专业化建议	精通管理会计报告理论，能够根据单位实际需求建立本单位管理会计报告体系；掌握单位管理会计报告信息化需求，能够与信息化部门对接，组织开发单位管理会计报告信息系统	

续表

分类			初级	中级	高级	特级
综合能力	创新能力	思维创新能力	知悉管理会计是随着实践过程不断发展、完善的	具备创新意识，能根据单位发展的需求，引入适于单位发展的管理工具方法，并能够根据情况变化适时进行调整。	能够站在全局发展高度，创新观念、创新管理方法，拓展工作思路，不断提升整体财务团队业务和管理水平；具有互联网大信息思维，能根据实际情况改革不适应的管理模式	
		信息技术应用能力	了解互联网、大数据等新一代信息技术应用的现状，能够熟练使用管理和财务软件	能够熟练运用财务和非财务管理软件处理信息并进行分析，提高会计信息的准确性和时效性，为领导决策及时提供准确的依据；参与本单位管理会计信息系统方面的建设	具备数据治理能力；能借助大数据、云计算、人工智能系统技术手段，以财务和业务数据为基础，进行业财融合系统分析，在信息源融会贯通、一体化体系中探究数据之间的关联性；能依据可靠的信息数据对单位有效开展经营活动做出决策，发挥管理的最大效能	
		管理会计工具方法创新	具有管理会计适用领域尚有扩大的可能性、工具和方法是可以不断完善发展的意识	熟练使用管理会计工具方法；能够对现有的管理会计工具方法按照适用性原则，根据本单位内、外部环境，进行适应性改良、创新	能够根据单位实际情况综合使用管理会计工具方法；能够提出完善、改进管理会计工具方法的建设性意见；能根据单位实际情况扩大管理会计理念、工具方法的应用范围；能够推动管理会计工具方法在本单位的应用创新	

续表

分 类		初 级		中 级	高 级	特 级
综合能力	领导能力	沟通协调能力	能够处理好与各相关方面的关系；能够有逻辑地表述思想、传达信息	能与各级相关部门保持良好的工作关系；善于与各职能部门的沟通与协调，能够妥善解决部门之间因日常工作产生的矛盾	善于与各级领导和不同层级同事保持良好的工作关系；善于沟通协调以使单位重大管理决策最大限度达成共识；能够引导他人进行有效沟通与交流；擅长运用社会媒体工具来增强单位影响力	
		团队建设能力	能够倾听、思考不同的意见和建议，注意形成合力	能够参与设定团队工作目标；了解团队的优势和劣势，努力做到扬长避短；在团队中形成相互信任、开诚布公、尊重他人、维护团队团结的氛围	注重团队建设；善于发现并妥善处理影响团队内部有效合作的因素，建立和谐的工作关系；能够形成适应单位工作环境，培养并建设具有特色的团队文化；善于凝聚团队集体力量，形成团队内部和谐关系	
		组织能力	能够在与其他同事有效互动过程中起到组织、牵头作用	能根据团队成员的特点，发挥各成员的主动性；能够听取团队中的不同意见；带领团队共同为实现工作目标努力工作	以多样性进行人员管理，调动团队各成员工作积极性；善于管理，能够鼓励先进、鞭策后进；带领团队及时、优质完成工作任务	
职业道德与行为规范		践行社会主义核心价值观，树立新发展理念；爱岗敬业，坚守诚信原则，提供真实、准确的管理和会计信息，如实反映、报告单位财务状况与经营业绩；维护单位的合法权益，保守工作秘密，积极促进所在单位承担必须的社会责任；在与道德规范冲突的情况下，不以牺牲道德规范为代价达到个人或单位的目的；廉洁自律，不参与舞弊或行贿、受贿等				

注：(1) 能力框架中的单位包括企业、行政和事业单位，行政和事业单位可结合本单位实际，对本框架所确定的不同等级职业能力做出调整。

(2) 关于财务会计能力的表述引自《会计专业职务试行条例》(职改字〔1986〕55 号)。

我们认为，职改字〔1986〕55 号文件对管理会计职业能力的描述仍然是基于“金字塔型”组织架构的层级管理体系，不适用于组织结构扁平化、网络化后团队动态调整的新型组织方式，尚存在不少亟待完善的地方，对中国管理会计人才评价体系的持续研究刻不容缓。

3 研究管理会计人才评价体系的动因及目标

3.1 建设管理会计人才评价体系的必要性和迫切性

鉴于前述因素，我国迫切需要建立一套完善的管理会计人才评价体系，对要成为合格的管理会计人才应具备的能力和知识结构进行系统梳理和科学总结，通过开展相关考试和后续教育的方式，对管理会计人才进行测试和评价。西方发达国家早在20世纪60年代就已开展这项工作，目前，美国和英国已建立了完善的管理会计人才评价体系。而我国的会计领域已构建了会计从业资格、初级、中级、高级会计专业技术资格的会计人才评价体系。通过这些人才评价体系，已经培养了一大批专业的会计人才。但是已有的人才评价体系侧重于财务会计方面的考核，管理会计内容相对较少，不能体现对管理会计能力的考核和评价，不能用于管理会计人才的培养。因此，有必要系统研究合格管理会计人才所需要的专业知识与技能，健全和完善人才评价体系，为管理会计人才的培养提供指引。

在此背景下，中国经济转型时期打造的是“升级版”中国经济，那么，作为经济管理重要手段的会计工作的“升级版”就是重点发展和培育管理会计。打造“升级版”管理会计的第一步就是要研究如何建立管理会计人才评价体系，探索管理会计人才培养目标、继续教育的途径和方式，推动会计人员由最初的记录者转变为企业的管理者、决策参与者，全面提高会计人员的专业性和社会影响力，最终构建完善的管理会计人才评价体系。

首先，我们简要回顾理论界和实务界前一阶段的主要工作成果。

Jose Luis Arquero Montano 等人（2001）指出，CIMA 雇主最看重的技能为：沟通能力、团队合作能力、解决问题能力、压力和时间管理、信息技术，其他技能还包括价值观和知识。许萍和曲晓辉（2005）对高级会计人才能力的建议框架为：将执业能力分为知识、技能、职业价值三部分。其中，知识部分包括战略管理、公司治理、风险管理、公司理财、会计与相关知识、信息技术、价值管理、经济学、行为学、统计学等；技能部分包括解决问题能力、领导能力、沟通协调能力、团队精神、获取新知识能力、国际竞争能力、逻辑思维能力等；职业价值部分包括遵循法律法规与职业道德、诚信、客观、保密、社会责任、终生学习、政策水平等。Kristine N. Palmer 等（2004）将八大机构白皮书中关于会计胜任能力的内容进行比较后发现，交流技能、人际关系技能、一般商业知识以及会计知识被认为是初级会计从业者职业能力最重要的部分。尽管信息技术以及个人态度没有在“白皮书”中提到，但是 AECC、IMA、IIA、AICPA 和 IFAC 都认为这些技能很重要。夏大慰等（2007）提出，现有的 CFO 评价体系是以会计为重心，但是作为公司高管人员之一的 CFO，其职能不仅仅与其负责的财务部门的工作密切相关。因此，会计师任职资格侧重于财务会计领域的现状，使这种任职资格制度不能与现代企业的要求相适应，由此提出了 CFO 转型的需求。未来 CFO 评价体系应该以财务、战略、伦理多头并重。James W. Damitio、CMA & Raymond S. Schmidgall、CPA（2007）调查发现，运营预算、方差分析和财务预测是管理者认为最重要的会计技能，其次是盈利分析。最不重要的技能是税收核算。这也从侧面说明随着信息技术的发展，储存、检索、核算等方面的基础工作已经越来越多被计算机所取代了。杜胜利、周琪（2009）发现我国上市公司中 CFO 在公司治理中的功能尚未升级，CFO 在战略经营中的决策与监督作用尚待加强。邱昱芳等（2011）在财务负责人综合素质和专业能力研究中，发现受教育程度和是否获得专业资格证书并不是影响其工作表现的最重要因素。财务负责人在其专业领域的工作经验以及专业知识的更新程度才是影响其所在公司会计信息质量的主要因素。英格兰及威尔士特许会计师协会（ICAEW）的调查显示，管理报告、财务分析、预算和预测受到高度重视，然而财务部门 2010 年花在决策支持上的时间比例仅为 26%。

佟成生等（2014）对企业财务人员进行问卷调查，了解企业财务人员对管理会计人才胜任能力与技能需求的认识及管理会计人才现状之间的差异，调查发现除基础技能（如成本管理技术、管理会计工具使用的知识外），一些高级技能类的胜任能力，如风险管理、战略选择、把握宏观经济对企业的影响等都是管理会计不可缺少的胜任能力。此外，一些软技能，譬如领导能力、沟通技巧等对管理会计也非常重要。

有关中国管理会计人才问题的研究，较为一致的看法是，中国经济飞速发展对管理会计人才培养提出了更高的要求，业界比较需要的是综合性、多技能的复合型管理会计人才。

综上各项研究，管理会计的功能作用是：在具备会计核算和财务分析等传统技能的基础上，为计划和预测提供有力决策支持；借助新的业务模式挖掘推动创新；为企业重大战略和投资决策出谋划策。归结于管理会计人才的核心能力集中表现在善于洞察数据，不断加强核心数据分析能力。

让雇主满意是管理会计师的重要目标之一，针对雇主满意度，学者们和CIMA、ACCA等机构都做了大量持续调查。

Beverley Jackling 和 Paul de Lange（2009）通过对雇主的调查发现，雇主认为会计核算和财务分析是最重要的技术技能，团队合作、领导能力、沟通能力、个人技能是最重要的一般技能，会计人员必须两方面的能力并重。

2015年，CIMA① 雇主满意度调查发现，雇主对管理会计师满意程度正呈现下降的趋势，雇主满意率为62%，低于预期的75%。参与ACCA② 调查的雇主中有69%雇佣了ACCA的会员或学生。调查表明50%的雇主认为ACCA具有领先地位（ICAEW和CIMA的这一比例分别为17%和6%），但是较上期（62%）有较大幅度的下降，61%的雇主称对会计资格认证没有特别的偏好，较上期（50%）有所提升。这说明几大国际机构具有发展同质化的倾向，品牌价值正在下降。

可见，卡普兰等学者在30年前对管理会计实践的担忧依然存在，西方国家管理会计实践的效果同样差强人意。

统览国内外文献不难发现，学界普遍认为高质量、多技能、复合型管理会计人才对更好地满足管理会计实践效果更为关键。但是，需要管理会计人员具备哪些能力？哪些能力在实务中更为重要？对此的认知目前尚缺乏精确细致的回答。这一分歧的存在导致管理会计人才需求与供给之间的矛盾一时难以

---

① CIMA：CIMA 2015 professional qualification syllabus.

② ACCA Annual Integrated Report 2013 - 2015.

缓解。

国际几大会计人才认证机构在人才培养框架体系建设方面做出了许多有益的尝试，一直以来是我们学习和效仿的对象。然而现有的管理会计人才评价认证体系并没有得到实务界的广泛认同。各认证机构大力开拓市场的同时，同质化倾向愈发明显，证书的“含金量”正呈现下降的趋势。

正是基于以上考虑，我们认为立足中国企业负责人对管理会计的认知，进而了解他们对管理会计能力结构与水平的需求和目前管理会计实际作用状况的判断，可以为建立中国管理会计人才评价体系提供有价值的依据。

3.2 管理会计人才评价体系的建设目标

本书的研究目标在于构建具有中国特色的管理会计人才评价体系，确定科学、合理的评价指标，使得评价体系能够公平、公正、有效，从而推动中国管理会计人才队伍建设。

国内外资格认证体系涵盖了大量的评价指标，但是其存在交叉重叠、不完整、层次结构不清晰等问题，用于专门评价管理会计人才的指标体系也屈指可数，并且我国的管理会计建设在内容、程度等方面都与国外的管理会计建设存在差异，所以直接借鉴国外的指标体系是不科学的也是不现实的，本书需要将国外先进经验与国内实际情况相结合，通过问卷调查、实地调研、专家座谈等多种方式，确定有效指标，并将中国管理会计建设的先进之处融入评价体系中，建设适合我国国情及企业发展情况的评价体系。

国内外资格认证体系尚未形成统一的指标分类标准，并且分类存在着一定的不合理之处。例如，没有充足的理论支撑。而科学合理的分类，不仅可以使得评价形成体系，增强其结构性和逻辑性，也可以使得使用者在应用过程中能更清晰地明确评价要求。所以如何对指标进行合理的分类，需要将理论和实践相结合，一方面吸收已有的研究成果，另一方面结合中国企业具体的实际情况，这样才能使得设计出的指标体系合理、有效，并且适用性强。

通过对国外资格认证资料的文献回顾，我们发现，虽然国外的人才评价体系具有一定的借鉴性，但是与发达国家相比，我国在经济发展水平、社会发展状况、信息化应用程度等方面都存在较大差异，所以在建设过程中，本书将在借鉴国外研究成果的基础上，将中国管理会计的特色之处融入体系的建设中，设计适合中国企业发展要求和实际情况的管理会计人才评价体系。目前，国内尚未形成这一体系，对这方面的研究也比较欠缺，我们希望丰富这一领域的研究。

第二部分

国际经验

4 国际经验研究的方法论和样本选择说明

4.1 国际经验选择和比较的原则及方法

为了确保研究的可靠性和科学性，我们对国际经验进行研究。在国际上，已有比较成熟的管理会计人才评价体系，但是为了使研究更加全面，我们在选取研究样本时，并没有局限于管理会计人才评价体系，而是将范围拓展到与财会和金融等领域相关的人才评价体系。按照相关性和相似性的原则，并考虑到资料的可得性和权威性，我们在多种资格认证中选取 15 种具有代表性和认可度的国际资格认证，具体内容将在后文进行详细说明。

在进行分析比较时，我们对各资格认证的框架进行提炼，并比较其共性和个性，从而从宏观层面了解各资格认证的框架体系、研究思路等内容。在此基础上，我们进行了专项分析，主要是对胜任能力、知识要素、资格认证流程和合作互认的分析。对于每一块专项分析，我们都整理出有效要素，并比较有效要素的共性和个性。特别的，我们运用文本分析和多维标度分析的研究方法将国际资格认证机构对考生的能力和知识要求考核内容进行数据分析，寻找资格认证要求的共性和趋势。

4.2 比较分析的主要对象

在大量搜集资料的基础上，按照相似性和相关性的原则，综合考虑认可度、代表性、地域性、资料可得性等因素，最终从国际会计认证机构中筛选出15种具有代表性和研究价值的资格认证，分别为英国的全球特许管理会计师（CGMA）、英国的特许管理会计师（CIMA）、英国的特许公认会计师公会（ACCA）、英国的国际会计师公会（AIA）、美国的注册管理会计师（CMA）、美国的注册会计师协会（AICPA）、美国的特许金融分析师（CFA）、加拿大的注册会计师（CPA Canada）、澳大利亚的注册会计师（ASCPA）、香港的会计师公会（HKICPA）、台湾的会计师公会（TWCPA）、日本的注册会计师（JICPA）、新加坡的特许会计师协会（ISCA）、马来西亚的会计师协会（MIA）、印度尼西亚的会计师协会（IAI），具体如表4.1所示。其中相似性的包括CMA、CIMA、CGMA，这3个资格认证均为管理会计师资格认证；相关性的包括ACCA、AIA、AICPA、CPA Canada、ASCPA、HKICPA、TWCPA、JICPA、ISCA、MIA、IAI、CFA，其中CFA为金融分析师资格认证，其余均为财务会计师资格认证。

表4.1　　资格认证一览表

序号	简称	机构名称	所属国家/地区
1	CGMA	全球特许管理会计师	英国
2	CIMA	特许管理会计师	英国
3	ACCA	特许公认会计师公会	英国
4	AIA	国际会计师公会	英国
5	CMA	美国注册管理会计师	美国
6	AICPA	美国注册会计师协会	美国
7	CFA	特许金融分析师	美国
8	CPA Canada	加拿大注册会计师	加拿大
9	ASCPA	澳大利亚注册会计师	澳大利亚
10	HKICPA	香港会计师公会	中国香港

续表

序号	简称	机构名称	所属国家/地区
11	TWCPA	台湾会计师公会	中国台湾
12	JICPA	日本注册会计师	日本
13	ISCA	新加坡特许会计师协会	新加坡
14	MIA	马来西亚会计师协会	马来西亚
15	IAI	印度尼西亚会计师协会	印度尼西亚

4.3 分析比较的思路

国际经验研究主要包括以下三个方面的内容：

①各国际资格认证基本框架。在这一部分，我们将介绍各国际资格认证基本框架，从而能够站在全局的角度了解与把握各资格认证。

②国际经验共性与个性分析。在这一部分，我们将分析国际资格认证的共性与个性，主要包括研究思路、胜任能力、知识要素、资格认证流程、合作互认的共性和个性分析。在共性和个性研究中，如果一个特点在比较的资格认证中有超过50%的资格认证具备，则认为是共性因素，如果该特点具体内容存在差异，考虑到说明的清晰性，则在个性因素中进行详细说明。共性因素和个性因素并不是完全独立的，共性中也会有差异，个性中也会有相似。

除描述性统计外，在胜任能力和知识要素的共性分析基础上，我们重点采取文本分析的研究方法对各资格认证的考纲进行抓词处理，寻找各国资格认证机构的考察重点并按照AICPA 1999年提出的“功能性胜任能力、广阔的商业视野和个人胜任能力”进行分类汇总。再通过多维标度分析的研究方法，总结各国资格认证机构胜任能力和知识要素的共性，探究目前资格认证机构对考生能力要求的变化趋势。

随着各资格认证机构的会员增幅逐年递减，资格认证市场增幅趋缓，各会计资格认证机构的联系更为密切，在世界范围内甚至出现了由多家会计机构组成的会计组织联盟，如全球会计联盟（Global Accounting Allience，GAA）、亚太会计师联合会（Confederation of Asia and Pacific Accountants ，CAPA）等，合作与互认模式更加多元化。与此同时，西方权威认证机构考察内容日趋全面、丰富，在合作互认中享有更强的影响力、更广的辐射力。因此，在共性研究中，我们加入了各会计机构间的交流合作情况及资格互认条件等的内容以探究目前国际上会计资格认证合作认证发展趋势。

③对研究中国管理会计人才评价体系的启示。此次研究的目的是探索中国管理会计人才评价体系，在这一部分我们将说明国际资格认证带给我们的启示和借鉴价值。

5 管理会计国际资格认证基本框架概览

5.1 CGMA

2012 年初，CIMA 和 AICPA 联合推出管理会计新证书——全球特许管理会计师（CGMA）。CGMA 对 AICPA 和 CIMA 成员从知识和技能体系等方面的深度和广度均提出要求以帮助他们多角度理解经营管理，从而使企业可以在激烈竞争的外部环境中获得胜利，创造长期可持续发展的优势，进而成为管理会计领军人才。

CGMA 分别对考生的技术技能和经营技能进行考察。CGMA 在理论分析和实践分析的基础上，提出了胜任能力框架，对财务运作角色和胜任能力进行说明，提出专业财务人员需要满足以下要求：①应用会计和财务知识技能；②在经营环境中去运用；③影响他人的决策和行为；④领导组织。胜任能力包括技术能力、商业能力、人际能力和领导能力，在这四大能力的基础上，对每一能力包含的具体能力进行了说明，与财务运作角色相辅相成。同时，胜任能力根据精通程度的不同，可划分为初级、中级、高级和专家级。对于同一能力，在不同的精通程度下，具体要求不同。

在 CGMA 框架中，对能力设置了权重，表明不同级别对能力要求的重要程度不同。在某一级别中，某一能力越重要，所占的权重就越大。在初级中，技术技能非常重要，但是随着职业发展，该能力的重要性占比将逐渐减少。在高级中，其他技能的重要性会增加，与中级相比，商业能力和人际能力的重要性没有增加，但是领导能力的重要性却增加了。

CGMA 后续教育参考了 CIMA、AICPA，每年强制性学习 30 小时。全球已有超过 15 万名 CGMA 会员，其中北美超过了 50 000 名。从最大的跨国公司到最新的创业公司等全球数千家组织，都认同 CGMA 称号，并依靠 CGMA 来培训财务领导人。CGMA 帮助公司确保相关人才具备实现其业务目标的关键知识、技能和经验。CGMA 在各行各业都很活跃，推动管理会计实践发展的同时，也不断扩大其自身影响力。

CGMA 作为由 AICPA 和 CIMA 共同组织成立的全球特许管理会计师资格认证机构，目前尚无专门会员资格考试，想要成为 CGMA 的会员只有先成为 AICPA 或 CIMA 的会员。因为只有 AICPA 和 CIMA 两家机构的会员可以直接申请成为 CGMA 会员，可以说 CGMA 是 AICPA 和 CIMA 强强联合的产物。

5.2 CIMA

CIMA 志在帮助培养会员雇主所关注的核心知识和技能，通过推广管理会计的应用帮助个人和企业实现双赢。

CIMA 在理论分析和实践分析的基础上，提出培养财务专业人才的实操性目标，并提出正直、客观、专业胜任能力和适当关注、保密和职业行为五大原则，同时还提出了财务专业人士需要达到的三大职能要求，分别为从事财务和金融活动、影响他人决策、行动力和领导力。为了达到目标，满足职能需要，在符合原则的基础上提出胜任能力框架，具体包括财务和金融知识、商业头脑、人际交往能力和领导才能。这四大胜任能力需要建立在道德素养、正直诚信的品质和专业能力的基础上。同时，CIMA 细化了四大胜任能力，提出了具备实操性胜任能力的具体要求。

在胜任能力框架的基础上，CIMA 设计了考试大纲，并根据知识领域将考试大纲分为三大板块，分别为公司板块、绩效板块、财务板块。公司板块主要涉及战略的制定及有效执行。绩效板块运用管理会计和风险管理的工具和手段来确保战略切实可行，并监督战略的执行情况。财务板块关注组织的财务会计和对外报告业务。三个板块考试科目的设计都遵循循序渐进的原则，从营运层到战略层，使知识、技术和能力得到稳步提升。

同时，根据组织层级将考试大纲分为三大层级，分别为营运层级、管理层级和战略层级。战略层级负责制定战略决策，关注长期目标。管理层级将高层制定的战略向低层级传递沟通，从而保证战略的有效实施。它监管并报告公司战略的执行情况，确保在必要时刻采取正确措施，关注中期目标。营运层级主要负责公司战略的执行，关注短期目标。每个层级都需关注公司板块、绩效板块、财务板块的有关知识。

根据三大板块和三大层级的划分，考试大纲一共被分为九大知识要素，对应的是九大考试科目，分别为组织管理、管理会计、财务报告和税务筹划、项目和关系管理、高级管理会计、高级财务报告、战略管理、风险管理、财务战略。同时，CIMA 对九大知识要素包含的知识点进一步详细说明，并设置权重。为了更好地实现能力框架与考试大纲的有机统一，CIMA 构建的考试科目与胜任能力有着清晰的对应关系。

CIMA 的考试分为基础阶段、营运级、管理级、战略级四个层级，一共有 14 门考试。在 14 门考试全部通过的基础上，拥有至少 3 年工作经验以及通过案例分析，即可获得资格认证。在获得资格认证后，CIMA 强制要求会员进行 30 个小时后续教育，从而保证知识的不断更新。

CIMA 与多家机构签订了协议，充分考虑各机构考纲的特点与侧重点，给予其他机构会员免修多门科目的福利。具体包括，ASCPA 会员免修 BA1 - 4、P1 - 3、E1 - 3、F1 - 3；ACCA 会员免修 BA1 - 4、P1 - 2、F1 - 2；CMA 会员免修 BA1 - 4、P1；AIA 会员免修 BA1 - 4、P1；ICAEW 会员免修 BA1 - 4、F1 - 2；HKICPA 会员免修 BA1 - 4、P1 - 2、E1 - 3、F1 - 3；MIA 会员免修 BA1 - 4、P1 - 3、E1 - 3、F1 - 3；IAI 会员免修 BA1 - 4；JICPA 会员免修 BA1 - 4 等。不得不说，与各机构的广泛合作，以及免修福利这一举措，帮助 CIMA 拓展了市场份额，扩大了在全球范围内的影响力与号召力，提升了自身品牌的美誉度。

5.3 ACCA

ACCA 为了成为行业的全球领导者，将其使命制定如下：为世界上任何地方的人提供机会；支持和促进最高的道德、管理和专业标准；推动公众利益。

ACCA 在理论分析和实践分析的基础上，提出了为学员提供与所有商业领域相关的知识和技能的目标，并提出了诚信、客观公正、专业胜任能力和适当关注、良好的职业行为、保密五大原则。为了实现该目标，在原则的基础上，提出胜任能力框架。在该框架中，主要包括核心能力和行为能力。核心能力具体包括公司报告、领导力和管理能力、战略创新、财务管理、可持续的管理会计、税务、审计与鉴证、公司治理、风险与控制、利益相关方关系管理、专业素质和职业道德。行为能力包括遵守职业道德和法律、商业意识、沟通、持续的优化、可信赖、运用职业判断、影响力/挑战、组织意识、主动性、解决问题、质疑精神、支持他人。核心能力主要通过考试进行考察，而行为能力则通过工作经验和道德模块测试进行考察。

在胜任能力框架的基础上，提出了考试大纲，分为基础阶段和专业阶段，基础阶段包括知识课程和技能课程，专业阶段包括核心课程和选修课程，每个课程又包含具体的课程。同时 ACCA 对知识点进行了能力划分，分为了解和理解、应用和分析、综合和评价三个层级。

ACCA 的考试分为知识课程、技能课程、核心课程、选修课程四个阶段，共有 16 门课程，需要通过 14 门课程。在通过 14 门课程的基础上，还需要具备至少 3 年的相关工作经验及完成职业道德模块测试，在此基础上，即可获得资格认证。在取得资格认证后，ACCA 强制要求会员进行 40 个小时后续教育，从而保证知识的不断更新。

ACCA 与世界许多国家或地区的学校、资格认证机构等签订协议，给予其学生或会员申请 ACCA 时的免考优惠。与资格认证机构相关的免考优惠包括：加拿大 CPA 会员免考 F1、F2、F3；ASCPA 会员免考 F1—F9；CIMA 会员免考 F1、F2、F3、F5、F9；AICPA 会员免考除 F7 以外的 8 门课程；ICAEW 会员免考 F1、F2、F3；HKICPA 会员免考 F1、F2、F3；ISCA 会员免考 F1、F2、F3；MIA 会员免考 F1—F9；JICPA 会员免考 F1、F2、F3 等。

ACCA 与 CIMA 的战略类似，一开始就展现出全球视野，致力于在全球范围内开拓市场，并持续扩大自身的影响力。

5.4　AIA

AIA 成立于 1928 年，是专业会计师的全球会员机构，推广“国际会计”概念。AIA 通过提供高质量、相关和创新的资质，在全球 80 多个国家建立了世界级会计师的全球网络，并为世界各地的会员提供一流的和量身定制的服务。

AIA 在理论分析和实践分析的基础上，提出了资格认证的目标是培养财会、金融、人力资源、营销、管理等方面的高级人才，并提出了诚信、客观、专业能力和适当关注、保密、职业行为五大原则。这五大原则与国际会计师职业道德准则理事会颁发的专业会计师伦理道德守则（IESBA 准则）是相符的。为了实现目标，AIA 在遵循五大原则基础上，提出了知识框架，知识框架根据不同阶段要求的不同，划分为基础阶段、专业阶段 1 和专业阶段 2。每个阶段都有对应的课程，一共需要通过 16 门课程。同时，每门课程又有具体的知识点和权重，通过具体的知识点对学员进行考核。

AIA 的考试分为基础阶段、专业阶段 1、专业阶段 2 三个阶段，共有 16 门课程。基础阶段包含 A、B 两个模块，专业阶段包含 C、D、E、F 四个模块。在通过全部考试的基础上，还需要满足至少 3 年相关工作经验的要求。在此基础上，在通过所有考试后，AIA 强制要求学员进行 30 个小时的后续教育，从而保证知识的不断更新。

5.5　CMA

美国注册管理会计师认证（CMA）需要通过严谨的考试，具备相关工作经验，并坚持进行持续专业教育，其为雇主验证会员是否熟练掌握了当前最急需的会计和财务管理技能。

IMA在理论分析和实践分析的基础上，提出培养掌握管理会计知识和技能的专业人才，提高组织业绩的目标，并提出专业胜任能力、保密、正直性和可信性的四大原则，在此基础上，提出胜任能力框架。胜任能力包括基础能力、管理能力和会计能力。CMA对三大能力做了进一步说明，并以胜任能力为基础，提出基于胜任能力的考试大纲，考试大纲包括两个部分，第一部分是财务报告、计划、业绩考核和控制，包括外部财务报告决策、计划、预算和预测、业绩管理、成本管理、内部控制；第二部分是财务决策，包括财务报表分析、公司理财、决策分析、风险管理、投资决策、职业道德。从具体的知识点中，我们可以看出，管理会计占了很大比例，同时也融入了财务会计等领域的知识，考察的知识始终贴近实际需求。

CMA的考试分为两门，一门是财务报告、计划、业绩考核和控制；一门是财务决策。在两门考试都通过的基础上，满足大专以上学历和至少连续2年相关领域工作经验的要求，即可获取资格认证。通过所有考试后的会员必须完成每年30小时的强制性后续学习，其中包含2小时的职业道德教育。同时，IMA组织的继续教育课程学习可以由其他符合要求的主题替代。

IMA全球薪资调查报告中称所有年龄段的CMA都比非CMA薪酬更高。年龄在30—39岁的人的工资中位数比非会员同行高71%—74%。CMA认为他们的认证可以创造就业机会，增加其收入水平并增强他们跨业务领域的能力。

CMA认证被企业视为专业、优秀和诚实的象征。如惠普、微软、3M、宝洁等全球知名企业都表示会更倾向于选择CMA会员为本公司的职员，并为他们提供更多的晋升机会。因为这些企业相信，CMA会员娴熟掌握了企业最需要的会计和财务管理技能。

目前仅印度成本会计协会（ICAI）和英国特许会计师公会（ACCA）的会员可以获得免考优惠成为CMA会员，不过IMA协会对这两所资格认证机构的优惠力度不同。ICAI获得认证的会员可以申请免考CMA两门考试，但必须支付CMA考试准入费，并按时缴纳IMA会员费。CMA持证者也可以申请ICAI免考。ACCA会员仅需要通过CMA两门考试就可以获得CMA认证，而不再受学士学位的学历要求限制。

5.6 AICPA

美国注册会计师协会的主要使命是随着新领域的进入，仍帮助注册会计师保持竞争力。AICPA 在理论分析和实践分析的基础上，提出了资格认证的目标是培养掌握专业知识和技能的人才，并提出了五大原则，具体为公共利益原则、正直原则、客观性与独立性原则、适当关注原则、服务的范围和性质的原则。为了实现目标，AICPA 在符合原则要求的基础上提出知识框架，具体包括审计与鉴证、财务会计和报告、商业环境和概念、法规四个知识要素。

AICPA 共有 4 门考试，考试科目包括审计与鉴证、财务会计与报告、商业环境与概念和法规。在 4 门考试全部通过的基础上，还需满足至少 2 年相关工作经验的要求，同时还需要完成职业道德模块测试。在此基础上，可获取资格认证。在获取资格认证后，AICPA 要求正式会员进行每三年 120/90/80 小时的强制性后续教育。

AICPA 拥有全球 143 个国家，超过 418 000 名成员。AICPA 与加拿大 CPA 在互认福利上相似。AICPA 为其全球会计联盟成员加拿大 CPA、CAANZ、HKICPA 提供了仅通过 IQEX 后，就可以成为 AICPA 的福利。其中 IQEX 主要考察对美国税法、政府及非营利组织会计、美国商业法律及职业道德准则的掌握。

5.7 CFA

CFA 致力于为会员在先进的投资分析和真实世界的投资组合管理技能上奠定坚实的基础，以为其提供职业上的优势。

CFA 在理论分析和实践分析的基础上，提出了资格认证的目标是培养专业投资人才，并提出了以职业道德操守、专业行为准则、伦理道德框架为基础的原则，在此基础上提出了知识框架。CFA 将知识领域分为伦理和职业道德规范、投资工具、资产类别、投资组合管理和财富规划四个领域。并对四个领域进行细化，形成十大模块，分别为伦理和职业道德规范、金融数量分析、经济学、财务报表与分析、公司金融、权益类投资、固定收益类证券、金融衍生工具、其他类投资、投资组合管理和财富规划。同时，根据层级要求的不同，将 CFA 分为一、二、三级，三个级别都需考察十大模块的知识，但是十大模块知识的占比在三个层级中有所不同。三个级别的知识侧重点不同，一级侧重投资工具；二级侧重资产类别；三级侧重投资组合管理和财富规划。

相应地，CFA 的考试也分为三个级别，每级一门考试，通过三个级别的考试，并满足至少 4 年相关工作经验的要求，即可获取资格认证。在中国还需要 2 名推荐人的推荐才可获取资格认证。在获取资格认证后，CFA 为会员提供后续教育，并不强制要求会员进行后续教育。

5.8 CPA Canada

CPA Canada 始终致力于实现维护加拿大经济稳定的承诺，从公众利益出发，为经济与社会发展做出贡献，同时为会员持续提供支持与协助，不断增强影响力、实用性和行业价值。

CPA Canada 在理论分析和实践分析的基础上，提出正直秉公、追求卓越、尽责可靠、通力合作、相互尊重。为实现目标，ASCPA 在符合原则的基础上，提出能力与知识并重框架。其胜任能力包括五个领域的知识胜任能力、六个领域的技术胜任能力，以及这些领域中达标的熟练程度。而知识框架包括六项核心专业知识、两个职业方向、综合能力模块、准备综合认证考试模块，在每个模块下，又对具体的课程进行了详细说明。

加拿大 CPA 将考试分为四级，第一级是核心专业知识；第二级是四选二的关于职业方向的科目；第三级是综合能力模块；第四级是准备综合认证考试模块。在成为 CPA 正式会员后，有强制的后续教育课程。

加拿大 CPA 为其全球会计联盟的成员如 AICPA、JICPA、CAANZ 等提供了互认优惠，这些机构的会员只要通过 CARE 考试，就可以成为加拿大 CPA

会员。其中 CARE 考试包括加拿大税法，商业法律和职业道德准则。

5.9 ASCPA

ASCPA 的愿景是让澳大利亚注册会计师协会成为世界上最好的会员服务机构，其目标是尽最大可能为致力于在会计领域工作的人们提供教育、培训、技术支持等方面的帮助。

ASCPA 在理论分析和实践分析的基础上，提出促进会计专业人才培养和促进澳大利亚注册会计师职业资格认证框架与国际资格框架接轨的目标，并提出正直、客观性、专业胜任能力和适当关注、保密、职业行为五项原则。为实现目标，ASCPA 在五项原则的基础上，提出相应的知识框架。知识框架具体包括基础阶段、专业阶段必修、专业阶段选修三个，每个阶段具体的课程都有详细说明。

ASCPA 的考试也分为基础阶段、专业阶段必修、专业阶段选修，共有 16 门课程，最少需要通过 14 门课程，在通过考试的基础上，还需满足至少 3 年相关工作经验的要求及需要 1 名推荐人推荐，才可以获取资格认证。取得资格认证后，有 4 小时后续教育的强制要求，从而保证知识的不断更新。

ASCPA 是世界上最大的会计机构之一，全球会员超过 163 750 人（截至 2017 年 12 月 31 日），分布在全球 125 个国家和地区。

HKICPA、加拿大 CPA、AICPA 会员，只要修满澳洲公司法 & 税法课程，并获得澳洲 ASCPA 会员推荐以及机构认可的雇主推荐后即可认证，中国台湾 CPA 会员也可以获得考科减免的优惠。

5.10 HKICPA

中国香港会计师公会（以下简称公会）一直以来致力提高其行业监管制度的透明度，并使中国香港会计专业人才与国际上的会计师（CPA）/特许会计师（CA）公认的称谓看齐。

香港 CPA 考试分为两个阶段。第一阶段是香港财务会计考试（AAT）；第二阶段是专业晋级考试（PBE）。截至 2017 年 6 月 30 日财政年度止，公会举办的持续专业进修项目包括：318 个面授活动（包括 8 个合办活动），313 个网上进修课程（包括 55 个合办课程）。

截至 2017 年 6 月，HKICPA 共有 41 332 位会员，其中男性有 20 694 位，占比 50.07%；女性 20 638 位，占比 40.93%。2017 年，HKICPA 认可雇主数为 1 388 名，认可监督协助培训准会计师数为 2 019 名；会计师事务所累计数目 1 838 间，其中 543 间是执业法团。

HKICPA 与其他会计机构签订了互认协议，并给予了不同程度的认证优惠。像 CPA Canada 会员可以直接申请认证，ASCPA 和 ACCA 会员需要完成四个科目中任一科目的 Workshop 和 Final Exam；CIMA 会员则需要完成 Model C、D 和 Final Exam；AICPA 会员需要通过 Final Exam + Aptitude Test，但如果其教育背景满足 90 个美国学分，则不需考 Final exam。AIA 与 HKICPA 签订协议，称 AIA 会员拥有优先加入香港会计师公会的权利。

5.11 TWCPA

中国台湾会计师公会的宗旨分为三个层次。首先是通过公会宣传会计、审计等学术知识，培养优秀的会计师；其次是维护并改善会计师制度从而促进台湾地区的经济发展；最后是增强与国际上会计机构的联系，为国际会计学术的研究发展贡献力量。

TWCPA 考试共计有 7 科，分别为国文、中级会计学、高等会计学、成本会计与管理会计、审计学、税务法规、公司法、证券交易法与商业会计法。TWCPA 对其会员也有强制性的后续教育要求。承办公开发行公司财务签证的会计师每一年度最低进修小时不得低于 40 小时，其中所含第一类进修不得低于 14 小时。非承办公开发行公司财务签证的会计师，其每一年度最低进修及所含第一类最低进修时长减半计算。

拥有其他国家和地区会计师资格，经考选部认可后，可以免考中国台湾会计师考试的“国文”、中级会计学、成本与管理会计学及高等会计学，只要再加考税务法规、审计学及“公司法”“证券交易法”与“商业会计法”，即可取得台湾会计师执照。

截至2016年底参加台湾CPA考试并及格的人数为7 187人，其中执业人数为3 256人。最近10年以来，TWCPA考试通过率有所下降，但获得会员资格的人数却呈现出小幅上升的趋势，这说明TWCPA一方面非常注重自身考试的含金量，不愿通过降低考试难度的方式来获取会员规模的增长；另一方面又努力通过与其他机构互认等各种方式，想方设法扩大自身影响力，通过吸纳优质会员，实现自身规模的扩张。这一注重质量的发展方式，值得借鉴参考。

5.12 JICPA

JICPA致力于提高注册会计师素质，努力指导和监督注册会计师履行使命。1948年，日本时根据一系列旨在解散国家工业和金融集团，推广公民证券交易以及增加个人股东数量的新政策，引入了注册会计师制度。

JICPA考试分为短答式和论文式，其中论文式包括4门必选和一门选考。在成为公认会计师后，JICPA后续教育要求：3年间获得合计120学分，至少每年获得20学分，且“职业道德”和“税收”每年需要获得至少2学分，从事法定审计的人员每年需要在“审计质量和欺诈”领域获得至少6个学分。

美国注册会计师（AICPA）在日本获得认可后，可以从事需要注册会计师认证的相关工作，但不能成为事务所合伙人。除此之外其他国家的注册会计师资格证均不受承认。

JICPA会员包括公认会计师、外国公认会计师、监察法人。截至2017年1月31日，JICPA已注册超过29 000名注册会计师和220家注册会计师事务所。其中女性为4 034人，占13.74%；男性为25 335人，占86.26%。与同一时期中国香港注册会计师（HKICPA）规模比较不难发现，是否具备开放和包容的胸怀，对于一个机构影响力的提升和会员规模的增长是何其重要。

5.13 ISCA

ISCA 旨在成为全球公认的专业会计机构，为会员、会计专业和更广泛的社区带来价值。

新加坡特许会计师协会是新加坡的国家级会计师组织。协会的愿景是成为国际认可的会计师组织，带给会员、行业和社会更多的价值。

ISCA 考试科目包括：鉴证、商业和公司法、商业和金融、公司和业务战略、财务管理、财务报告和披露、管理信息和税收。成员必须每三年至少获得 120 个小时的后续教育（CPE）时间，其中每年至少应有 20 个可核实的 CPE 时间，其中包括 2 个可核实的道德教育时间。

根据东盟经济共同体（AEC）的规定，2014 年所有 10 个东盟成员国签署了会计服务互认安排（MRAA），为区域内会计师的流动提供了便利。

5.14 MIA

MIA 旨在成为马来西亚首屈一指的商务认证机构，努力跻身世界一流。

MIA 考试科目共四科，分别是商业和公司法、审计和鉴证服务、税收、高级财务会计和报告。MIA 有强制的后续教育制度，会计技术人员需要通过定期参加持续专业发展（CPD）计划来不断发展自己的知识和技能。

马来西亚会计师协会（MIA）和 CIMA 签署了一份协议备忘录（MoA），该协议推进了两机构间的合作，以增加在马来西亚具有专业资格的会计师人数。

5.15 IAI

IAI旨在保证和提高专业会计师工作在全球范围内的质量和竞争力，并不断提升印度尼西亚会计师协会在东盟的影响力。

IAI的考试科目共计7科，分别是企业报告、职业道德与公司治理、战略管理和领导力、税务管理、高级管理会计、高级财务管理、信息系统和内部控制。

6 管理会计国际资格认证的比较分析

6.1 分析思路：提炼比较各框架的共性与个性

6.1.1 要素对比

在本节中，我们将对 CGMA、CIMA、ACCA、AIA、CMA、AICPA、CFA、CPA Canada、ASCPA、HKICPA、TWCPA、JICPA、ISCA、MIA、IAI 在内的 15 种资格认证的研究思路进行分析。在分析的基础上，绘制了各资格认证研究思路图，编制了各资格认证研究思路对比表，如表 6.1 所示。

表 6.1 各资格认证研究思路要素对比表

序号	资格认证	研究思路要素				
		研究思路	研究方法	目标	原则	胜任能力表述形式
1	CGMA	以胜任能力为导向，以知识框架为具体说明	理论分析 + 实践分析	培养财务专业人才	正直、客观、专业胜任能力和适当关注、保密和职业行为	能力
2	CIMA	以胜任能力为导向，以知识框架为具体说明	理论分析 + 实践分析	培养财务专业人才	正直、客观、专业胜任能力和适当关注、保密和职业行为	能力

续表

序号	资格认证	研究思路要素				
		研究思路	研究方法	目标	原则	胜任能力表述形式
3	ACCA	以胜任能力为导向，以知识框架为具体说明	理论分析+实践分析	为提供与所有商业领域相关的知识和技能	诚信、客观公正、专业胜任能力和适当关注、保密、良好的职业行为	能力
4	AIA	以胜任能力为导向，以知识框架为具体说明	理论分析+实践分析	培养财会、金融、人力资源、营销、管理等方面的高级人才	诚信、客观、专业能力和适当关注、保密、职业行为	知识
5	CMA	以胜任能力为导向，以知识框架为具体说明	理论分析+实践分析	培养掌握管理会计知识和技能的专业人才，提高组织业绩	专业胜任能力、保密、正直性和可信性	能力
6	AICPA	以胜任能力为导向，以知识框架为具体说明	理论分析+实践分析	培养掌握专业知识和技能的人才	公共利益、正直、客观与独立性、适当关注、服务范围和性质	知识
7	CFA	以胜任能力为导向，以知识框架为具体说明	理论分析+实践分析	培养专业投资人才	以职业道德操守、专业行为准则、伦理道德框架为基础的原则	知识
8	CPA Canada	以胜任能力为导向，以知识框架为具体说明	理论分析+实践分析	从公众利益出发，为经济与社会发展做出突出贡献，同时为会员持续提供支持与协助来不断增强影响力，实用性和行业价值	正直秉公、追求卓越、尽责可靠、通力合作、相互尊重	知识、能力
9	ASCPA	以胜任能力为导向，以知识框架为具体说明	理论分析+实践分析	促进会计专业人才培养和促进澳大利亚注册会计师职业资格认证框架与国际资格框架接轨	正直、客观性、专业胜任能力和适当关注，保密，职业行为	知识

续表

序号	资格认证	研究思路要素				
		研究思路	研究方法	目标	原则	胜任能力表述形式
10	HKICPA	以胜任能力为导向，以知识框架为具体说明	理论分析+实践分析	致力提高其行业监管制度的透明度，并使香港会计专业与国际上的会计师（CPA）/特许会计师（CA）公认称谓看齐	专业的胜任能力	知识
11	TWCPA	以胜任能力为导向，以知识框架为具体说明	理论分析+实践分析	首先是通过公会宣传会计、审计等学术知识，培养优秀的会计师；其次是维护并改善会计师制度从而促进国家的经济发展；最后是增强与国际上会计机构的联系，为国际会计学术的研究发展贡献力量	专业的职业胜任能力	知识
12	JICPA	以胜任能力为导向，以知识框架为具体说明	理论分析+实践分析	致力于提高注册会计师素质，努力指导和监督注册会计师履行使命	JICPA 会员必须遵守道德委员会的规定和审查	知识
13	ISCA	以胜任能力为导向，以知识框架为具体说明	理论分析+实践分析	成为全球公认的专业会计机构，为会员专业和更广泛的社区带来价值	ISCA 成员必须遵守 ISCA（ISCA Code）发布的“职业行为与道德准则”	知识

续表

序号	资格认证	研究思路要素				
		研究思路	研究方法	目标	原则	胜任能力表述形式
14	MIA	以胜任能力为导向，以知识框架为具体说明	理论分析 + 实践分析	成为马来西亚首屈一指的商务认证，堪比世界上最好的	-	知识
15	IAI	以胜任能力为导向，以知识框架为具体说明	理论分析 + 实践分析	作为CA的存在，有望保证和提高专业会计师工作在全球范围内的质量和竞争力的东盟经济共同体的预期	持有特许会计师（CA）的印度尼西亚会计师要拥有职业道德准则的基本原则	知识

6.1.2 共性提炼

从6.1表中，可以得出各资格认证机构研究思路的共性之处如下：

①各资格认证机构均采用以胜任能力为导向，以知识框架为具体说明的研究思路。在该研究思路下，首先需要进行理论分析和实践分析，明确资格认证设计的目标和原则，并以此为基础，提出人才需要的胜任能力；以胜任能力为基础，提出需要具备的知识及评估能力、知识的途径。

②各资格认证机构均采用理论分析与实践分析相结合的研究方法，基于社会对人才能力知识的实际需求，不断调整胜任能力框架和知识框架，与时俱进地提升人才能力、更新知识体系。各资格认证机构一方面需要进行理论研究，为实践提供理论指导；另一方面又需要密切关注实践发展，在实践中不断获取先进的理念和方法。由于外部环境不断变化，各种知识、技术、理念等都在推陈出新，只有将理论与实践相结合，不断进行能力知识的更新，才能更好地了解社会对人才的能力和知识的需求，使培养出的人才符合社会实际需要。

③各资格认证机构均提出资格认证目标，并且基本目标是一致的，即培养财会相关领域的专业人才，更好地为组织服务。其目标是对人才的供给和需求

进行综合考虑，一方面强调通过资格认证课程的学习，培养学员的知识、技能和专业价值观，使之符合专业人才要求；另一方面强调培养人才的目的，是为了满足社会需要，更好地为组织服务。

④各资格认证机构在设计时均遵循各自的原则，这些原则均体现了对道德、胜任能力和职业能力的要求，与国际会计师职业道德准则理事会颁发的专业会计师伦理道德守则（IESBA 准则）相符。在这些原则的基础上，进行资格认证的设计，才能使培养出的人才不仅仅具备扎实的专业知识，还具备良好的职业道德和素质。

6.1.3 个性分析

虽然各资格认证机构均采用以胜任能力为导向，以知识框架为具体说明的研究思路，但在胜任能力的表现形式上有所不同。CGMA、CMA、CIMA、ACCA、CPA Canada 在胜任能力表述上，采用的是直接能力的表述，然后在对能力进行细化时，与具体的知识相结合，而 AIA、CFA、AICPA、ASCPA、HKICPA、TWCPA、JICPA、ISCA、MIA、IAI 则直接把知识作为胜任能力。

随着企业面临的竞争环境日趋复杂，对专业人员灵活应用专业技能的能力不断提出新的要求，如何把专业知识转换为执业能力，是我们必须要直面的课题。

6.2 专项分析：胜任能力

6.2.1 要素对比

胜任与所处行业的职业特征相关（McClelland，1973）。会计的职业特征就是通过建立知识、技能考核体系来培养和选拔人才（Boritz、E. J. and C. A. Carnaghan，2003）。1999 年，美国注册会计师协会提出会计行业准入的能力框架；2014 年，CIMA 和 AICPA 联合发布了《CGMA 管理会计能力框架》。由于主流会计机构以胜任能力框架衡量人才质量，我们在对各资格认证机构进行专项分析时，将各资格认证考察的胜任能力作为研究对象。

我们对 CMA、CIMA、CGMA、ACCA、AICPA、AIA、CFA、ASCPA、CPA Canada、HKICPA、TWCPA、JICPA、ISCA、MIA、IAI 在内的 15 种资格认证的胜任能力进行分析。编制胜任能力对比表，需要说明的是，考虑到可比性和重复性，在表 6.2 中，进行对比分析的是以能力为表现形式的胜任能力框架，但是以能力为表现形式的胜任能力框架在细化时还是会表现为知识，所以在表 6.2 中，我们会对以能力为表现形式和以知识为表现形式的胜任能力具体内容进行专门的对比分析。

表 6.2　　胜任能力框架对比表

序号	资格认证	胜任能力框架要素		
		胜任能力	胜任能力分级	不同级别能力占比
1	CGMA	技术技能、商业技能、人际交往能力、领导能力	初级、中级、高级、专家级	不同层级能力重要性占比不同
2	CIMA	财务和金融知识、商业头脑、人际交往能力、领导才能	入门级、管理级、高级管理级和最高管理级	不同层级能力重要性占比不同
3	ACCA	核心能力、行为能力	行为能力分为一级、二级、三级	/
4	AIA	/	/	/
5	CMA	基础能力、管理能力、会计能力	/	/
6	AICPA	/	/	/
7	CFA	/	/	/
8	CPA Canada	五个领域的知识胜任能力、六个领域的技术胜任能力、	A、B、C 三级	/
9	ASCPA	/	/	/
10	HKICPA	/	/	/
11	TWCPA	/	/	/
12	JICPA	/	/	/
13	ISCA	/	/	/
14	MIA	/	/	/
15	IAI	/	/	/

6.2.2 共性提炼

除了对胜任能力进行要素对比的汇总分析外，我们为研究国际资格认证机构的考核内容是否存在趋同性，重点针对考纲涉及的胜任能力和知识要素进行了文本分析。本研究考虑到 CFA 侧重的胜任能力、知识要素与资格认证机构的差异较大，为了保证下文的可比性和结果的可靠性，决定在下文的比较中去掉与管理会计专业相关性不高的 CFA 认证机构，仅将 14 所各地区的资格认证机构作为研究对象。本节介绍胜任能力的文本分析过程与结果，知识要素部分内容在下文中详细介绍。

本研究利用英文文本抓词软件对除 CFA 外其他 14 家资格认证机构的考纲进行词频统计。将整理结果进行删词、合并等加工整理，以寻找各国资格认证机构的考察重点。1999 年，AICPA 在《进入会计职业的核心胜任能力框架》中提出了胜任能力的三大类别：功能性胜任能力、个人胜任能力和广阔的商业视野，并对各类别的能力进行描述，而这种胜任能力的分类方式得到了较高的认可和引用。近年来，财务舞弊越来越受到业界关注，本书在此分类标准的基础上加入“职业道德”从而组成本书的分类标准。各资格认证机构考纲内容与胜任能力代表词的对应关系如表 6.3 所示。

表 6.3 胜任能力与考纲内容对应表

类别	胜任能力代表词	考纲出现词汇
功能性胜任能力	计量；报告；风险分析；决策模型； 发展和加强功能性胜任能力的有效技术①（6 个）	accounting；balance；disclosure；analysis；risk；decision；financial；investment；operations；assurance；cost；taxation……
广阔的商业视野	行业/部门的视野；全球/国际视野；资源管理；市场和客户关注度；战略/批判性思维；法律/规章视野； 发展和加强广阔的商业视野的有效技术②（7 个）	department；professional；trade；global；international；customer；market；law；strategic……
个人胜任能力	协作；领导；沟通（3 个）	relationship；leadership；communicate；team……
职业道德	职业道德（1 个）	ethics

① 发展和加强功能性胜任能力的有效技术主要包括了成本管理能力、税务筹划能力等。

② 发展和加强广阔的商业视野的有效技术主要包括了信息管理能力等。

我们通过将胜任能力代表词与各机构考纲中出现的对应词，得到了各会计机构对会员的胜任能力要求，如表 6.4 所示。

表 6.4　　各胜任能力一览表

机构名称	胜任能力														
	功能性胜任能力					广阔的商业视野							个人胜任能力		
	计量	报告	风险分析	决策模型	发展和加强功能性胜任能力的有效技术	行业/部门的视野	全球/国际视野	资源管理	市场和客户关注度	战略/批判性思维	法律/规章视野	发展和加强广阔的商业视野的有效技术)	协作	领导	沟通	职业道德
CGMA	√	√	√	√	√		√		√	√		√		√		√
CIMA	√	√	√	√	√	√	√	√	√	√		√	√	√	√	
CMA	√	√	√	√	√	√	√	√	√	√			√			√
CPA Canada	√	√		√	√	√				√			√	√	√	
ACCA	√	√	√	√	√	√					√					
AICPA	√	√	√	√	√	√	√				√	√				√
ASCPA	√	√	√	√	√		√		√	√	√			√		√
AIA	√			√	√	√					√	√				
HKICPA	√	√	√	√	√	√				√	√	√				
TWCPA	√				√						√					
JICPA	√				√						√	√				√
ISCA		√		√	√	√				√	√	√				
MIA	√	√		√	√						√					
IAI	√	√	√	√	√	√				√		√		√		√
共计	13	11	8	12	14	9	5	2	4	8	9	8	3	5	2	6

从表 6.4 中，可以得出各资格认证机构胜任能力框架的共性之处有（需要说明的是，下文的共性和个性针对的是 CGMA、CMA、CIMA 和 ACCA，只要重合超过 50%，就作为共性点）：

各资格认证机构的胜任能力都是在理论分析和实践分析的基础上，结合目标和原则要求提出的。虽然各资格认证机构提出的胜任能力各不相同，但是大体可以分为两大类：一类是硬实力，一类是软实力。硬实力主要包括专业视野和广阔商业视野，软实力主要包括人际交往能力、沟通能力等个人胜任能力和职业道德等相对难以量化的能力。可以看出，作为一名合格的专业人才，仅具有硬实力是远远不够的，还需要具备软实力，这样才能有更好的团队协作，为组织创造价值。

大多数资格认证根据精通程度对胜任能力进行了分级，不同层级对胜任能力的具体要求会有差异，随着层级的提高，对胜任能力的要求也会越来越高。对胜任能力分级，有利于学员了解每一层级的能力要求，从而将自身行为与能力要求进行比对，更好地提升自我的胜任能力，同时，也有利于评估者对学员进行评估，以此了解学员是否得到相应的能力要求。

（1）当前国际资格认证机构的胜任能力强度排序

本研究将上文中各胜任能力代表词在会计相关认证机构的考纲中出现的次数作如下统计，从表6.5中可概括目前国际会计相关资格认证机构能力要求的三个特点：第一，专业胜任能力，如计量、决策模型、报告等是基本要求；第二，认证机构对广阔的商业视野的重视度提高；第三，职业道德虽在考纲中出现频率不高，但在多家认证机构的后续教育中明确将有关职业道德教育的学习时间定量化，足见对其重视程度。

表6.5　国际认证机构能力代表词总计排序

序号	1	2	3	4	5	6	7	8	9	10	11	12	13	14	15	16
胜任能力名称	发展和加强功能性胜任能力的有效技术	计量	决策模型	报告	行业/部门视野	法律/规章视野	风险分析	战略/批判思维	发展和加强广阔的商业视野的有效技术	职业道德	全球/国际视野	领导	市场和客户关注	协作	资源管理	沟通
数量	14	13	12	11	9	9	8	8	8	6	5	5	4	3	2	2

我们不难发现当前资格认证机构对考生的能力考查从大类上还是以专业性硬技能为主，包括以会计专业为主的功能性胜任能力和商业视野能力，而难以计量的人际交流能力和职业道德的重要程度偏低（位于中后段）。具体来看，仍以功能性胜任能力为主，但随着市场经济的发展，市场对考生的商业管理能力需求增大，资格认证机构逐渐提高商业视野能力的考察比例，并开始强调沟通能力以培养综合型的会计人才以满足市场需要。

（2）各会计相关认证机构胜任能力共性分析

本书通过共词分析法对14家会计机构考察的胜任能力进行研究，分析国际会计机构对考生的考察热点，为我国资格认证体系能力要求框架的建立提供参考价值。首先我们将两个胜任能力在同一认证机构中同时出现的次数进行统计，进而建立胜任能力共词矩阵，如表6.6为7×7的部分胜任能力共词矩阵。

表 6.6 部分胜任能力共词矩阵

胜任能力代表词	计量	报告	风险分析	决策模型	发展和加强功能性胜任能力的有效技术	行业/部门的视野	全球/国际视野
计量	13	10	8	11	13	8	5
报告	10	11	8	11	11	8	5
风险分析	8	8	8	8	8	6	5
决策模型	11	11	8	12	12	9	5
发展和加强功能性胜任能力的有效技术	13	11	8	12	14	9	5
行业/部门的视野	8	8	6	9	9	9	3
全球/国际视野	5	5	5	5	5	3	5

为了使用多维标度分析（MDS）的方法（利用客体之间的相似性数据，将客体间的相似性以多维空间的距离表示），我们分析了当前资格认证机构的胜任能力共性成分、推测考查趋势。我们首先利用 Ochiia 系数[①]将胜任能力共词矩阵转换为相似矩阵。通过 Ochiia 系数得到的部分胜任能力相似矩阵如表 6.7 所示。

表 6.7 部分胜任能力相似矩阵

胜任能力代表词	计量	报告	风险分析	决策模型	发展和加强功能性胜任能力的有效技术	行业/部门的视野	全球/国际视野
计量	1	0.836242	0.784465	0.880705	0.963624	0.7396	0.620174
报告	0.836242	1	0.852803	0.957427	0.886405	0.80403	0.6742
风险分析	0.784465	0.852803	1	0.816497	0.755929	0.707107	0.790569
决策模型	0.880705	0.957427	0.816497	1	0.92582	0.866025	0.645497
发展和加强功能性胜任能力的有效技术	0.963624	0.886405	0.755929	0.92582	1	0.801784	0.597614
行业/部门的视野	0.7396	0.80403	0.707107	0.866025	0.801784	1	0.447214
全球/国际视野	0.620174	0.6742	0.790569	0.645497	0.597614	0.447214	1

① Ochiia 系数 $= \dfrac{\text{A、B 两词共同出现的次数}}{\sqrt{\text{A 出现的次数} \times \text{B 出现的次数}}}$

然后使用SPSS软件的多维标度分析得到图6.1。从图6.1胜任能力布局可以发现多数胜任能力分布较集中，这体现了在认证机构中对胜任能力要求的趋同性，而功能性胜任能力较分散。根据多维标度分析的原理，功能性胜任能力的专业化更高，且更成熟，不同领域和地区的认证机构对各功能性胜任能力的重视程度不同。而商业视野和人际关系属于新型能力出现的机构数量少且集中出现在一些成熟机构中，故结果更集中。

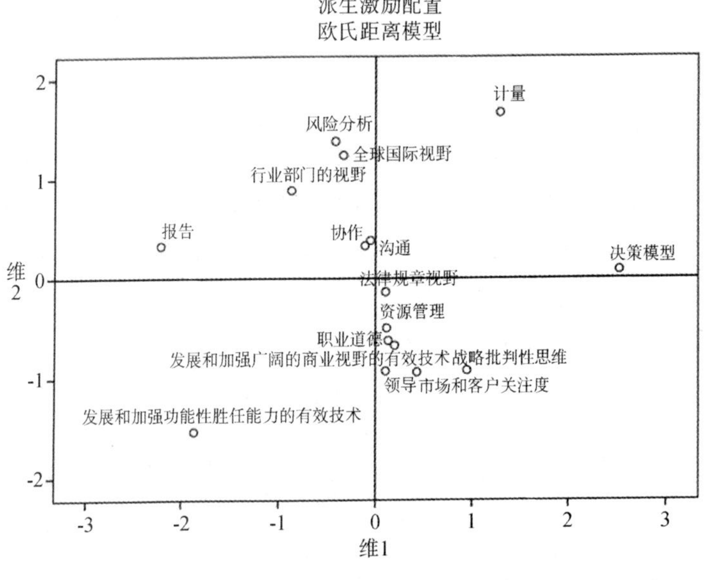

图6.1 胜任能力多维标度分析

6.2.3 个性分析

(1) 各资格认证的胜任能力要求不同

CIMA和AICPA提出CGMA的胜任能力为技术技能、商业技能、人际能力和领导力，并且这四个胜任能力应建立在道德素养、正直诚信的品质和专业能力的基础上。IMA提出胜任能力包括基础能力、管理能力和会计能力。ACCA提出胜任能力包括核心能力和行为能力，核心能力包括公司报告、领导力和管理能力、战略创新、财务管理、可持续管理会计、税务、审计与鉴证、公司治理、风险与控制、利益相关方关系管理、专业胜任能力与职业道德。行为能力包括遵守职业道德和法律、商业意识、沟通者、持续的优化者、可信赖、运用职业判断、影响力/挑战、组织意识、主动性（proactive）、问题解决者、质疑精神和支持他人。胜任能力的具体分析我们将在表6.8中详细说明。

我们可以看出虽然各资格认证机构均涉及功能性胜任能力、广阔的商业视野能力，大部分资格认证还包括了人际交流能力和职业道德，但在具体的能力评估上存在差异。管理会计类资格认证更强调管理类能力，例如决策模型、风险分析能力等功能性能力以及商业类胜任能力，而财务会计类资格认证则强调报告、计量等功能性胜任能力为基础，在此基础上扩展商业视野能力和人际交流能力等，不仅如此，我们还发现随着对复合型人才需求增大，无论管理会计领域还是财务会计领域认证机构的考核内容都趋于综合化，涵盖的能力更趋全面化。特别地，权威资格认证机构对能力的要求综合化、全面化的特点尤为显著。

（2）各资格认证胜任能力层级分类不同

CGMA根据精通级别的不同，将每个能力具体分为初级、中级、高级和专家级四个级别，并对每种能力在四个级别下的具体表现进行了说明。CIMA根据精通程度将胜任能力分为入门级、管理级、高级管理级和最高管理级，并与知识框架层级相对应。ACCA将行为能力分为一级、二级和三级，并对每个级别中的能力要求进行具体描述。

（3）各资格认证不同级别能力占比要求不同

CGMA和CIMA对不同层级中，能力的占比进行了说明，不同的层级，对胜任能力的重要性程度要求不同。在初级中，技术能力非常重要，但随着层级的提高，该能力的重要性占比将逐渐减少，其他三方面的重要性占比逐渐增多。CMA、ACCA则没有对不同层级能力占比进行说明。

（4）各资格认证机构胜任能力强度的地区比较

本研究将资格认证机构按地区分类为欧美地区资格认证机构（8家）和其他地区资格认证机构（6家），其中澳大利亚因受英国殖民影响较为深远，其资格认证体系也与英国体系相似度高，故将其也归入欧美地区。通过统计各地区认证机构考察的胜任能力数量和考察类别上的占比，发现各地区资格认证机构在考核项目的数量上没有明显差异。但如表6.8所示，近年来，欧美地区资格认证机构的考核要求比重自功能性胜任能力向个人胜任能力转移，这符合企业会计人才需求的趋势。

表 6.8　胜任能力内容地区比较

地区	功能性胜任能力①	广阔的商业视野	个人胜任能力	道德
欧美地区资格认证机构（8 家）	46.25%	37.50%	11.25%	5.00%
其他地区资格认证机构（6 家）	53.85%	38.46%	2.56%	5.13%

6.3 专项分析：知识要素

6.3.1 要素对比

本节将对 CMA、CIMA、CGMA、ACCA、AICPA、AIA、CFA、ASCPA、CPA Canada、HKICPA、TWCPA、JICPA、ISCA、MIA、IAI 在内的 15 种资格认证的知识要素进行分析，特编制了知识框架对比表，具体如表 6.9 所示。

表 6.9　知识框架对比表

序号	资格认证	知识框架要素				
		知识层级	知识深度、广度	知识点比重	知识点能力要求	知识要素
1	CGMA	无	无	无	/	
2	CIMA	基础阶段、营运级、管理级、战略级	深度、广度	有比重要求	无	1. 公司板块：组织管理、项目和关系管理、战略管理； 2. 绩效板块：管理会计、高级管理会计、风险管理； 3. 财务板块：财务报告和税务筹划、高级财务报告、财务战略

① 功能性胜任能力类占比 = 该地区功能性胜任能力类胜任能力个数/该地区所有胜任能力数量，若同一胜任能力出现在多个机构中则按出现的数量计算，下同。

续表

序号	资格认证	知识框架要素				
		知识层级	知识深度、广度	知识点比重	知识点能力要求	知识要素
3	ACCA	知识课程、技能课程、核心课程、选修课程	深度、广度	无	了解和理解、应用和分析、综合和评价	1. 知识要素：会计师与企业、管理会计、财务会计； 2. 技能课程：公司法与商法、业绩管理、税务、财务报告、审计与认证业务、财务管理； 3. 核心课程：公司治理、风险管理与职业道德、公司报告、商务分析； 4. 选修课程：高级财务管理、高级业绩管理、高级税务、高级审计与认证业务
4	AIA	基础阶段、专业阶段 1 和专业阶段 2	深度、广度	有比重要求	无	1. 基础阶段 A 模块：财务会计 1、商务经济学、管理会计 1； 2. 基础阶段 B 模块：商务法、审计和税法、信息处理； 3. 专业阶段 1 C 模块：审计学、公司法、管理信息； 4. 专业阶段 1 D 模块：商务管理、财务会计 2、管理会计 2； 5. 专业阶段 2E 模块：财务会计 3、财务管理； 6. 专业阶段 2F 模块：高级审计、税法和税务筹划
5	CMA	无	无	有比重要求	无	1. 财务报告、计划、业绩考核和控制：外部财务报告决策、计划、预算和预测、业绩管理、成本管理、内部控制； 2. 财务决策：财务报表分析、公司理财、决策分析、风险管理、投资决策、职业道德
6	AICPA	无	无	有比重要求	无	审计与鉴证、财务会计与报告、商业环境与概念、法规

续表

序号	资格认证	知识框架要素				
		知识层级	知识深度、广度	知识点比重	知识点能力要求	知识要素
7	CFA	一级、二级、三级	深度	有比重要求	无	1. 伦理和职业道德； 2. 投资工具：数量分析方法、经济学、财务报表分析、公司金融； 3. 资产估值：权益类证券产品、固定收益产品、金融衍生产品、其他类投资产品； 4. 投资组合管理及投资业绩报告
8	CPA Canada	六项核心专业知识、两个职业方向、综合能力模块、准备综合认证考试模块	深度、广度	无	无	1. 核心专业知识：财务报告、战略与公司治理、管理会计、审计与鉴证业务、财务管理、加拿大税法 2. 职业方向（四选二）：高级鉴证、财务管理、加拿大税法、绩效管理 3. 综合能力模块：领导能力、专业性、综合应用能力 4. 准备综合认证考试模块
9	ASCPA	基础阶段、专业阶段必修、专业阶段选修	深度、广度	有比重要求	无	1. 基础阶段：会计学基础、信息技术与商务流程、经济学与市场学、商业法律基础、企业金融学、财务会计与报告、管理会计学、会计概念与原理； 2. 专业阶段必修：道德与行业管理、策略性管理会计、财务报表、全球策略与领导； 3. 专业阶段选修 2 门：高级税务学、高级审计学与保证、当下企业课题、金融风险管理
10	HKICPA	四门专业考试 + 终极综合测试	无	无	无	财务报告，公司金融，鉴证，税务

续表

序号	资格认证	知识框架要素				
		知识层级	知识深度、广度	知识点比重	知识点能力要求	知识要素
11	TWCPA	无	无	无	无	“国文”，中级会计学，高等会计学，成本会计与管理会计，审计学，税务法规，“公司法”、“证券交易法”与“商业会计法”
12	JICPA	分必修和选修	无	有	无	短答式：财务会计、管理会计、审计、公司法 论文式：四门必选：会计学（涵盖了财务会计和管理会计）、审计、公司法、税法 + 一门选考：公司治理、经济学、民法、统计学（四选一）
13	ISCA	无	无	无	无	鉴证，商业和公司法，商业和金融，公司和业务战略，财务管理，财务报告和披露，管理信息，税收
14	MIA	A级：全面详细的知识和实质的理解，以及解决问题的能力，候选人必须从所提供的非结构化数据中选择所需信息，并进行专业判断。B级：详细了解原理、概念和技术，并能够清楚地表明所需信息。C级：只是概述或当前意识	深度	无	无	商业和公司法，审计和保证服务，税收，高级财务会计和报告
15	IAI	无	无	无	无	企业报告；职业道德与公司治理；战略管理和领导力；税务管理；高级管理会计；高级财务管理；信息系统和内部控制

6.3.2 共性提炼

从资格认证机构考纲中，我们发现如 CMA、CIMA、AICPA 等认证机构均先列出对考生的胜任能力要求框架，再根据能力框架选择合适的知识要素进行考核，也就是可以把胜任能力比作树干，而知识要素则是树叶。因此我们在上文胜任能力代表词和考纲词汇对应表的基础上引入知识要素代表词，得到表 6.10。

表 6.10 单词与胜任能力/知识要素代表词的对应

类别	胜任能力代表词	知识要素代表词	考纲出现词汇
功能性胜任能力	计量；报告；风险分析；决策模型； 发展和加强功能性胜任能力的有效技术①（6个）	财务会计；财务分析；税收管理；成本会计；经营决策；预算；投资决策；融资决策；风险管理；内部控制；营运资本管理；绩效管理；并购重组（13个）	accounting；balance；disclosure；analysis； risk；decision；financial；investment； operations；assurance；cost；taxation…
广阔的商业视野	行业/部门的视野；全球/国际视野；资源管理；市场和客户关注度；战略/批判性思维；法律/规章视野；发展和加强广阔的商业视野的有效技术②（7个）	法规；战略规划；信息系统管理（3个）	department；professional；trade；global； international；customer；market；law； strategic…
个人胜任能力	协作；领导；沟通（3个）		relationship；leadership；communicate； team…
职业道德	职业道德（1个）		ethics

通过对表 6.10 的分析，可以得出各资格认证机构知识框架共性之处有：

①各资格认证机构均利用不同的知识要素对学员进行考察，基于可比性，

① 发展和加强功能性胜任能力的有效技术主要包括了成本管理能力、税务筹划能力等。

② 发展和加强广阔的商业视野的有效技术主要包括了信息管理能力等。

我们对知识要素进行归纳整理，具体如表 6.11 所示。其中，共性知识包括财务会计财务分析、成本会计、预算、营运资本管理、经营决策、投资决策、税收管理、绩效管理、内部控制、风险管理、信息系统管理、并购重组、法规。

表 6.11　　各知识要素一览表

机构/要素	财务会计	财务分析	成本会计	预算	营运资本管理	经营决策	投资决策	融资决策	税收管理	绩效管理	内部控制	风险管理	信息系统管理	战略规划	并购重组	法规
CPA Canada	√	√	√		√	√	√	√	√	√	√	√	√	√		√
ASCPA	√	√	√		√	√	√	√	√				√	√		√
CGMA	√	√	√	√	√			√	√		√	√	√		√	
ACCA	√	√	√	√	√	√	√	√	√	√	√	√	√		√	√
CMA	√	√	√	√	√	√	√			√	√	√			√	
CIMA	√	√	√	√	√	√	√		√	√	√	√	√	√	√	
AICPA	√	√	√		√	√	√		√	√			√	√		√
AIA	√	√	√	√	√	√	√		√		√	√	√		√	√
HKICPA	√	√	√	√	√	√	√		√		√	√	√			√
TWCPA	√	√	√	√					√	√	√					√
ISCA	√	√			√	√	√	√	√	√			√	√	√	√
MIA	√	√			√	√	√	√						√	√	√
IAI	√	√	√	√	√	√	√	√	√	√	√	√	√	√	√	
JICPA	√	√	√	√	√				√	√	√	√				√
合计	14	14	12	9	13	11	11	7	12	9	10	9	10	7	8	10

②大多数资格认证均将知识要素划分为不同层次，知识要素的层级往往与考试层级直接关联。可以看出，知识要素层级是根据课程的难易程度进行划分的，这与学习的一般规律是一致的，无论是哪个知识领域的学习，都应该按照由浅入深的路径，这样才能更好地学习并掌握知识。

③大多数资格认证对知识的深度、广度某一方面或者两方面提出要求，AIA 对于知识深度和广度均有要求。在广度上，不同的阶段所需要的知识不同，例如，基础阶段需要学习商务经济学、商务法；专业阶段 1 需要学习管理信息、商务管理；专业阶段 2 需要学习财务管理。虽然知识点存在一定的交叉，但是广度是存在明显差异的。在深度上，以财务会计为例，三个阶段都需要掌握财务会计的知识，但是所要求的深度却不同，随着阶段的提升，知识的

深度在不断加强。CFA 对于广度没有要求，对于深度有要求，在三个级别中，虽然均考察同样的 10 个模块知识，但是不同层级的知识侧重点不同，一级侧重投资工具，二级侧重资产类别，三级侧重投资组合管理和财富规划，知识随着层级的深入而逐渐深入。

ASCPA 对于深度和广度均有要求。在广度上，不同的阶段所需要掌握的知识不同，例如基础阶段，需要学习经济学与市场、商业法律基础等课程；在专业阶段（必修），需要学习全球策略与领导等课程；在专业阶段（选修），需要学习当下企业课题等课程。可以看出，ASCPA 在广度上是存在显著差异的。在深度上，以会计为例，基础阶段需要学习会计学基础、财务会计与报告；专业阶段（必修），需要学习财务报表课程。可以看出随着层级的深入，知识也在不断深入。

CIMA 对于深度和广度都有要求，虽然在每个层级中，都包含组织、绩效和财务三方面的知识，但是组织、绩效和财务本身包含的范围是非常广的，对于不同层级，其所包含的内容是不一样。所以我们认为 CIMA 在广度上是有明显层级区分的。在深度上，以管理会计为例，基础阶段为管理会计基础，营运级为管理会计，管理级为高级管理会计，层级越高，所需要掌握的知识深度就越深。

ACCA 对于深度和广度都有具体要求。在广度上，技能课程阶段包括公司法与商法的课程，在其他阶段则没有要求。在深度上，以财务会计为例，知识课程阶段需要学习财务会计课程，技能课程需要学习财务报告课程。大多数资格认证机构对知识点比重或者知识点能力等级做出要求，以体现不同的知识点重要性和对掌握程度的不同要求。

④当前国际资格认证机构的知识要素强度排序。本研究将上文中各知识要素代表词在会计相关认证机构的考纲中出现的次数作如下统计，如表 6.12 所示。

表 6.12 知识要素统计

序号	1	2	3	4	5	6	7	8	9	10	11	12	13	14	15	16
知识要素名称	财务会计	财务分析	营运资本管理	成本会计	税收管理	经营决策	投资决策	内部控制	信息系统管理	法规	预算	绩效	风险管理	并购重组	战略规划	融资决策
数量	14	14	13	12	12	11	11	10	10	10	9	9	9	8	7	7

本研究发现，当前各机构仍以会计相关的功能性知识要素为重点考察对象，不同领域考试内容有所重合，商业视野相关知识要素在考试中占比有所提升，说明新时代会计人才的综合素质要求更高。

⑤各会计相关认证机构知识要素共性分析。与胜任能力研究类似，本研究将各认证机构考纲中涉及的知识要素进行汇总，通过共词分析法研究 14 家会计资格认证机构（除 CFA）考察的知识要素。首先我们将两个知识要素在同一认证机构中共同出现的次数进行统计，进而建立知识要素共词矩阵，如表 6.13所示的是 7 ×7 的部分知识要素共词矩阵。

表 6.13　　部分知识要素共词矩阵

知识要素代表词	财务会计	财务分析	成本会计	预算	营运资本管理	经营决策	投资决策
财务会计	14	14	12	9	13	11	11
财务分析	14	14	12	9	13	11	11
成本会计	12	12	12	9	11	9	9
预算	9	9	9	9	8	6	6
营运资本管理	13	13	11	8	13	11	11
经营决策	11	11	9	6	11	11	11
投资决策	11	11	9	6	11	11	11

同样地，利用 Ochiia 系数将知识要素共词矩阵转换为相似矩阵。通过 Ochiia 系数得到的部分知识要素相似矩阵如表 6.14 所示。

表 6.14　　部分知识要素相似矩阵

知识要素代表词	财务会计	财务分析	成本会计	预算	营运资本管理	经营决策	投资决策
财务会计	1.0000	1.0000	0.9258	0.8018	0.9636	0.8864	0.8864
财务分析	1.0000	1.0000	0.9258	0.8018	0.9636	0.8864	0.8864
成本会计	0.9258	0.9258	1.0000	0.8660	0.8807	0.7833	0.7833
预算	0.8018	0.8018	0.8660	1.0000	0.7396	0.6030	0.6030
营运资本管理	0.9636	0.9636	0.8807	0.7396	1.0000	0.9199	0.9199
经营决策	0.8864	0.8864	0.7833	0.6030	0.9199	1.0000	1.0000
投资决策	0.8864	0.8864	0.7833	0.6030	0.9199	1.0000	1.0000

通过多维标度法分析，得到图 6.2。与胜任能力要素的分析结果类似，大多数知识要素集中分布，体现了各认证机构考核知识点的趋同性，而分散在四

个象限的财务会计、财务分析、成本会计、税收管理、营运资本管理和经营决策等功能性知识要素则大都在信息系统中完成，而信息系统管理这一知识要素则位于集中分布的区域内。可见，信息化已经逐渐改变了会计人员的工作方式。未来人工智能技术的广泛应用，必将把会计人员从繁琐的税收管理、会计簿记、财务分析等工作中解放出来。

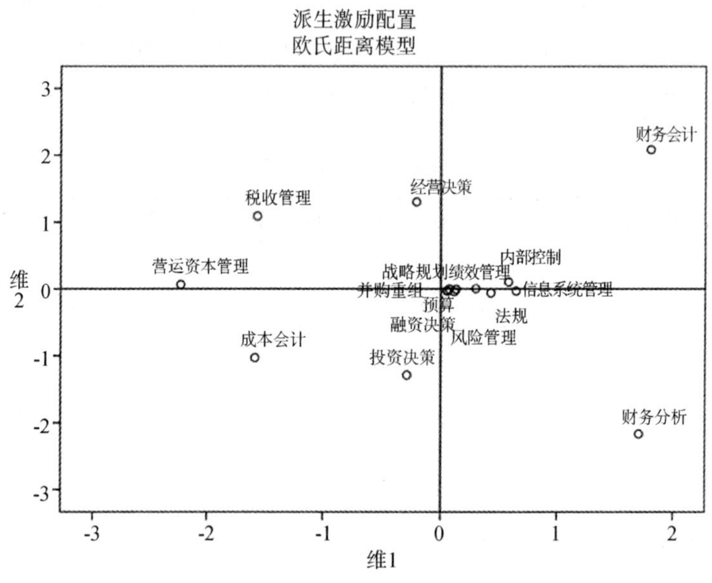

图 6.2　知识要素多维标度分析

6.3.3　个性分析

认证机构存在共性的同时，其个性特征也体现的十分鲜明，具体包括以下几个方面：

(1) 知识要素侧重点的差异

虽然各资格认证在知识要素上存在共性，但是由于各资格认证关注的领域不同以及所处的背景不同，所以在考察的知识内容上存在差异。融资决策和战略规划属于差异性的内容，究其原因在于融资决策和战略规划属于高阶财务管理的范畴，且对个人经验、能力的要求更高，在日趋复杂的商业环境中，传统决策模型和分析框架正面临严峻挑战，因此考核难度大，所以将其纳入知识框架的资格认证较少。

（2）知识要素划分层级的差异

CIMA 将知识层级划分 4 个阶段，分别为基础阶段、营运级、管理级、战略级，共有 14 门课程，需要通过 14 门课程。ACCA 将知识要素划分为 4 个阶段，分别为知识课程、技能课程、核心课程、选修课程，共有 16 门课程，需要通过 14 门课程。AIA 将知识要素划分为 3 个阶段，分别为基础阶段、专业阶段 1 和专业阶段 2，每个阶段都有对应的课程，共有 16 门课程，需要通过 16 门课程。CFA 将知识层级分为 3 个级别，分别为一级、二级和三级，每一级别考察相同的 10 门课程。ASCPA 将知识要素划分为 3 个阶段，分别为基础阶段、专业阶段必修、专业阶段选修，每个阶段都有对应的课程，共有 16 门课程，需要通过 14 门课程。AICPA 将知识要素分为一个级别，共有 4 门课程，需要通过 4 门课程。CMA 分为一个级别，共有 2 门课程，需要通过 2 门课程。CPA Canada 分为六项核心专业知识、两个职业方向、综合能力模块、准备综合认证考试模块。MIA 将知识层级分为 A、B、C 三级，A 级代表全面详细的知识和实质的理解，以及解决问题的能力，候选人必须从所提供的非结构化数据中选择所需信息，并进行专业判断；B 级代表详细了解原理、概念和技术，并能够清楚地表明所需信息；C 级代表了解概况。

（3）知识点比重和知识点能力要求不同

AIA、CFA、AICPA、ASCPA、CMA 对知识点有比重要求，不同的知识点占的比重不同。ACCA 对知识点的能力要求进行说明，其将知识点的能力要求分为了解和理解、应用和分析、综合和评价。

（4）各资格认证机构知识要素强度的地区比较

与能力强度对比类似，本书通过统计各地区认证机构考察的知识要素的数量和类别占比，得到表 6.15。

表 6.15　知识要素内容地区比较

地区	功能性知识要素		商业视野性知识要素	
	权重	平均值	权重	平均值
欧美地区资格认证机构（8 家）	66.67%	8.25	33.33%	5.13
其他地区资格认证机构（6 家）	65.83%	7.17	34.17%	3.84

通过统计，本研究发现各地区的资格认证机构在考察上均以功能性知识要素为主，这类权重均在 50% 以上。同时，欧美地区资格认证机构对各类知识要素的考察数量更多，范围更广，对考生的要求相对更高。

在对比不同领域资格认证机构的知识要素要求强度后，研究发现，资格认证机构在制定知识要素时会以本领域内的专业知识为主，并拓展其他领域的相关知识，以考察候选人知识的全面性和综合性，专业知识作为基础技能的地位毋庸置疑。

6.4 专项分析：资格认证流程

6.4.1 要素对比

本部分对 CMA、CIMA、CGMA、ACCA、AICPA、AIA、CFA、ASCPA、CPA Canada、HKICPA、TWCPA、JICPA、ISCA、MIA、IAI 在内的 15 种资格认证流程进行分析，绘制了各资格认证的认证流程图，编制了各资格认证的流程对比表。为了更加清晰地呈现和说明，对比表分为报名条件对比表、获证条件对比表、后续教育对比表，具体如表 6.16、表 6.17、表 6.18 所示。其中，CGMA 由于只有能力框架，所以在分析时比照 CIMA/AICPA 进行分析，在表格中标注为参考 CIMA/AICPA，由于 CA 获取的资料有限，无法找到可靠资料的在表格中用“/”表示。

表 6.16　各资格认证报名条件对比表

资格认证	报名条件			
	学位/学历要求	工作经验要求	学分要求	是否需要通过课程学习（培训）
CGMA	参考 CIMA/AICPA	3 年	无	参考 CIMA/AICPA
CIMA	大专及以上/本科在校/会计类相关证书	无	无	否
ACCA	大专及以上/本科在校/通过 FIA 考试	无	无	否

续表

资格认证	报名条件			
	学位/学历要求	工作经验要求	学分要求	是否需要通过课程学习（培训）
AIA	大专及以上/本科在校	无	无	否
CMA	无	无	无	否
AICPA	已经或即将取得学士学位	无	150 个总学分及 24 个会计学分和 24 个商业学分	否
CFA	已经或即将取得学士学位	无	无	否
CPA Canada	本科或硕士文凭	无	120 学分以上本科教育（30 学分/每学年）	CPA PEP
ASCPA	本科及以上	无	36 个学期的会计课程，其中包括 150 个小时	否
HKICPA	本科及以上可直接考试，大专以下学历可以通过参加课程来达到满足申请要求	无	无	通过 ATT
TWCPA	无	无	无	否
JICPA	本科以上	无	无	否
ISCA	本科以上	无	无	否
MIA	完成了 3 年的全日制学习，现在是 4 年制学位课程的最后一年	无	在课程总学时至少达到 90 学时，其中至少 24 学时是会计及相关科目，另外 24 学时是与商业相关的科目	否
IAI	/	/	/	/

表 6.17　各资格认证获证条件对比表

资格认证	获证条件					
	需要通过的层级及门数	考试有效期	学位要求	工作经验要求	推荐人要求	职业道德测试要求
CGMA	1/1（AICPA）	参考CIMA/AICPA	CIMA/AICPA	3年及以上	无	是
CIMA	4，14/14	3年	大专及以上/会计类相关证书	3年及以上	无	是
ACCA	4，14/16	10年，专业阶段7年	大专及以上/通过FIA考试	3年及以上	无	是
AIA	3，16/16	10年	大专及以上	3年及以上	无	是
CMA	1，2/2	3年	大专及以上	2年及以上	无	是
AICPA	1，4/4	1年半	学士学位	2年及以上	无	是
CFA	3，3/3	无	学士学位	4年及以上	无（美国） 2名（中国）	是
CPA Canada	4，7/9	无	本科及以上	30个月及以上	2名	是
ASCPA	3，14/16	5年	本科及以上	3年及以上	1名	是
HKICPA	4	无	/	/	/	无
TWCPA	7	3年	/	/	无	无
JICPA	2，9/12	2年	本科以上	2年	无	无
ISCA	8	5年	本科以上	3年	无	是
MIA	3，4	3年	本科以上	3年	无	无
IAI	7	/	/	/	/	/

表 6.18　各资格认证后续教育对比表

资格认证	后续教育				
	1. 是否有继续教育	2. 是否为强制性	3. 后续教育的开始时间	4. 后续教育的考核学时/学分	5. 是否有其他替代方式
CGMA	参考CIMA/AICPA	参考CIMA/AICPA	参考CIMA/AICPA	参考CIMA/AICPA	参考CIMA/AICPA
CIMA	是	是	成为正式会员后	30小时/年	无
ACCA	是	是	成为正式会员后	40小时/年	认可雇主途径/其他IFAC途径

续表

资格认证	后续教育				
	1. 是否有继续教育	2. 是否为强制性	3. 后续教育的开始时间	4. 后续教育的考核学时/学分	5. 是否有其他替代方式
AIA	是	是	通过所有考试后	30 小时/年	无
CMA	是	是	通过所有考试后	30 小时/年	无
AICPA	是	是	成为正式会员后	120 小时/3 年 90 小时/3 年 80 小时/3 年	无
CFA	是	否	成为正式会员后	无	无
CPA Canada	是	是	成为正式会员后	无	无
ASCPA	是	是	成为正式会员后	120 小时/3 年	无
HKICPA	是	否	成为正式会员后	无	无
TWCPA	是	否	成为正式会员后	无	无
JICPA	是	是	成为公认会计师后	1. 三年间获得合计 120 学分； 2. 至少每年获得 20 学分； 3. “职业道德”和“税收”每年需要获得至少 2 学分，从事法定审计的人员每年需要在“审计质量和欺诈”获得至少 6 个学分	否
ISCA	是	是	成为 CA 后	必须每三年至少获得 120 个 CPE 时间，其中每年至少应有 20 个可核实的 CPE 时间，其中包括 2 个可核实的道德时间	无

续表

资格认证	后续教育				
	1. 是否有继续教育	2. 是否为强制性	3. 后续教育的开始时间	4. 后续教育的考核学时/学分	5. 是否有其他替代方式
MIA	是	是	成为会计技术人员后	会计技术人员需要通过定期参与持续专业发展（CPD）计划来不断发展自己的知识和技能	/
IAI	/	/	/	/	/

6.4.2 共性提炼

通过对表6.16、表6.17和表6.18的分析，得出各资格认证流程的共性之处有：

①在获取资格认证时，各资格认证需要同时满足通过考试、拥有相关领域工作经验、职业道德测试等条件。

这与能力的评估方式是息息相关的，学员需要满足能力要求，才能获取资格认证，而能力特征的不同又会导致评估方式的不同，硬实力往往通过考试的方式进行评估，软实力往往通过工作经验、职业道德测试的方式进行评估。所以在获取资格认证时，需要同时满足以上条件，这样才能全方位的评估学员是否达到胜任能力要求，是否可以获取资格认证。

②考试科目较多的资格认证均对考试进行层级划分，按照考试的难易程度，划分为不同的层级。

一般情况下，学员需要通过低层级的考试才能进入高层级考试，首先需要掌握低层级的知识，这样才能更好地学习高层级的知识，这符合循序渐进的学习规律，但这样的考试设置方式，不利于学习能力强的学员快速通过认证。

③各资格认证均对工作经验有要求，学员必须具备相关领域的工作经验才能取得资格认证。

可以看出工作经验要求对于申请资格认证的学员而言十分的重要，因为通过考试只是代表了学员具备了相关的专业知识，对于是否能够胜任工作则无法提供强有力的保证，并且实际与理论是存在差距的，而在通过考试的基础上再要求学员具备若干年的工作经验，可以让学员将理论与实际结合，更好地将知识融会贯通，能够有效杜绝高分低能情况的出现。同时，筛除了只想通过考试拿证书而无意从事相关工作的人员，使持有资格认证的从业人员得到精炼，确保了资格认证的含金量。无论是对资格认证的持有人而言还是颁发的协会而言，都是十分有利的。此外，各资格认证机构均特别强调工作经验的相关性，一定要在财会等相关领域获取工作经验才可以，这与资格认证的目标是有关系的，资格认证培养的是能够为组织提供价值的专业人才，而不是仅仅持有证书，却不在实际工作中将知识运用的人员。另外，值得注意的是，各资格认证机构认可的工作经验，通常是在机构认可的雇主方从事工作所积累的经验。这一举措，一方面降低了人为伪造工作经历的风险；另一方面加强了认证机构与雇主之间紧密的联系，帮助认证机构不断了解雇主需求和行业动态，掌握第一手人才供需信息，这对于认证机构的改革和发展是至关重要的。

④各资格认证机构均对职业道德有明确要求，并且设置了职业道德测试，因为随着经济和科技的发展，许多新兴的行业或者原有行业经改革后产生了很多新的经济关系，随之也产生了很多法律和会计的空白地带，再加上监管的缺失，极易产生舞弊现象，这些舞弊现象的发生，不仅会影响市场的健康有序发展，还会影响到人们对专业人员甚至是整个行业的怀疑和质疑，因此必须加强对专业人员的道德测试，以减少舞弊的发生。

⑤各资格认证机构均对学历/学位有要求，因为资格认证都是为了相关行业选拔具备专业知识的高级人才，所以对于持证人的学历有着较高的要求，都需要有接受高等教育的经验。因为经过高等教育的学习，人的学习能力、思维、人际能力等各方面的能力都会受到影响，不论这种影响是直接培养还是潜移默化，都对学员的人生有着重要的影响，这些能力在为组织创造价值的过程中是非常重要的。

⑥各资格认证机构均对后续教育有要求。说明各资格认证均强调知识的更新与学习的持续性，体现了终身学习的理念，有利于提高持证人员的专业知识和技能，保证持证人员具有较高的专业素养，同时也有利于维持协会与专业人员的密切关系，扩大该资格认证的影响力和知名度。

6.4.3 个性分析

各认证机构资格认证流程中的主要差别体现在以下几方面：

（1）报名条件不同

不同的资格认证在报名条件上有所差异，具体表现为学历要求、工作经验、学分/学时及培训。

①学历/学位要求不同。CMA在报名时对学历/学位没有要求，而其他资格认证在报名时对学历/学位有要求，要求最高的是CPA Canada、ASCPA、JICPA、ISCA和HKICPA，都需要本科学历及以上。其中，HKICPA的要求是本科及以上可直接考试，大专以下学历可以通过参加课程来达到满足申请要求。其次是AICPA、CFA和MIA，都需要已经或即将取得学士学位，其中AICPA的学历要求在美国的每个州都不尽相同，个别州无限定。例如，特拉华州和伊利诺伊州的最低学历为专科，佛蒙特州在最低学历要求上没有特别的限制。而MIA要求考生已经完成了3年的全日制学习，现在是4年制学位课程的最后一年。再次是CIMA、ACCA和AIA，需要大专及以上或本科在校，其中CIMA和ACCA对于学历不达标的情况，存在替代条件，CIMA如果学历不达标，可以用取得会计类相关证书作为替代；ACCA如果学历不达标，可以先申请参加FIA（Foundations in Accountancy）基础财务资格考试，通过考试以后，可以直接进入技能课程阶段考试。

②工作经验要求不同。CGMA在报名时对工作经验有要求，其他资格认证则没有，即使有也不是必要条件，而是作为补充条件。CGMA有工作经验要求主要是与CGMA的特殊性有关，CGMA是由CIMA和AICPA联合推出的，由于推出的时间比较短，所以目前只有能力框架，没有独立的考试，资格认证的获取与CIMA资格认证及AICPA资格认证直接挂钩。

③学分/学时要求不同。AICPA、ASCPA、CPA Canada、MIA在报名时对学分/学时有要求，其他资格认证在报名时则没有。其中，AICPA包括总学分和会计与商业学分的要求，因为不是所有的州都相同，但是一般而言需要150个以上总学分以及24个会计学分和24个商业学分。ASCPA考试则要求申请者在申请前学习会计和其他相关课程达到150小时。这150个小时被称为申请ASCPA考试的教育时间要求。另外，教育要求还包括36个学期的会计课程，其中有30个学期必须是高级课程。达到了以上教育要求后，本土考生可以在任何时候申请参加考试。由于需要满足150个小时的要求，所以需要修满36个学期的会计课程。CPA Canada需要获得120学分以上本科教育（30学分/每学年）。MIA要求考生课程总学时至少达到90学时，其中至少24学时是会计及相关科目，另外24学时是与商业相关的科目。

④在 CGA 和 CA 还未合并为 CPA Canada 之前，CGA 和 CA 都需要通过课程学习（培训）。在资格认证中，CGA 和 CA 需要考生先完成相关课程的学习或培训，才能参加考试，而其他资格认证则没有这个要求，与其他资格认证相比，CGA 和 CA 更像是一个教育项目。CGA 在线注册，完成每一阶段的课程学习，即可参加对应阶段的考试，且只有通过了该阶段的考试，才能进入下一阶段的课程学习。课程包括基础课程、高级课程、职业方向课程和专业综合应用课程。CA 需要参加各省协会要求的教育课程并通过培训课程考试，培训课程包括核心知识（C1 财务会计与报告；C2 管理会计、计划与控制）、专业知识（E1 业绩管理；E2 金融；E3 保险；E4 税务，4 门选择 2 门）及专业技能（Cap1 和 Cap2，其中 Cap1 单独或团队撰写报告或做 presentation。考察综合能力，主要关注专业素养、问题解决和决策能力、沟通能力、自我管理、团队合作和领导能力。Cap2 情景模拟。考察复杂情况下的行为，分析、解决问题和决策的能力）3 个阶段 6 个模块。每个模块有三次考试机会。在三个阶段通过以后可以参加最后统一考试（UFE）。目前 CPA Canada 需要考生通过 CPA PEP 课程学习。

（2）获取认证资格的条件不同

在共性分析中，我们分析了各资格认证获证的共性条件，但是各资格认证还存在一些个性条件，并且在共性条件下，具体的规定也不同。我们将从考试层级及门数、考试有效期、学位/学历要求、工作经验要求、推荐人要求这 5 个方面进行分析。

①考试层级及门数不同。不同的资格认证考试层级和门数存在差异，其中 ACCA、AIA、ASCPA、JICPA 和 CIMA 的考试门数最多，都超过了 10 门；其次是 ISCA 的 8 门；TWCPA、CPA Canada、IAI 的 7 门；AICPA、CFA、CMA、HKICPA、MIA 的门数最少，都不多于 5 门。具体层级及科目如下：

- ACCA 包含 4 个级别，共 16 门课程，考生需要通过 14 门课程。

知识要素 3 门课程：会计师与企业、管理会计、财务会计；技能课程 6 门：公司法与商法、业绩管理、税务、财务报告、审计与认证业务、财务管理；核心课程 3 门：公司治理、风险管理与职业道德、公司报告、商务分析；选修课程 4 门课程选取 2 门：高级财务管理、高级业绩管理、高级税务、高级审计与认证业务。14 门课程的考试中，F1 - F9 在满足相关条件时可以申请免考（选修课程 P4—P7 四选二）。学员必须按照科目的先后次序报考，即知识课程（F1—F3）、技能课程（F4—F9）、核心课程（P1—P3）和选修课程

（P4—P7），在一个课程阶段中可以选择任意顺序报考，每次或者每个考试期（6个月内）最多报考4门，核心课程的3个科目无须同时报考。考生需要全部通过前一级别所规定的需要通过的考试才能进入下一阶段考试。

• AIA共3个级别，包含16门课程，考生需要全部通过16门课程。

基础阶段包括6门课程：财务会计1、商务经济学、管理会计1、商务法、审计和税法、信息处理；专业阶段1包括6门课程：审计学、公司法、管理信息、商务管理、财务会计2、管理会计2；专业阶段2包括4门课程：财务会计3、财务管理、高级审计、税法和税务筹划。基础阶段和专业阶段1可以同时进行，只有两者都通过了，才能进入专业阶段2。

• CPA Canada包含4个级别，六项核心专业知识、两个职业方向、综合能力模块、准备综合认证考试模块。

在合并前，CGA包含6个级别共23门课程，考生需要通过19门课程。CA共有4个级别，9门课程，考生需要通过7门课程

基础课程第一级别3门课程：会计学原理、微观及宏观经济学、商业法；基础课程第二级别4门课程：中级财务会计：资产、数量分析、管理会计、商务沟通；基础课程第三级别3门课程1个案例：中级财务会计：负债及所有者权益、公司财务信息基础、管理性息系统、会计商务案例（案例）；高级课程5门课程1个案例：高级财务会计：合并报表、高级管理会计、会计理论、审计学、审计案例（案例）、个人及公司税法；职业课程6门课程选择2门：内部审计与内部控制、公共管理部门财务管理、高级个人与公司税法、高级审计理论与实务、高级财务管理理论与实务、高级管理性息系统：信息系统战略；专业应用课程2门课程：注册会计师执业实务和战略会计管理。其中案例是不需要考试的。考生需要全部通过前一级别所规定通过的考试才能进入下一阶段考试，这里的级别指的是基础课程、高级课程、职业课程和专业应用课程，基础课程三个级别不受该条件限制。

考生需要参加各省协会要求的教育课程学习并通过培训课程考试。培训课程包括核心知识（C1财务会计与报告；C2管理会计、计划与控制）、专业知识（E1业绩管理；E2金融；E3保险；E4税务，4门选择2门）及专业技能（Cap1和Cap2，其中Cap1单独或团队撰写报告或做Presentation，考察综合能力，主要关注专业素养、问题解决和决策能力、沟通能力、自我管理、团队合作和领导力。Cap2情景模拟，考察复杂情况下的行为，分析、解决问题和决策的能力）3个阶段6个模块。每个模块有3次考试机会。培训课程全部通过

以后，可以进入 UFE 阶段。考生需要全部通过前一级别所规定通过的考试才能进入下一阶段考试。

合并后，CPA Canada 包括核心专业知识 6 门课程：财务报告、战略与公司治理、管理会计、审计与鉴证业务、财务管理、加拿大税法；职业方向（四选二）：高级鉴证、财务管理、加拿大税法、绩效管理；综合能力模块：领导能力、专业性、综合应用能力，准备综合认证考试模块。

- ASCPA 共 3 个级别，包含 16 门课程，考生需要通过 14 门课程。

基础阶段 8 门课程：会计学基础、信息技术与商务流程、经济学与市场学、商业法律基础、企业金融学、财务会计与报告、管理会计学、会计概念与原理；专业阶段必修阶段 4 门课程：道德与行业管理、策略性管理会计、财务报表、全球策略与领导；专业阶段选修阶段 4 门课程选择 2 门：高级税务学、高级审计学与保证、当下企业课题、金融风险管理。考生需要全部通过前一级别所规定通过的考试才能进入下一阶段考试。

- CIMA 共分为 4 个级别，包含 14 门课程，考生需要全部通过 14 门课程。

基础阶段包括 5 门课程：管理会计基础、财务会计基础、商业数学基础、商业经济基础、道德、公司治理与商法基础；运营级包括 3 门考试：组织管理、管理会计、财务报告和税收筹划；管理级包括 3 门考试：项目和关系管理、高级管理会计、高级财务报告；战略级 3 门课程：战略管理、风险管理、财务管理。通过基础阶段的考试后，才能进入运营级和管理级，两者可以同时进行。只有全部通过运营级和管理级，才能进入战略级考试。

- JICPA 共分为 2 个级别，包含 12 门课程，考生需要通过 9 门课程。

短答式：财务会计、管理会计、审计、公司法；论文式（四门必选）：会计学（涵盖了财务会计和管理会计）、审计、公司法、税法，另加 1 门选考：公司治理、经济学、民法、统计学（四选一）

- AICPA1 个层级，共有 4 门课程，需要全部通过 4 门课程。

4 门考试分别为审计与鉴证、财务会计与报告、商业环境与概念、法规。

- CFA 共有 3 个级别，每个级别包含一门考试，考生需要全部通过。

每一门考试包含 10 门课程，分别为伦理和职业道德、数量分析方法、经济学、财务报表分析、公司金融、权益类证券产品、固定收益产品、金融衍生产品、其他类投资产品、投资组合管理及投资业绩报告。考生需要全部通过前一级别所规定通过的考试才能进入下一阶段考试。

• CMA，1 个层级，共有 2 门考试，考生需要全部通过。2 门考试分别为：财务报告、计划、业绩考核和控制、财务决策。

• HKICPA，1 个层级，共有 4 门考试，考生需要全部通过。4 门考试分别为：财务会计、管理会计和财务、审计和信息系统、商业法与税法。

• TWCPA，1 个层级，共有 7 门考试，考生需要全部通过。7 门考试分别为：国文、中级会计学、高等会计学、成本会计与管理会计、审计学、税务法规以及公司法、证券交易法与商业会计法。

• ISCA，1 个层级，共有 8 门考试，考生需要全部通过。8 门考试分别为：鉴证、商业和公司法、商业和金融、公司和业务战略、财务管理、财务报告和披露、管理信息和税收。

• MIA，3 个层级，共有 4 门考试，考生需要全部通过。4 门考试分别为：商业和公司法、审计和保证服务、税收、高级财务会计和报告。同时，认证机构将各知识点的掌握程度分为 A、B、C 三级，A 级指能全面详细并能实质理解知识，以及解决问题的能力。候选人必须从所提供的非结构化数据中选择所需信息，并进行专业判断。B 级详细了解原理、概念和技术，并能够清楚地表明所需信息。C 级只是概述或当前意识。

• IAI，1 个层级，共有 7 门考试，考生需要全部通过。7 门考试分别为：企业报告、职业道德与公司治理、战略管理和领导力、税务管理、高级管理会计、高级财务管理和信息系统及内部控制。

可以看出，一般考试门数较多的资格认证进行了层级划分，而考试门数较少的资格认证则没有进行层级划分。CFA 与其他资格认证相比，存在一定特殊性，其他资格认证都是一门课程对应一门考试，但是 CFA 则一门考试包括 10 门课程。

②考试有效期不同。CPA Canada、HKICPA 和 CFA 对成绩的有效期限都没有规定，因为这 3 门考的内容相对较多，难度相对较大。其次，ACCA 的有效期是 10 年，专业阶段的有效期是 7 年；AIA 的有效期是 10 年，主要原因在于考试的科目相对较多。再次是 ASCPA 和 ISCA 的有效期是 5 年，CIMA、CMA、TWCPA 和 MIA 有效期是 3 年，主要是因为这 7 个资格认证考试的内容更新较快。最后的是 JICPA 的 2 年，因为题型以短答和论述为主，题型较简单，AICPA 的 1 年半，原因在于考试门数只有 4 门，且全部为选择题，相对简单。经济发展非常迅速，所以新经济理论推陈出新的速度也十分快速，有效期年限较短的资格认证能够通过较短的期限使学员掌握最新的专业知识和技能，对于提

高从业人员的专业水平而言是十分有利的。

③学历、学位要求不同。在上文分析中，提到 CMA 对学历没要求，其他资格认证在报名时则需要。其他资格认证的获证学历、学位要求与报名学历、学位相同，在此就不再赘述。值得注意的是，CMA 获证的学历要求为大专及以上。

④推荐人要求不同。在获取资格认证前，只有 ASCPA、CPA Canada 和 CFA 需要推荐人推荐。其中 ASCPA 需要 1 名推荐人，CPA Canada 需要 2 名推荐人推荐，而 CFA 在中国需要 2 名推荐人，在美国则不需要。推荐人制度起到了很好的考察监督作用，在考生申请资格认证之前就增加了专业人员的考察，有利于提高从业人员的专业素养和道德水平。

（3）后续教育要求不同

各资格认证虽然对后续教育均有要求，但在强制性、后续教育开始时间、后续教育的考核学时/学分、是否有替代方式 4 个方面存在差异（我们并未在公开材料中找到 IAI 在后续教育方面的相关信息，因此下文关于后续教育要求的个性分析结论不包括 IAI 资格认证）。

①强制性要求不同。其中除 CFA、HKICPA、TWCPA 之外，其他资格认证的后续教育都是强制性的，这有利于保证持证人员掌握最新的专业知识，能够应对工作上不断出现的新的挑战。

②后续教育开始时间不同。不同的资格认证对何时进行后续教育的要求不同，主要分为以下两种情况：第一种情况是在通过所有的考试以后，就应参加后续教育，即使没有成为正式会员或者取得资格认证，也应参加。例如 CMA、AIA 即如此。第二种情况是在取得资格认证或者成为正式会员以后，才需进行后续教育。也就是说如果只是学生会员或者准会员，是不用进行后续教育的。例如 CGMA、CIMA、ACCA、AICPA、CPA Canada、ASCPA、CFA、JICPA、HKICPA、TWCPA、MIA、ISCA。

③后续教育的考核学时/学分不同。后续教育最普遍的表现即为对学时或者学分的要求，如果会员/学员达不到后续教育的要求，则面临着资格认证失效的风险。其中，CMA、CIMA、AIA 和 ACCA 都是以 1 年为考核周期，分别要求在 1 年之内完成 30、30、30、40 小时的后续教育。而 AICPA、ASCPA、JICPA、ISCA 都是以 3 年为考核周期，规定了 3 年内需要达到的总学时数和每年必须完成的最低学时数，其中 AICPA 更是根据持证人员从事行业的不同进一步地细分了不同的考核学时。其中，ASCPA 都规定在 3 年必须达到 120 小时

的后续教育，且每年不得少于40小时。AICPA对不同类型的会员规定了不同的考核学时，对于那些从事公开业务（public practice）的会员（即在会计师事务所工作的注册会计师），每3年必须完成120小时的后续教育课程，但每年最低不得少于20小时；对于那些从事非公开业务（not public practice）的会员（即不在会计师事务所工作的注册会计师），则每三年必须完成90小时的后续教育课程，但每年最低不得少于15小时；对于在政府部门工作的会员，每两年必须完成80小时的后续教育课程，每年至少20小时。JICPA会员三年间需要获得合计120学分，并且每年至少获得20学分，其中"职业道德"和"税收"每年需要获得至少2学分，从事法定审计的人员每年需要在"审计质量和欺诈"上获得至少6个学分。ISCA会员必须每三年至少获得120个CPE时间，其中每年至少应有20个可核实的CPE时间，其中包括2个可核实的道德时间。MIA并未规定明确的后续教育课程时长，但要求会计技术人员通过定期参与持续专业发展（CPD）计划来不断发展自己的知识和技能。CFA因为没有强制性的后续教育，因此对后续教育的考核学时没有规定。

④是否有替代方式的不同。后续教育最普遍的表现即对学时或者学分的要求，而学时/学分的获取方式也是多种多样的，参加讲座、学术论坛、网课等方式都可以获得学时/学分。但是在学时/学分的要求之外，ACCA形式更加灵活，还可以通过其他方式的考核来代替对学时/学分的考核。其主要有2种途径，分别为认可雇主途径和其他IFAC途径。其他的资格认证则都要对学时/学分进行考核，且没有其他的替代方式。

6.5 专项分析：合作互认

6.5.1 要素对比

在本节中，我们对CMA、CIMA、CGMA、ACCA、AICPA、AIA、CFA、ASCPA、CPA Canada、HKICPA、TWCPA、JICPA、ISCA、MIA、IAI在内的15种资格认证的合作互认进行分析。绘制了合作互认机构表，如表6.19所示，

列项机构代表已获资格认证，横项机构代表目标资格认证。如 ASCPA 会员只需要通过加拿大税法、商业法律和职业道德准则考试就可以获得 CPA Canada 的资格认证，CPA Canada 会员享有豁免考试的福利可以直接申请 ASCPA 的会员等，而表格空白处则表示已获资格认证的会员对考取目标资格认证并未享有优惠政策。

表 6.19　　各资格认证互认对比表

资格认证	CPA Canada	ASCPA	CGMA	ACCA	CMA	CIMA	AICPA
CPA Canada		直接申请		免考 F1、F2、F3			考 IQEX（主要考美国税法、政府及非营利组织会计、美国商业法律及职业道德准则）
ASCPA	成为 ICAA，考 CARE 考试（只考加拿大税法，商业法律和职业道德准则）			免考 F1—F9	免考 BA1－4、P1－3、E1－3、F1－3	成为 ICAA 会员后，考 IQEX	成为 ICAA，考 CARE 考试（只考加拿大税法，商业法律和职业道德准则）
CGMA							
ACCA					ACCA 获得认证的会员考取 CMA 认证不再受学士学位的学历要求限制，但必须通过 CMA 两门考试	免考 BA1－4、P1－2、F1－2	
CMA						免考 BA1－4、P1	

续表

资格认证	CPA Canada	ASCPA	CGMA	ACCA	CMA	CIMA	AICPA
CIMA			直接申请	免考 F1、F2、F3、F5、F9			
AICPA	考 CARE 考试（只考加拿大税法，商业法律和职业道德准则）	修够足够的澳洲公司法 & 税法课程，澳洲 CA 持证推荐人推荐以及认可雇主推荐	直接申请	免考除 F7 以外的 8 门课程			
AIA						免考 BA1 - 3	
ICAEW				免考 F1、F2、F3		免考 BA1 - 4、F1 - 2	
HKICPA		直接申请		免考 F1、F2、F3		免考 BA1 - 4、P1 - 2、E1 - 3、F1 - 3	加考 IQEX
TWCPA		考科减免					
ISCA				免考 F1、F2、F3			
MIA				免考 F1 - F9		免考 BA1 - 4，P1 - 3，E1 - 3，F1 - 3	
IAI						免考 BA1 - 4	

表 6.20 各资格认证互认对比表

	AIA	ICAEW	HKICPA	TWCPA	ISCA	MIA	IAI	JICPA
CPA Canada			直接申请	经考选部认可者，通过税务法规、审计学及公司法、证券交易法与商业会计法				
ASCPA	直接申请		完成4个科目中任一科目的 workshop + Final Exam					
CGMA								
ACCA	免除 ModuleA、B		完成4个科目中任一科目的 workshop + Final Exam			直接申请		
CMA	除9—11外，其他9科免考							
CIMA	直接申请		完成 Model C、D + Final Exam					
AICPA		免试初级科目：会计、信息管理、法律、审计、税务原理、商业与金融	Final Exam + Aptitude Test，若 USCPA 持有者的教育背景满足 90 个美国学分，则不需考 Final exam	经考选部认可者，通过税务法规、审计学及公司法、证券交易法与商业会计法				在日本能获得认可从事需要注册会计师认证相关工作，但不能成为事务所合伙人

续表

	AIA	ICAEW	HKICPA	TWCPA	ISCA	MIA	IAI	JICPA
AIA			拥有优先加入香港会计师公会的权利	经考选部认可者，通过税务法规、审计学及公司法、证券交易法与商业会计法				
ICAEW	直接申请							
HKICPA								
TWCPA	通过英国公司法和 IFRS 考试							
ISCA								
MIA								
IAI								
JICPA								

6.5.2 全球与区域联盟

以上分析表明，国际各资格认证机构在考查内容上存在趋同性。不仅如此，随着各资格认证机构的会员增幅逐年递减，资格认证市场增幅趋缓，各会计资格认证机构的联系更为密切，在世界范围内甚至出现了由多家会计机构组成的会计组织联盟，如全球会计联盟（Global Accounting Allience，GAA）、亚太会计师联合会（Confederation of Asia and Pacific Accountants ，CAPA）等，合作与互认模式更加多元化。与此同时，西方权威认证机构考察内容日趋全面、丰富，在合作互认中享有更强的影响力、更广的辐射力。

会计机构联盟的建立更利于会计机构间的交流合作。本书以协会成员的地域分布、发展情况为指标，选择协会会员机构分布在世界主要地区、发展较为成熟的全球会计联盟为代表，研究会计联盟对会计机构间合作的作用。

随着经济全球化，各资格认证机构的人才需求越来越趋同，合作活动日益增多，在 2005 年 11 月，重要资本市场上 10 个领先的会计机构组成了全球会计联盟（以下简称 GAA）。它致力于促进各机构间的资源共享、友好互助并为国际问题提供高效服务。

GAA 的发展愿景是通过会员机构对股票市场、国家监管机构、政府等表达共识意见，同时也会与其他非成员主体如国际会计师联合会等机构展开交流与合作。

GAA 由 10 个世界领先会计组织组成，其组成成员如图 6.3 所示。GAA 理事会由各成员组织首席执行官组成。GAA 包含的 10 个组织拥有近 100 万人的会员，涵盖了全球超过 180 个国家和地区。

图 6.3　GAA 成员全球分布

GAA 的成立使命是促进会计行业的国际交流合作，为成员解决问题提供国际便利，从而保障会计行业甚至社会的福利。因此，GAA 会员在其他 GAA 成员国（或地区）享受当地协会提供的如互惠的资格认证、专业知识讲座学习、协会会计信息资源共享等多项便利。

全球会计联盟的 10 个会计协会彼此联系密切，签署互认协议。提供了协会会员在其他成员组织所在国家或地区学习、工作的便利条件。这是 GAA 实现联盟目标的重要手段。但受会计协会本身发展情况、影响范围的不同，各协会间的合作及会员互认优惠程度各有不同。会计资格认证是会计人员从事一国（或地区）会计工作的重要条件，因此本书将会计资格互认的完善程度作为判断协会成员资格认证对其他成员所在国家或地区影响力、说服力的主要依据，会员间的其他知识、信息资源共享等福利作为次要依据。按照协会成员彼此的合作程度可将协会成员的影响力从高到低分为影响力高、影响力较高、影响力较弱。

（1）影响力高的成员协会

成员协会的影响力高可表现在不但创造了多项资源共享、学习与交流的合作机会，而且与多个成员协会在关于会员资格互认方面签署了明确的协议以为其协会会员取得他国或地区的会计资格认证提供便利。比如以下认证机构：

①AICPA。具有 AICPA 资格的会计师可直接通过申请获得澳大利亚注册会计师认证，还可以免试若干科目仅通过当地的税法、商业法律等考试获得加拿大 CPA、香港 CPA 资格。

AICPA 为其他 GAA 协会会员提供了专业知识询问热线、电子杂志、AICPA 图书馆服务准入资格、AICPA 继续教育课程及讲座等会计专业知识学习和信息获取的便利机会。

②CPA Canada。具有加拿大 CPA 资格认证的会计师可直接申请澳大利亚和香港的注册会计师，还可以获得免试若干科目仅通过当地的税法、商业法律等考试获得 AICPA 资格的优惠福利。

CPA Canada 为协会成员提供了电子版的 CPA 杂志、加拿大 CPA 继续教育课程、技术支持等福利。

（2）影响力较高的成员协会

成员协会的影响力较高体现在不但创造了多项资源共享、学习与交流的合作机会，而且与少数成员协会在关于会员资格互认方面签署了明确的协议以为其协会会员取得他国或地区的会计资格认证提供便利。

①HKICPA。具有 HKICPA 资格认证的会员可直接申请澳大利亚注册会计师，还可以获得免试若干科目仅通过当地的税法、商业法律等考试获得 AICPA 资格的优惠福利。

HKICPA 为其他 GAA 协会成员提供学术交流的设备和会议室、相关会计书籍商品的折扣、HKICPA 图书馆服务准入资格等会计专业知识学习和信息获取的便利机会。

（3）影响力较弱的成员协会

成员协会并无明确的会员资格互认协议，在为其他协会会员提供会计知识交流、资源共享等条件上也有待加强。如 SAICA 协会。

本研究从各大会计机构的官方平台及年度报告中，统计了各会计机构间的交流合作情况及资格互认条件等。为展示我国认证机构与其他国家主要认证机构的合作联系，本研究统计的合作互认除包含上文 14 家国际会计机构外，还包括中国注册会计师协会（CICPA），总结了 15 家资格认证机构间的合作互认情况。

6.5.3 资格认证合作互认图

在合作互认程度上，各会计认证机构间的合作互认程度存在差异。AICPA 的影响程度最大，其会员享有另外 8 家资格认证机构的互认优惠，AICPA 会员拥有只要通过 CARE 考试（只考加拿大税法、商业法律和职业道德准则）就可以获得 CPA Canada；修够足够的澳洲公司法、税法课程并由澳洲 CA 持证推荐人推荐以及认可雇主推荐就可以获得 ASCPA 认证；直接申请 CGMA；免考 ACCA 除 F7 以外的 8 门课程；可以免试 ICAEW 初级科目—会计、信息管理、法律、审计、税务原理、商业与金融；只要通过 HKICPA 终极考试和能力倾向测试（若 USCPA 持有者的教育背景满足 90 个美国学分，则不需考终极考试）就可以获得 HKICPA；经考选部认可者只需要通过 TWCPA 的税务法规、审计学及公司法、证券交易法与商业会计法考试就可以获得 TWCPA；在日本能直接获得认可从事需要注册会计师认证相关工作（但不能成为事务所合伙人）的认证优惠。

而资格认证会员获得互认优惠较多的是 ASCPA、ACCA、CPA Canada、HKICPA 和 CIMA，它们分别拥有其他 6 家、5 家、5 家、4 家和 4 家资格认证机构认证优惠。具体地，ASCPA 会员拥有只考加拿大税法、商业法律和职业道德准则就可以获得 CPA Canada；免考 ACCA 的 F1 - F9；免考 CIMA 的 BA1 - 4、P1 - 3、E1 - 3、F1 - 3；只考 IQEX 就可以获得 AICPA；直接申请 AIA 和只要完成 HKICPA4 个科目中任一科目的 workshop + 终极考试就可以获得 HKICPA 的认证优惠。ACCA 会员拥有考取 CMA 认证不再受学士学位的学历要求限制，但必须通过 CMA 两门考试；免考 CIMA 的 BA1 - 4、P1 - 2、F1 - 2；免除 AIA 的 ModuleA、B；只要完成 HKICPA 四门科目中任一科目的 workshop + 终极考试就可以获得 HKICPA 的互认优惠和直接申请 MIA 的认证优惠。CPA Canada 会员拥有直接申请 ASCPA、HKICPA，免考 ACCA 的 F1、F2、F3，只要考 IQEX（主要考美国税法，政府及非营利组织会计，美国商业法律及职业道德准则）就可以获得 AICPA 和经考选部认可者只需要通过 TWCPA 的税务法规、审计学及公司法、证券交易法与商业会计法考试就可以获得 TWCPA 的认证优惠。HKICPA 会员拥有直接申请 ASCPA，免考 ACCA 的 F1、F2、F3，免考 CIMA 的 BA1 -4、P1 -2、E1 -3、F1 -3 和只考 IQEX 就可以获得 AICPA 的认证优惠；CIMA 会员拥有直接申请 CGMA 和 AIA，免考 ACCA 的 F1、F2、F3、F5、F9 和完成 Model C、D + Final Exam 就可以获得 HKICPA 的认证优惠。

而资格认证会员获得互认优惠较少的是 AIA、JICPA、CMA、TWCPA 和 MIA，它们的会员分别拥有其他 3 家、3 家、2 家、2 家和 2 家资格认证的优惠。具体地，AIA 会员拥有免考 CIMA 的 BA1 -3，拥有优先加入香港会计师公会的权利和经考选部认可者通过税务法规、审计学及公司法、证券交易法与商业会计法就可以获得 TWCPA 的认证优惠。JICPA 会员拥有只考 CARE 考试（包括加拿大税法，商业法律和职业道德准则）就可以获得 CPA Canada，免考 ACCA 的 F1、F2、F3 和免考 CIMA 的 BA1 -4 的认证优惠。CMA 会员拥有免考 CIMA 的 BA1 -4、P1 和 AIA 除 9 -11 外，其他 9 科免考的认证优惠。TWCPA 会员拥有 ASCPA 考科减免和只要通过英国公司法和 IFRS 考试就可以获得 AIA 的认证优惠。MIA 会员拥有免考 ACCA 的 F1—F9 和免考 CIMA 的 BA1 -4、P1 -3、E1 -3、F1 -3 的认证优惠。

资格认证会员获得互认优惠最少的是 ISCA 和 IAI，它们的会员只拥有 1 家资格认证的优惠。ISCA 会员免考 ACCA 的 F1、F2、F3。IAI 会员免考 CIMA 的 BA1 -4。

根据交流合作的密切程度和资格互认条件的难易程度，本研究将各会计机构间的合作密切程度分为五级，级数越高代表密切程度越强。具体合作密切度的等级描述如表 6.21 所示。

表 6.21　合作密切等级描述

合作密切等级	描　述
1 级	机构双方存在会计资源共享、知识交流等方面的合作，但未建立互认体系
2 级	机构双方存在会计资源共享、知识交流等方面的合作，其中一方会员可在获取另一方资格认证的途径中获得些许福利条件，如免修、免考若干科目
3 级	机构双方存在会计资源共享、知识交流等方面的合作，其中一方会员可直接申请另一方资格认证
4 级	机构双方存在会计资源共享、知识交流等方面的合作，其中双方会员均可在获取另一方资格认证的途径中获得些许福利条件，如免修、免考若干科目
5 级	机构双方存在会计资源共享、知识交流等方面的合作，其中双方会员中至少有一方可享受直接申请另一方资格认证的福利

综上，我们可以总结当前国际主要会计资格认证的互认合作特征：

（1）主要国家或地区都已经建立了会计资格认证机构

资格认证机构市场日趋饱和，美、英等国甚至出现了多个会计资格认证机构并存的现象。值得说明的是，非洲和南美洲国家也逐渐建立了本国或地区的会计师公会，如南非特许会计师协会、巴西注册会计师协会等。但影响力相对较弱，通常以加入会计协会联盟如全球会计联盟、泛美会计师联合会的形式与其他认证机构交流合作。

（2）各机构对综合型管理会计人才的需求增大

除 CIMA、CMA 这类管理资格认证机构外，涵盖财务会计与管理会计的综合型资格认证机构不断涌现，如美国 AICPA 与英国 CIMA 共同建立了全球特许管理会计师（CGMA）；加拿大注册会计师协会、加拿大管理会计师协会和加拿大特许会计师协会合并后，统称为 CPA Canada。CMA 和 CGMA 的年报或官网中披露，会员反馈管理会计人才的需求不断增大；大量企业反馈表明权威管理资格认证的含金量不断提升。

（3）各机构合作交流频繁，搭建资格互认机制

各主要机构间在会计信息交流、学习合作上联系密切，具有完备的资格互认协议，为机构成员提供了在其他国家或地区工作、学习的便利条件。多家机构具备了完整的资格互认机制：CIMA 与多家机构签订了协议，给予其他机构会员免修多门科目的福利；CPA Canada 为其全球会计联盟的成员如 AICPA、JICPA 等提供了互认优惠；ACCA 与世界许多国家或地区的学校、资格认证机构等签订协议，给予其学生或会员申请 ACCA 时的免考优惠等等。

（4）会计资格机构的影响力、辐射力差距凸现

与证券评级机构形成的“垄断竞争”类似，对外合作密切、资格认证在多地具有说服力、影响力的权威会计机构，会员可以通过优惠条件取得其他地区的认证，价值更高。如美国注册会计师协会作为会计资格认证机构中的权威机构，对于其他会计机构的辐射力大，受到广泛认可，拥有其资格认证的会员可在加拿大、澳大利亚、中国香港特区等多个国家或地区享受程度不同的资格互认优惠条件。但有些会计机构，如印度尼西亚会计师协会（IAI）的影响力日趋低迷，其会员仅拥有对 CIMA 考试中 4 门科目免修的福利，也未与其他资格认证机构形成资格互认。上文提到的南非和南美洲的资格认证机构的表现也与 IAI 类似，仅通过加入会计联盟与联盟其他成员机构进行合作学习，未达成互认，其资格认证含金量较低。

信息经济时代，各国对高质量会计信息的需求不断提高。而高质量的会计信息的生产依靠于高素质全方位的会计人才。因此，世界主要国家或地区纷纷建立了符合本国或地区商业模式发展的会计资格认证机构，以致力于选拔培养符合发展要求的会计人才。

从整体看，各会计机构间的合作交流以及国际多个机构联盟，如全球会计联盟等共同编织了一张国际资格认证机构合作交流网络。这体现了资格认证机构的趋同性以及对综合化会计人才的迫切需求。

随着国际各会计机构间的联系与合作逐渐加强，会计资格互认日趋普遍，为会计人才流动提供了便利条件。同时，各会计机构的辐射力、影响力，因本国或地区经济实力和商业模式的影响而存在较大差距。比如，美国的 AICPA 等机构对其他国家或地区的会计资格认证的辐射力较强。而作为世界主要贸易港口之一的中国香港特区，人才流动性高，HKICPA 与其他机构广泛签订协议，积极为其他机构会员获得 HKICPA 提供便利条件，以吸引世界各地的优秀会计人才到中国香港特区工作、交流。

世界资格认证机构市场展现出与信用认证机构市场类似的状况，逐渐向“垄断竞争”演变，马太效应日趋显现，即几家资格认证机构在该国际市场中享有权威地位，拥有更多经济、人力资源，以及更高国际认可度，其会员资格的含金量不断上升，给新兴市场认证机构的发展带来更大挑战。

近年来，中国注册会计师协会和中国总会计师协会在国际交流与合作中的成效有目共睹，但客观地说，目前中国在国际认证机构中的地位，与中国在国际社会的大国地位仍有一定反差。

7 对完善中国管理会计人才评价体系的启示

通过上述分析，可以得出如下启示：

①在研究思路上，国际通用的研究思路是以能力框架为基础，在能力框架的基础上，设计知识框架、考试大纲。在本书研究中，我们可以采用该研究思路，先明确能力框架，在此基础上，提出知识要素框架。

②在胜任能力上，我们需要明确管理会计人才具备的胜任能力，综合考量其硬实力与软实力，并且根据能力的具体特征，设计与之匹配的评估方法。例如硬实力的评估主要通过考试等方式进行，软实力的评估主要通过工作经验等方式进行。

③在知识要素上，我们需要综合考虑多方面的知识，不能仅局限于管理会计领域，而是应当将财务会计、审计、税收等其他学科的相关知识纳入其中，同时还要紧跟时代步伐，将具有时代特色的新兴知识纳入其中，丰富完善知识体系，培养符合社会需求的复合型人才。

④在资格认证流程上，我们需要考虑准入门槛、考试要求、工作经验等多种资格认证要求，使得资格认证以定量方法为主，保证资格认证的公平、公正。

⑤从整体看，各会计机构间的合作交流以及国际多个机构联盟如全球会计联盟等共同编织了一张国际资格认证机构合作交流网络。这体现了资格认证机构的趋同性以及对综合化会计人才的迫切需求。

随着国际各会计机构间的联系与合作逐渐加强，会计资格互认日趋普遍，为会计人才流动提供了便利条件。同时，各会计机构的辐射力、影响力，因本国或地区经济实力和商业模式的影响而存在较大差距。

通过对国际资格认证机构考纲的文本分析和认证机构间的合作趋势分析，

我们发现，各认证机构在对考生能力要求和知识要求上开始突破地域性和领域性的限制，呈现出较为明显的趋同性，即各资格认证机构都对考生提出了综合化、全面化的要求，对综合素质的重视程度甚至有超越专业能力的趋势。尽管各认证机构考核要求趋同，但他们在国际上的影响力却日趋分化，少数几个权威认证机构处于“寡头”垄断地位，对其他认证机构形成较强辐射力，在新兴市场国家和第三世界国家不断吸纳会员、开拓市场。

各国际资格认证机构的年报反馈显示，一方面，发达国家或地区会员人数年增幅均在放缓，这可能与成熟市场和人口老龄化现象不无关联；另一方面，权威资格认证机构在新兴资格认证市场对会员资源的争夺愈演愈烈，权威机构的会员人数持续攀升。在这一严峻国际形势下，中国在这一竞争中如何脱颖而出是我们必须直面的课题。

今后，我国管理会计认证体系的构建需要充分关注国际竞争环境，抓紧完善对考生综合能力的考察，考核内容更加全面综合，提升我国会计认证的国际竞争力和含金量。

在目前与国际认证机构广泛合作交流的基础上，可以借鉴国际权威认证机构的发展模式，组建“一带一路”国家（地区）会计组织联盟，增强在管理会计认证领域的话语权，不断提高我国认证机构在国际上的竞争力。

第三部分

中国管理会计现状分析

为更好地设计出具有中国特色的管理会计人才评价体系，在研究方法的选择上，我们借鉴国际经验，使用了实证研究的方法，主要是问卷调查和实地调研，深入企业了解中国管理会计建设现状。

第三部分主要包括三方面的内容：

①问卷调查，该部分主要是对问卷调查的实施情况、调查对象、调查流程等进行说明。

②实地调研，该部分主要对实地调研的流程、内容、对象等进行说明。

③结果分析，该部分对问卷调查和实地调研的结果进行分析，从而为指标的选取、评价体系的构建提供依据。

8 问卷调查及结果分析

8.1 问卷调查的主要情况

8.1.1 调查的背景和目标

在国际经验研究的基础上，我们初步确定了评价指标。但是我国的经济发展具有其自身特色，企业面临的内外部环境、治理结构、人才需求、企业文化等与国外企业相比存在差异，所以我们需要了解中国管理会计建设的实际情况，并且由于不同类型的人员岗位职责、思考角度、需求等存在不同，我们需要了解不同类型的人员对财务人员（这里指的是广义上的财务人员，包括财务会计人员和管理会计人员）的能力、专业技能、知识体系的需求，需要了解不同类型的人员对财务人员能力情况、职能履行情况、工作情况的满意度，需要了解企业对管理工具的应用情况，需要了解不同类型的人员对人才评价体系建设的意见和建议。所以，在设计问卷时，我们选取五类人员作为调查对象，并设计针对性问卷，了解不同人员的需求，从而增强研究的全面性和可靠性。在问卷调查的基础上，对问卷进行分析整理，为后续评价体系的构建提供依据。

同时，问卷调查也为实地调研提供依据，因为通过问卷调查，我们可以初步了解一个企业的情况，基于此，可以对实地调研的样本进行初步选择。

8.1.2 调查对象

我们选取五类人员作为问卷调查对象，第一类人员是企业负责人即总经理；第二类人员是财务负责人：财务副总、总会计师或财务总监；第三类人员是正高级会计师；第四类人员是高级会计师；第五类人员是会计领军人才（见表 8.1）。针对每类人员，我们分别设计调研问卷，问卷 1 的调查对象为第一类人员，共发放 100 份问卷，回收 43 份，回收率为 43%；问卷 2 的调查对象第二类人员，共发放 100 份问卷，回收 47 份，回收率为 47%；问卷 3 的调查对象第三类人员，共发放 40 份问卷，回收 24 份，回收率为 60%；问卷 4 的调查对象为第四类人员，共发放 100 份问卷，回收 62 份，回收率为 62%；问卷 5 的调查对象为第五类人员，共发放 75 份问卷，回收 72 份，回收率为 96%。问卷采取 5 分制，分为单选和多选，分数越高，表明认同度越高。

表 8.1 样本数量一览表

问卷类型	调查对象	发放数量（份）	回收数量（份）	回收率
问卷 1	企业负责人：总经理	100	43	43%
问卷 2	财务负责人：财务副总、总会计师或财务总监	100	47	47%
问卷 3	正高级会计师	40	24	60%
问卷 4	高级会计师	100	62	62%
问卷 5	会计领军人才	75	72	96%

同时，为了使设计出的管理会计人才评价体系能够综合考虑各类企业的情况，反映各类企业的需求，我们对样本分布也提出了要求，这也为后续分行业管理会计人才研究提供了依据。此外，五类调查问卷的调查对象均位于同一区域，以避免产生因样本口径不同而带来的系统误差。在此次研究中，我们选取的是长三角区域（见图 8.1 至图 8.4）。

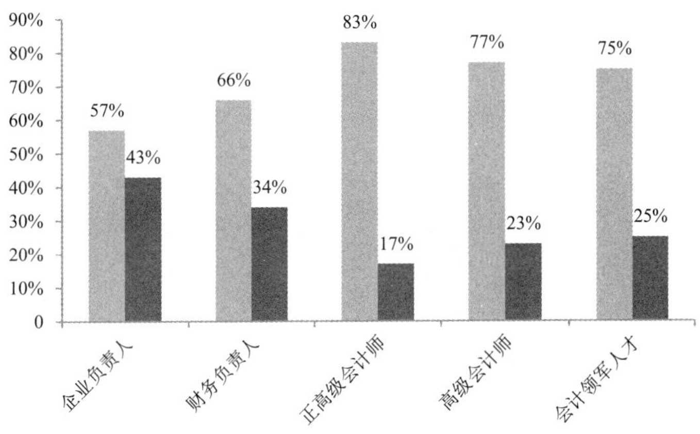

图 8.1　五类调研对象样本分布

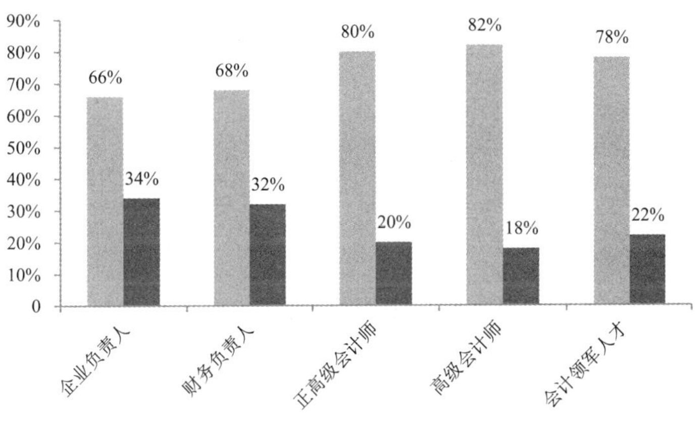

图 8.2　五类调研对象样本分布

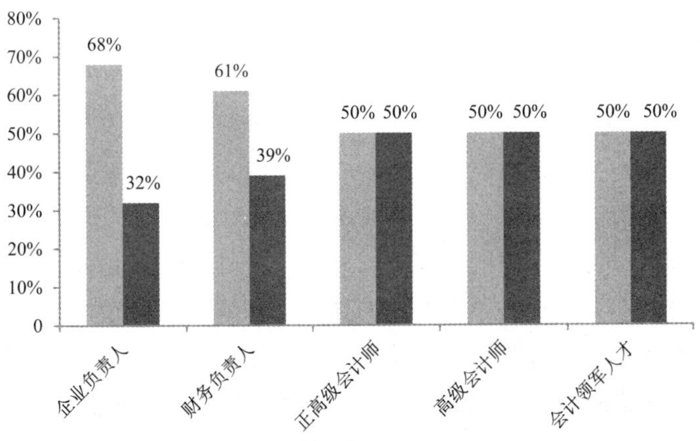

图 8.3　五类调研对象样本分布

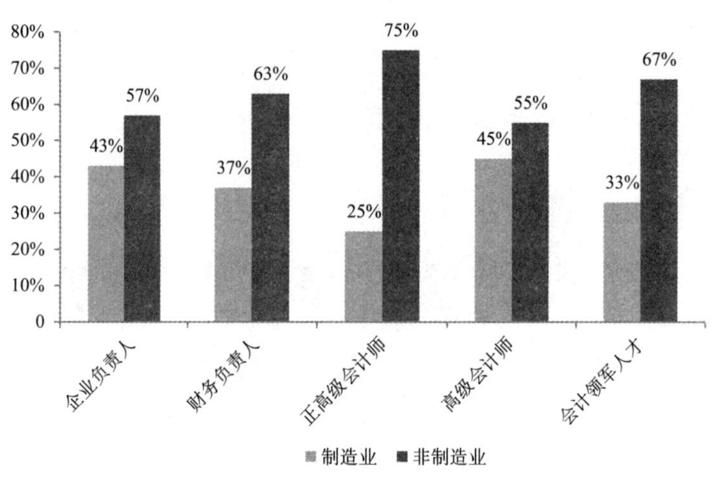

图 8.4　五类调研对象样本分布

8.2　问卷调查的结果分析

我们从以下几个方面对问卷结果进行分析：

①能力分析，主要是分析不同类型的人员对能力重要性的判断，并分析企业负责人对企业财务人员能力的满意程度，从而了解企业负责人和财务人员能力的认知，以及能力的需求和供给之间是否存在差异。

②专业技能分析，主要是分析不同类型的人员对财务专业技能重要性的判断，并分析企业负责人对企业财务人员专业技能的满意程度，从而了解企业负责人和财务人员对专业技能的认识，以及专业技能的需求和供给之间是否存在差异。

③知识重要性分析，主要是分析不同类型的人员对知识重要性的判断，从而了解不同类型人员对知识的认识和需求，也为知识框架的构建提供依据。

④财会部门履行管理职能发挥作用分析，主要是分析不同类型的人员对财会部门履行管理职能发挥作用重要性的判断，并分析企业负责人对财会部门履行管理职能发挥作用的满意程度，从而了解财会部门的职能发挥情况。

⑤企业负责人对财会工作评价分析，主要是分析企业负责人对财会工作的总体评价，对财务人员总体素质的评价，及对财会部门提供信息准确、及时、

有用的评价，从而了解企业负责人对财务人员的满意程度、对财会信息的需求及满意度。

⑥财会人员工作情况分析，主要是分析财务人员对工作领域的熟悉程度和满意程度，从而了解财务人员对自身工作领域的评价情况。

⑦管理工具应用情况分析，主要是分析财务人员对管理工具的重要性判断、熟悉程度、应用程度和应用效果，从而初步了解企业管理工具应用情况。

8.2.1 能力分析

我们对能力重要性进行调研，发现企业负责人认为在企业管理中，决策能力、职业道德、市场意识与观念、管理能力、创新思维能力是最重要的五大能力；财务负责人认为在企业财会工作中，财务人员的职业道德、自我完善与发展能力、分析能力、财会专业知识和技能、管理能力是最重要的五大能力；正高级会计师认为在企业财会工作中，财务人员的职业道德、财会专业知识和技能、自我完善与发展能力、分析能力和沟通能力是最重要的五大能力；高级会计师认为在企业财会工作中，财务人员的职业道德、财会专业知识和技能、分析能力、自我完善与发展能力、管理能力是最重要的五大能力；会计领军人才认为在企业财会工作中，财务人员的职业道德、财会与专业知识和技能、自我完善与发展能力、分析能力和管理能力是最重要的五大能力（见图 8.5）。

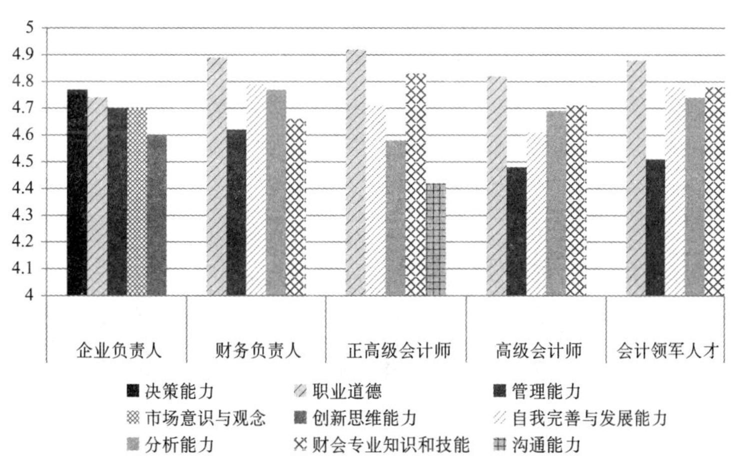

图 8.5 能力重要性

可以看出，企业负责人与专业财务人员在能力重要性选择上有所差异，企业负责人更看重的是决策能力、市场观念与意识及创新思维，专业财务人员强调财会专业知识和技能、分析能力、自我完善与发展能力的重要性。差异原因主要是由于两种类型的调研对象思考问题的角度不同，企业负责人更多地从企业宏观层面上考虑，而专业财务人员更多地从企业财务层面考虑，两者之间的差异性在一定程度上也体现了企业对财务人员职能转型的要求，企业负责人希望财务人员不仅仅是具备专业的知识和技能，更应该为企业的决策服务，具有市场观念和意识，能熟悉企业的经营流程，而不是局限在财务领域，这也与管理会计的理念及管理会计人员的职能定位相一致。此外，无论是哪一类调研对象，都非常重视职业道德的重要性，因为一个人的综合能力，不是简单相加的结果，而是应该用乘积的形式体现，一旦职业道德偏离要求，为负值，则其他能力越强，造成的破坏性反而越大。

同时，我们也对企业负责人对企业财务人员的能力满意程度进行了调研，从图 8.6 中可以看出，企业负责人对财务人员的职业道德、财会专业知识和技能、分析能力、自我完善与发展能力、管理能力比较满意，对财务人员的决策能力、规划能力、市场观念与意识不是很满意。这个结论与不同调研对象对能力的重视程度是有关系的，可以看出财务人员认为最重要的能力，与企业负责人最满意的能力是相符的，这主要是因为财务人员对这些能力很重视，因此会投入更多的时间和精力提升能力，而企业负责人最不满意的能力与企业负责人最看重的能力是相关的，由于企业负责人与财务人员在能力的着重点上不同，两者认知的差异就会导致两者的评价标准不同，因此就会使得企业负责人在市场意识与观念等能力上对财务人员不是很满意，这也与上文分析中提到的财务人员职能转型息息相关（见表 8.2 至表 8.7）。

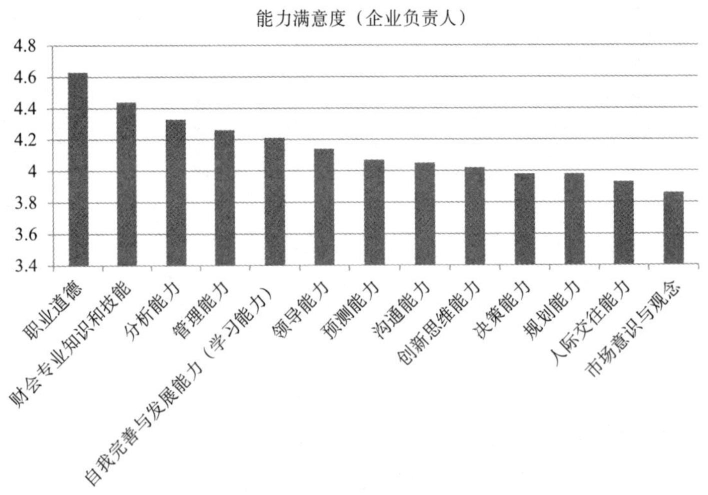

图 8.6　能力满意度

能力分析对应问卷情况如下：

重要性：CEO 问卷第 1 题；CFO 问卷第 1 题；正高级问卷第 1 题。

满意度：CEO 问卷第 6 题。

表 8.2　　能力重要性一览表（企业负责人）

选项	重要（%）	平均得分
财会专业知识和技能	51.2	4.30
分析能力	69.8	4.58
管理能力	76.7	4.70
预测能力	65.1	4.53
决策能力	83.7	4.77
规划能力	60.5	4.44
沟通能力	62.8	4.47
人际交往能力	55.8	4.40
领导能力	69.8	4.58
市场意识与观念	74.4	4.70
职业道德	83.7	4.74
创新思维能力	69.8	4.60
自我完善与发展能力（学习能力）	62.8	4.44

备注：重要（%）表示企业负责人认为某一选项“重要”的样本数在全部样本中所占的比例，如表第二列所示。“不重要”的得分为 1，“不太重要”的得分为 2，“一般”的得分为 3，“较为重要”的得分为 4，“重要”的得分为 5，计算每一选项的平均得分，结果如表第三列所示。

表 8.3　　能力重要性一览表（财务负责人）

选项	重要（%）	平均得分
财会专业知识和技能	78.7	4.66
分析能力	78.7	4.77
管理能力	70.2	4.62
预测能力	61.7	4.34
决策能力	63.8	4.40
规划能力	61.7	4.43
沟通能力	66.0	4.51

续表

选项	重要（%）	平均得分
人际交往能力	55.3	4.34
领导能力	61.7	4.34
市场意识与观念	53.2	4.36
职业道德	95.7	4.89
创新思维能力	59.6	4.38
自我完善与发展能力（学习能力）	83.0	4.79

备注：重要（%）表示财务负责人认为某一选项“重要”的样本数在全部样本中所占的比例，如表第二列所示。“不重要”的得分为1，“不太重要”的得分为2，“一般”的得分为3，“较为重要”的得分为4，“重要”的得分为5，计算每一选项的平均得分，结果如表第三列所示。

表8.4　　　　能力重要性一览表（正高级会计师）

选项	重要（%）	平均得分
财会专业知识和技能	87.5	4.83
分析能力	62.5	4.58
管理能力	45.8	4.21
预测能力	50.0	4.38
决策能力	50.0	4.21
规划能力	33.3	4.04
沟通能力	45.8	4.42
人际交往能力	33.3	4.08
领导能力	33.3	3.83
市场意识与观念	37.5	4.08
职业道德	91.7	4.92
创新思维能力	37.5	4.29
自我完善与发展能力（学习能力）	70.8	4.71

备注：重要（%）表示正高级会计师认为某一选项“重要”的样本数在全部样本中所占的比例，如表第二列所示。“不重要”的得分为1，“不太重要”的得分为2，“一般”的得分为3，“较为重要”的得分为4，“重要”的得分为5，计算每一选项的平均得分，结果如表第三列所示。

表 8.5　　　　能力重要性一览表（高级会计师）

选项	重要（%）	平均得分
财会专业知识和技能	72.6	4.71
分析能力	71.0	4.69
管理能力	51.6	4.48
预测能力	45.2	4.35
决策能力	43.5	4.06
规划能力	35.5	3.87
沟通能力	45.2	4.34
人际交往能力	33.9	4.13
领导能力	37.1	4.11
市场意识与观念	35.5	4.10
职业道德	85.5	4.82
创新思维能力	37.1	4.19
自我完善与发展能力（学习能力）	62.5	4.61

备注：重要（%）表示高级会计师认为某一选项“重要”的样本数在全部样本中所占的比例，如表第二列所示。“不重要”的得分为1，“不太重要”的得分为2，“一般”的得分为3，“较为重要”的得分为4，“重要”的得分为5，计算每一选项的平均得分，结果如表第三列所示。

表 8.6　　　　能力重要性一览表（会计领军人才）

选项	重要（%）	平均得分
财会专业知识和技能	80.6	4.78
分析能力	77.8	4.74
管理能力	62.5	4.51
预测能力	59.7	4.39
决策能力	48.6	4.31
规划能力	63.9	4.01
沟通能力	50.0	4.40
人际交往能力	43.1	4.26
领导能力	38.9	4.17
市场意识与观念	38.9	4.17
职业道德	87.5	4.88
创新思维能力	43.1	4.26
自我完善与发展能力（学习能力）	77.8	4.78

备注：重要（%）表示会计领军人才认为某一选项“重要”的样本数在全部样本中所占的比例，如表第二列所示。“不重要”的得分为1，“不太重要”的得分为2，“一般”的得分为3，“较为重要”的得分为4，“重要”的得分为5，计算每一选项的平均得分，结果如表第三列所示。

表8.7 能力满意度一览表（企业负责人）

选项	满意（%）	平均得分
财会专业知识和技能	55.8	4.44
分析能力	53.5	4.33
管理能力	46.5	4.26
预测能力	34.9	4.07
决策能力	39.5	3.98
规划能力	39.5	3.98
沟通能力	39.5	4.05
人际交往能力	32.6	3.93
领导能力	46.5	4.14
市场意识与观念	34.9	3.86
职业道德	74.4	4.63
创新思维能力	32.6	4.02
自我完善与发展能力（学习能力）	41.9	4.21

备注：满意（%）表示企业负责人认为某一选项“满意”的样本数在全部样本中所占的比例，如表第二列所示。“不满意”的得分为1，“不太满意”的得分为2，“基本满意”的得分为3，“较为满意”的得分为4，“满意”的得分为5，计算每一选项的平均得分，结果如表第三列所示。

8.2.2 专业技能分析

我们对专业技能重要性进行调研，发现企业负责人认为在企业管理中，财会人员的财务分析能力、财务管理能力、风险控制能力、成本管理能力、税务筹划能力是最重要的五大专业技能；财务负责人认为在企业财会工作中，财务人员财务分析能力、成本管理能力、风险控制能力、财务管理能力是最重要的五大专业技能；正高级会计师认为在企业财会工作中，财务人员财务分析能力、成本管理能力、财务管理能力、风险控制能力、税务筹划能力是最重要的五大专业技能；高级会计师认为在企业财会工作中，财务人员财务分析能力、成本管理能力、财务管理能力、会计核算能力、税务筹划能力是最重要的五大专业技能；会计领军人才认为在企业财会工作中，财务人员财务分析能力、财务管理能力、成本管理能力、税务筹划能力、会计核算能力是最重要的五大专业技能。

可以看出，企业负责人与专业财务人员在财务专业技能重要性排序上，重视的专业技能基本一致，并且基本都是财务人员的传统职能（见图 8.7）。但是在设计人才评价体系时，我们不能仅考察财务人员的传统专业技能，而是应该重视新兴专业技能的培养与发展，例如数据挖掘能力、信息集成和整合能力、数据可视化能力和信息展示能力，因为这些技能是符合时代发展要求的，是财务人员进行职能转型的方向，也是财务人员更好服务于企业战略实施的必然要求。

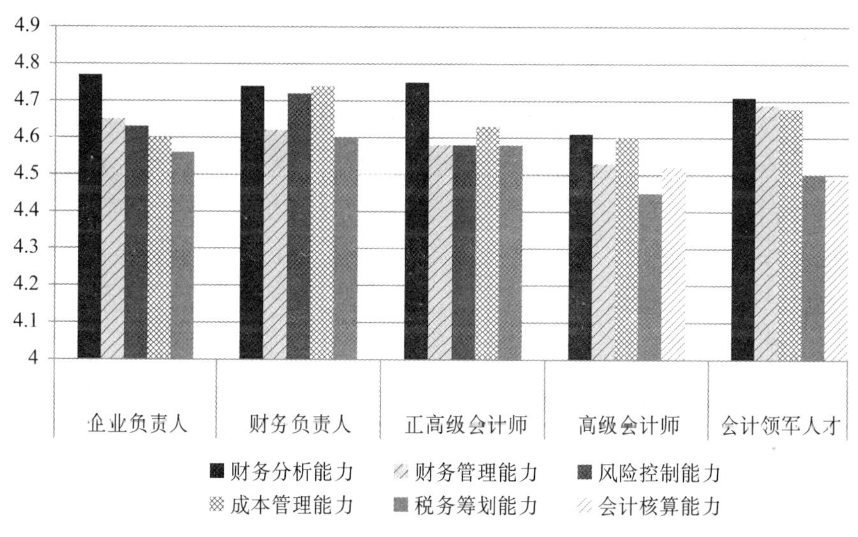

图 8.7 专业技能重要性

同时，我们也对企业负责人对企业财务人员的专业技能满意程度进行调研，从图 8.8 中可以看出，企业负责人对财会人员的会计核算能力、资金筹集能力、财务分析能力、成本管理能力、财务管理能力的满意程度较高，对财务人员市场预测能力、信息需求规划能力、数据挖掘能力满意程度较低。这主要是因为一方面会计核算能力、财务分析能力等是财务人员的基本能力和传统能力，发展的比较成熟，企业负责人和财务人员都比较重视，而市场预测能力、信息需求规划能力、数据挖掘能力属于新兴职能要求，在传统职能划分上不完全属于财务人员的职能范畴，因此企业负责人和财务人员都不是很重视这些专业技能。但是随着大数据时代的到来，企业需要提高业财融合的程度，同时企业负责人也对财务人员能力提出了新的要求，因此，财务人员需要进行职能转型，尤其是高级财务人员需要突破传统财务职能的束缚，积极进行职能转型，加强对数据的运用与分析能力，为企业决策服务，做好企业发展决策的“军师”（见表 8.8 至表 8.13）。

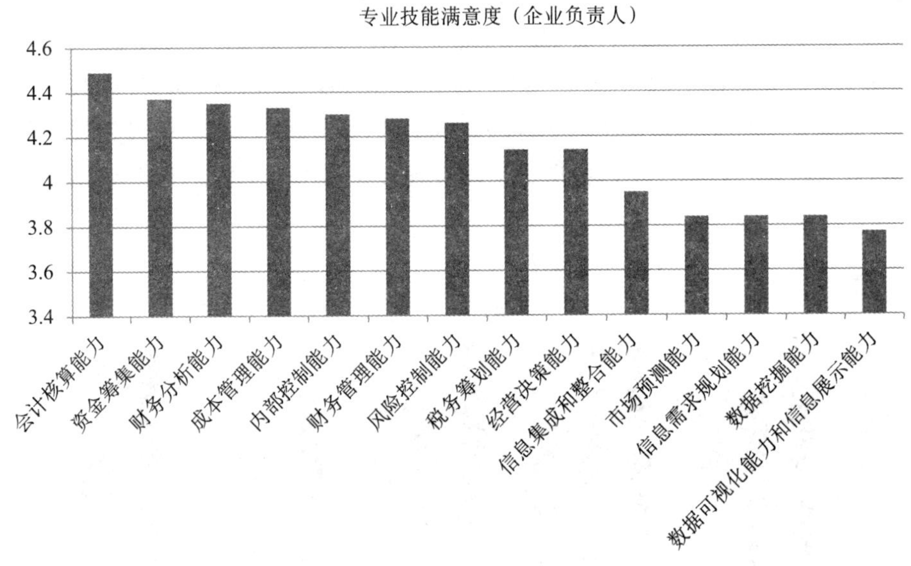

图 8.8　专业技能满意度

专业技能分析对应问卷情况如下：

重要性：CEO 问卷第 2 题；CFO 问卷第 2 题；正高级问卷第 2 题。

满意度：CEO 问卷第 7 题。

表 8.8　财会人员专业技能重要性一览表（企业负责人）

选项	重要（%）	平均得分
会计核算能力	55.8	4.33
财务管理能力	72.1	4.65
财务分析能力	79.1	4.77
成本管理能力	67.4	4.60
税务筹划能力	67.4	4.56
资金筹集能力	62.8	4.42
内部控制能力	58.1	4.42

续表

选项	重要（%）	平均得分
风险控制能力	74.4	4.63
市场预测能力	37.2	3.93
经营决策能力	48.8	4.14
信息需求规划能力	39.5	3.98
数据挖掘能力	46.5	4.05
信息集成和整合能力	44.2	4.09
数据可视化能力和信息展示能力	41.9	4.02

备注：重要（%）表示企业负责人认为某一选项“重要”的样本数在全部样本中所占的比例，如表第二列所示。“不重要”的得分为1，“不太重要”的得分为2，“一般”的得分为3，“较为重要”的得分为4，“重要”的得分为5，计算每一选项的平均得分，结果如表第三列所示。

表 8.9　　财会人员专业技能重要性一览表（财务负责人）

选项	重要（%）	平均得分
会计核算能力	70.2	4.55
财务管理能力	74.5	4.62
财务分析能力	78.7	4.74
成本管理能力	85.1	4.74
税务筹划能力	68.1	4.60
资金筹集能力	68.1	4.60
内部控制能力	70.2	4.60
风险控制能力	80.9	4.72
市场预测能力	44.7	4.26
经营决策能力	46.8	4.30
信息需求规划能力	51.1	4.36
数据挖掘能力	57.4	4.45
信息集成和整合能力	57.4	4.45
数据可视化能力和信息展示能力	48.9	4.32

备注：重要（%）表示财务负责人认为某一选项“重要”的样本数在全部样本中所占的比例，如表第二列所示。“不重要”的得分为1，“不太重要”的得分为2，“一般”的得分为3，“较为重要”的得分为4，“重要”的得分为5，计算每一选项的平均得分，结果如表第三列所示。

表 8.10　　财会人员专业技能重要性一览表（正高级会计师）

选项	重要（%）	平均得分
会计核算能力	54.2	4.46
财务管理能力	66.7	4.58
财务分析能力	79.2	4.75
成本管理能力	66.7	4.63
税务筹划能力	66.7	4.58
资金筹集能力	54.2	4.46
内部控制能力	54.2	4.50
风险控制能力	62.5	4.58
市场预测能力	25.0	3.92
经营决策能力	37.5	4.08
信息需求规划能力	33.3	3.96
数据挖掘能力	45.8	4.13
信息集成和整合能力	54.2	4.42
数据可视化能力和信息展示能力	41.7	4.04

备注：重要（%）表示正高级会计师认为某一选项"重要"的样本数在全部样本中所占的比例，如表第二列所示。"不重要"的得分为1，"不太重要"的得分为2，"一般"的得分为3，"较为重要"的得分为4，"重要"的得分为5，计算每一选项的平均得分，结果如表第三列所示。

表 8.11　　财会人员专业技能重要性一览表（高级会计师）

选项	重要（%）	平均得分
会计核算能力	62.9	4.52
财务管理能力	66.1	4.53
财务分析能力	69.4	4.61
成本管理能力	66.1	4.60
税务筹划能力	61.3	4.45
资金筹集能力	51.6	4.34
内部控制能力	51.6	4.35
风险控制能力	51.6	4.35
市场预测能力	32.3	3.94
经营决策能力	35.5	3.97

续表

选项	重要（%）	平均得分
信息需求规划能力	33.9	3.84
数据挖掘能力	38.7	4.06
信息集成和整合能力	40.3	4.11
数据可视化能力和信息展示能力	37.1	3.94

备注：重要（%）表示高级会计师认为某一选项“重要”的样本数在全部样本中所占的比例，如表第二列所示。“不重要”的得分为1，“不太重要”的得分为2，“一般”的得分为3，“较为重要”的得分为4，“重要”的得分为5，计算每一选项的平均得分，结果如表第三列所示。

表8.12　　财会人员专业技能重要性一览表（会计领军人才）

选项	重要（%）	平均得分
会计核算能力	62.5	4.49
财务管理能力	73.6	4.69
财务分析能力	73.6	4.71
成本管理能力	70.8	4.68
税务筹划能力	59.7	4.50
资金筹集能力	51.4	4.29
内部控制能力	56.9	4.44
风险控制能力	55.6	4.44
市场预测能力	37.5	4.08
经营决策能力	37.5	4.10
信息需求规划能力	26.4	3.90
数据挖掘能力	33.3	4.13
信息集成和整合能力	36.1	4.14
数据可视化能力和信息展示能力	34.7	4.03

备注：重要（%）表示会计领军人才认为某一选项“重要”的样本数在全部样本中所占的比例，如表第二列所示。“不重要”的得分为1，“不太重要”的得分为2，“一般”的得分为3，“较为重要”的得分为4，“重要”的得分为5，计算每一选项的平均得分，结果如表第三列所示。

表 8.13　　专业技能满意度一览表（企业负责人）

选项	满意（%）	平均得分
会计核算能力	55.8	4.49
财务管理能力	51.2	4.28
财务分析能力	53.5	4.35
成本管理能力	53.5	4.33
税务筹划能力	32.6	4.14
资金筹集能力	48.8	4.37
内部控制能力	41.9	4.30
风险控制能力	46.5	4.26
市场预测能力	32.6	3.84
经营决策能力	46.5	4.14
信息需求规划能力	27.9	3.84
数据挖掘能力	27.9	3.84
信息集成和整合能力	32.6	3.95
数据可视化能力和信息展示能力	30.2	3.77

备注：满意（%）表示企业负责人认为某一选项"满意"的样本数在全部样本中所占的比例，如表第二列所示。"不满意"的得分为1，"不太满意"的得分为2，"基本满意"的得分为3，"较为满意"的得分为4，"满意"的得分为5，计算每一选项的平均得分，结果如表第三列所示。

8.2.3 知识重要性分析

我们对知识重要性进行调研，发现企业负责人认为在企业管理中，财务分析、风险管理、财务管理、职业道德与伦理、经营决策知识、投资决策知识是最重要的五大知识；财务负责人认为在企业财会工作中，财务分析、财务管理、职业道德与伦理、财务报告、会计核算知识是最重要的五大知识；正高级会计师认为在企业财会工作中，财务分析、财务管理、财务报告、税收筹划、职业道德与伦理是最重要的五大知识；高级会计师认为在企业财会工作中，财务分析、财务管理、财务报告、税收筹划、职业道德与伦理知识是最重要的五大知识；会计领军人才认为在企业财会工作中，财务分析、职业道德与伦理、财务管理、财务报告、风险管理知识是最重要的五大知识（见图 8.9）。

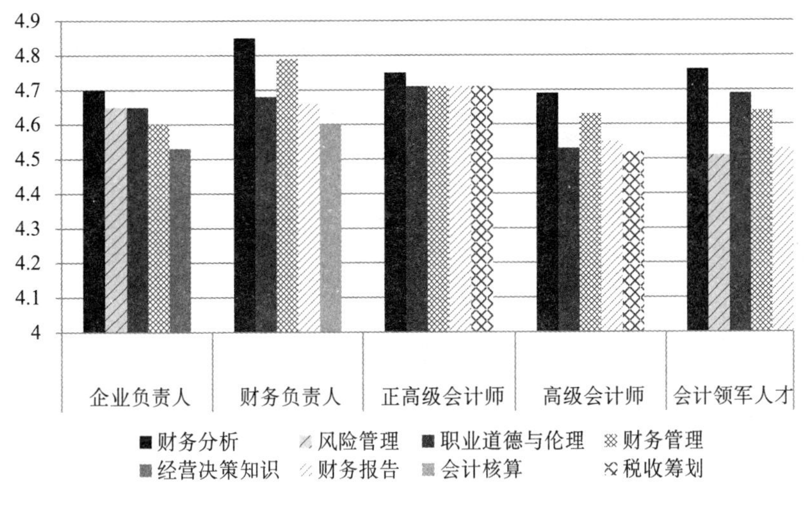

图 8.9 知识重要性

可以看出，企业负责人和专业财务人员最重视的知识是一致的，这些知识也是财务人员知识架构的基础（见表 8.14 至表 8.18）。在设计人才评价体系时，我们需要评价财务人员是否具备这些基础知识，同时随着财务职能的转型、信息化程度的推进、管理复杂程度的加深，我们也需要去评价在新时代背景下财务人员是否与时俱进、是否掌握信息领域、金融领域、投资决策领域等相关领域的前沿知识，这样才能使得评价体系具有实际意义，评价出的结果才科学、合理，通过评价选拔出的人才才能成为企业战略实现的大使，成为企业资源优化的规划师，否则只会产生“为了评价而评价”的局面，就会失去评价体系建设的初衷。

知识重要性分析对应问卷情况如下：

重要性：CEO 问卷第 3 题；CFO 问卷第 3 题；正高级问卷第 3 题。

表 8.14　　　　知识重要性一览表（企业负责人）

选项	重要（%）	平均得分
会计核算	48.8	4.30
财务管理	65.1	4.60
财务报告	55.8	4.44
财务分析	74.4	4.70
运营管理	60.5	4.49
资产管理	48.8	4.35

续表

选项	重要（%）	平均得分
项目管理	46.5	4.12
税收筹划	53.5	4.40
绩效管理	53.5	4.35
信息系统管理	37.2	4.02
组织行为管理	39.5	4.00
公司治理	58.1	4.49
内部审计	48.8	4.33
内部控制	60.5	4.44
风险管理	76.7	4.65
信用管理	55.8	4.37
战略管理	58.1	4.51
并购与重组	48.8	4.21
客户关系管理	60.5	4.37
社会关系管理	41.9	4.12
价值管理	60.5	4.42
创新与变革管理	65.1	4.47
金融知识	53.5	4.28
经济知识	51.2	4.28
法律知识	51.2	4.37
经营决策知识	62.8	4.53
投资决策知识	65.1	4.53
职业道德与伦理	76.7	4.65

备注：重要（%）表示企业负责人认为某一选项“重要”的样本数在全部样本中所占的比例，如表第二列所示。“不重要”的得分为1，“不太重要”的得分为2，“一般”的得分为3，“较为重要”的得分为4，“重要”的得分为5，计算每一选项的平均得分，结果如表第三列所示。

表8.15　　知识重要性一览表（财务负责人）

选项	重要（%）	平均得分
会计核算	72.3	4.60
财务管理	83.0	4.79

续表

选项	重要（%）	平均得分
财务报告	74.5	4.66
财务分析	87.2	4.85
运营管理	53.2	4.43
资产管理	61.7	4.55
项目管理	42.6	4.32
税收筹划	68.1	4.57
绩效管理	53.2	4.40
信息系统管理	53.2	4.43
组织行为管理	42.6	4.19
公司治理	46.8	4.28
内部审计	57.4	4.43
内部控制	66.0	4.55
风险管理	68.1	4.57
信用管理	51.1	4.36
战略管理	53.2	4.36
并购与重组	48.9	4.34
客户关系管理	40.4	4.17
社会关系管理	36.2	4.15
价值管理	57.4	4.34
创新与变革管理	57.4	4.40
金融知识	57.4	4.43
经济知识	57.4	4.38
法律知识	51.1	4.34
经营决策知识	53.2	4.38
投资决策知识	61.7	4.47
职业道德与伦理	80.9	4.68

备注：重要（%）表示财务负责人认为某一选项“重要”的样本数在全部样本中所占的比例，如表第二列所示。“不重要”的得分为1，“不太重要”的得分为2，“一般”的得分为3，“较为重要”的得分为4，“重要”的得分为5，计算每一选项的平均得分，结果如表第三列所示。

表 8.16　　知识重要性一览表（正高级会计师）

选项	重要（%）	平均得分
会计核算	62.5	4.58
财务管理	70.8	4.71
财务报告	70.8	4.71
财务分析	75.0	4.75
运营管理	41.7	4.13
资产管理	50.0	4.50
项目管理	41.7	4.29
税收筹划	75.0	4.71
绩效管理	50.0	4.38
信息系统管理	16.7	3.96
组织行为管理	25.0	3.83
公司治理	25.0	3.92
内部审计	37.5	4.21
内部控制	50.0	4.33
风险管理	66.7	4.54
信用管理	33.3	4.08
战略管理	41.7	3.96
并购与重组	29.2	3.96
客户关系管理	16.7	3.63
社会关系管理	16.7	3.63
价值管理	37.5	4.21
创新与变革管理	33.3	3.92
金融知识	50.0	4.33
经济知识	37.5	4.08
法律知识	33.3	4.29
经营决策知识	41.7	4.25
投资决策知识	45.8	4.29
职业道德与伦理	75.0	4.71

备注：重要（%）表示正高级会计师认为某一选项“重要”的样本数在全部样本中所占的比例，如表第二列所示。“不重要”的得分为1，“不太重要”的得分为2，“一般”的得分为3，“较为重要”的得分为4，“重要”的得分为5，计算每一选项的平均得分，结果如表第三列所示。

表 8.17 知识重要性一览表（高级会计师）

选项	重要（%）	平均得分
会计核算	54.8	4.44
财务管理	67.7	4.63
财务报告	58.1	4.55
财务分析	69.4	4.69
运营管理	40.3	4.27
资产管理	45.2	4.27
项目管理	25.8	3.98
税收筹划	54.8	4.52
绩效管理	48.4	4.39
信息系统管理	40.3	4.16
组织行为管理	35.5	4.13
公司治理	32.3	3.97
内部审计	53.2	4.32
内部控制	54.8	4.40
风险管理	51.6	4.31
信用管理	33.9	4.03
战略管理	35.5	4.02
并购与重组	33.9	4.03
客户关系管理	30.6	3.92
社会关系管理	30.6	3.87
价值管理	37.1	4.08
创新与变革管理	32.3	3.94
金融知识	32.3	4.19
经济知识	32.3	4.13
法律知识	40.3	4.29
经营决策知识	37.1	4.08
投资决策知识	32.3	4.05
职业道德与伦理	61.3	4.53

备注：重要（%）表示高级会计师认为某一选项“重要”的样本数在全部样本中所占的比例，如表第二列所示。“不重要”的得分为1，“不太重要”的得分为2，“一般”的得分为3，“较为重要”的得分为4，“重要”的得分为5，计算每一选项的平均得分，结果如表第三列所示。

表 8.18 知识重要性一览表（会计领军人才）

选项	重要（%）	平均得分
会计核算	59.7	4.46
财务管理	69.4	4.64
财务报告	59.7	4.53
财务分析	77.8	4.76
运营管理	55.6	4.39
资产管理	48.6	4.38
项目管理	45.8	4.26
税收筹划	55.6	4.49
绩效管理	43.1	4.22
信息系统管理	40.3	4.18
组织行为管理	27.8	3.96
公司治理	26.4	3.90
内部审计	38.9	4.24
内部控制	51.4	4.44
风险管理	58.3	4.51
信用管理	45.8	4.33
战略管理	36.1	4.07
并购与重组	27.8	3.93
客户关系管理	29.2	3.97
社会关系管理	27.8	3.89
价值管理	37.5	4.22
创新与变革管理	27.8	4.07
金融知识	33.3	4.18
经济知识	31.9	4.19
法律知识	40.3	4.33
经营决策知识	33.3	4.21
投资决策知识	33.3	4.19
职业道德与伦理	70.8	4.69

备注：重要（%）表示会计领军人才认为某一选项“重要”的样本数在全部样本中所占的比例，如表第二列所示。“不重要”的得分为1，“不太重要”的得分为2，“一般”的得分为3，“较为重要”的得分为4，“重要”的得分为5，计算每一选项的平均得分，结果如表第三列所示。

8.2.4 财会部门履行管理职能发挥作用分析

我们对财会部门在企业履行管理职能中发挥作用的重要性进行调研，发现企业负责人认为财务部门在履行核算、分析、规划（预算）职能上发挥作用的重要性程度较高；财务负责人认为财务部分在履行规划（预算）、分析、核算职能上发挥作用的重要性程度较高；正高级会计师认为财务部门在履行核算、分析、控制职能上发挥作用的重要性程度较高；高级会计师认为财务部门在履行核算、分析、控制职能上发挥作用的重要性程度较高；会计领军人才认为财务部门在履行分析、核算、规划（预算）职能上发挥作用的重要性程度较高。可以看出，企业负责人的评价和专业财务人员的评价基本一致，财务部门发挥作用重要性较高的职能主要是核算、分析、规划（预算），这也是财务部门的传统职能。但是，随着企业各项创新的开展，业财进一步融合，财务必须要与企业一起进行创新，实现协同发展的局面，这就要求财务部门要能够进行职能的创新，因为创新是财务工作服务于企业价值增长并实现自我提升的永恒使命，也是财务人员实现自身价值的重要体现（见图 8.10）。

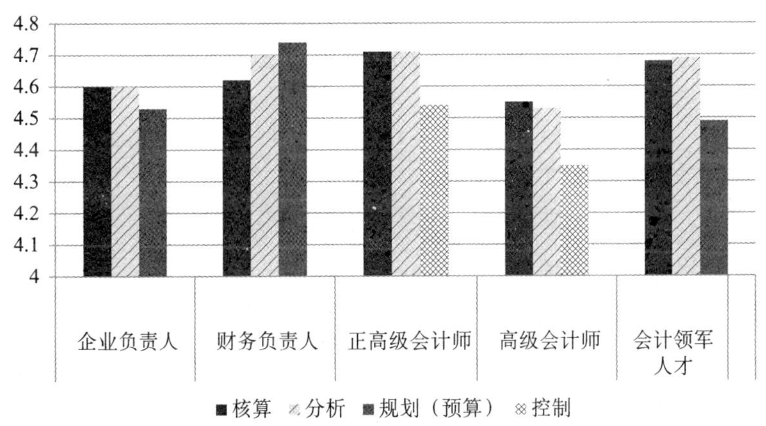

图 8.10 财会部门履行管理职能发挥作用

同时，我们也对企业负责人对财会部门在履行管理职能中发挥作用的满意程度进行调研，从图 8.11 中可以看出，企业负责人对财务部门在履行核算、分析、考核、规划（预算）的职能上发挥作用的满意程度较高，而对决策、组织等职能发挥作用的满意程度较低，也就是对财务部门传统管理职能发挥作用的满意度比较高，这与上文中分析的对财务部门履行管理职能发挥作用的重要性结论也是一致的。因此，财务部门需要在企业战略的大方向下，进行职能的转变和创新，财务人员需要提高自身职能转变的意识和创新的观念，而不是局限在传统职能中。这也给人才评价体系的设计带来启示，要求我们在设计人才评价体系时，需要评价管理会计人员职能转型的能力和意识，同时可以通过后续教育的开展帮助管理会计人员职能转型，不断提升自身能力，从而更好地为企业发展出谋划策，帮助企业基业长青（见表 8.19 至表 8.24）。

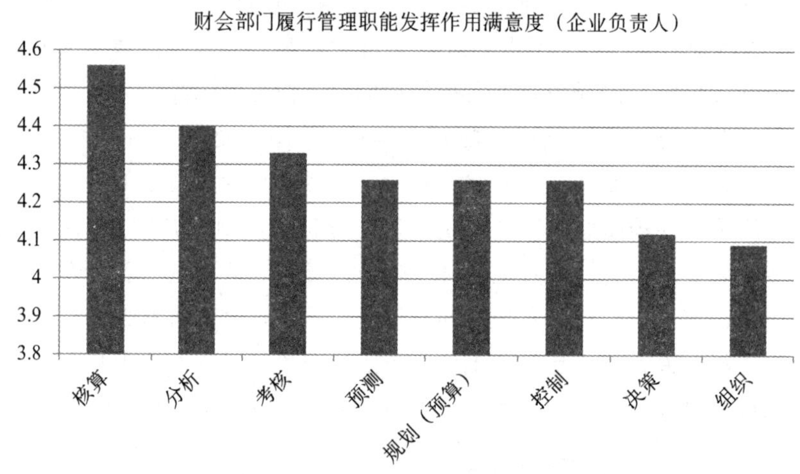

图 8.11 财会部门履行管理职能发挥作用满意度

表 8.19 财会部门履行管理职能发挥作用重要性一览表（企业负责人）

选项	重要（%）	平均得分
预测	51.2	4.23
决策	58.1	4.33
规划（预算）	65.1	4.53
组织	41.9	4.07
控制	60.5	4.40
核算	72.1	4.60
分析	67.4	4.60
考核	62.8	4.47

备注：重要（%）表示企业负责人认为某一选项“重要”的样本数在全部样本中所占的比例，如表第二列所示。“不重要”的得分为 1，“不太重要”的得分为 2，“一般”的得分为 3，“较为重要”的得分为 4，“重要”的得分为 5，计算每一选项的平均得分，结果如表第三列所示。

财会部门履行管理职能发挥作用分析对应问卷情况如下：

重要性：CEO 问卷第 4 题；CFO 问卷第 4 题；正高级问卷第 4 题。

满意度：CEO 问卷第 9 题。

表 8.20 财会部门履行管理职能发挥作用重要性一览表（财务负责人）

选项	重要（%）	平均得分
预测	70.2	4.53
决策	61.7	4.49
规划（预算）	83.0	4.74
组织	40.4	4.17
控制	61.7	4.47
核算	78.7	4.62
分析	78.7	4.70
考核	57.4	4.38

备注：重要（%）表示财务负责人认为某一选项“重要”的样本数在全部样本中所占的比例，如表第二列所示。“不重要”的得分为 1，“不太重要”的得分为 2，“一般”的得分为 3，“较为重要”的得分为 4，“重要”的得分为 5，计算每一选项的平均得分，结果如表第三列所示。

表 8.21 财会部门履行管理职能发挥作用重要性一览表（正高级会计师）

选项	重要（%）	平均得分
预测	62.5	4.38
决策	58.3	4.46
规划（预算）	66.7	4.50
组织	45.8	4.04
控制	66.7	4.54
核算	75.0	4.71
分析	79.2	4.71
考核	62.5	4.54

备注：重要（%）表示正高级会计师认为某一选项“重要”的样本数在全部样本中所占的比例，如表第二列所示。“不重要”的得分为 1，“不太重要”的得分为 2，“一般”的得分为 3，“较为重要”的得分为 4，“重要”的得分为 5，计算每一选项的平均得分，结果如表第三列所示。

表 8.22　财会部门履行管理职能发挥作用重要性一览表（高级会计师）

选项	重要（%）	平均得分
预测	43.5	4.29
决策	45.2	4.19
规划（预算）	46.8	4.26
组织	35.5	4.08
控制	50.0	4.35
核算	64.5	4.55
分析	61.3	4.53
考核	48.4	4.34

备注：重要（%）表示高级会计师认为某一选项“重要”的样本数在全部样本中所占的比例，如表第二列所示。“不重要”的得分为1，“不太重要”的得分为2，“一般”的得分为3，“较为重要”的得分为4，“重要”的得分为5，计算每一选项的平均得分，结果如表第三列所示。

表 8.23　财会部门履行管理职能发挥作用重要性一览表（会计领军人才）

选项	重要（%）	平均得分
预测	50.0	4.38
决策	40.3	4.19
规划（预算）	59.7	4.49
组织	34.7	4.01
控制	48.6	4.33
核算	72.2	4.68
分析	72.2	4.69
考核	50.0	4.36

备注：重要（%）表示会计领军人才认为某一选项“重要”的样本数在全部样本中所占的比例，如表第二列所示。“不重要”的得分为1，“不太重要”的得分为2，“一般”的得分为3，“较为重要”的得分为4，“重要”的得分为5，计算每一选项的平均得分，结果如表第三列所示。

表 8.24　财会部门履行管理职能发挥作用满意度一览表（企业负责人）

选项	满意（%）	平均得分
预测	48.8	4.26

续表

选项	满意（%）	平均得分
决策	44.2	4.12
规划（预算）	51.2	4.26
组织	39.5	4.09
控制	48.8	4.26
核算	67.4	4.56
分析	53.5	4.40
考核	51.2	4.33

备注：满意（%）表示企业负责人认为某一选项“满意”的样本数在全部样本中所占的比例，如表第二列所示。“不满意”的得分为1，“不太满意”的得分为2，“基本满意”的得分为3，“较为满意”的得分为4，“满意”的得分为5，计算每一选项的平均得分，结果如表第三列所示。

8.2.5 企业负责人对财会工作评价分析

我们对企业负责人对财会工作的总体评价、财会人员的整体素质评价、财会部门提供信息的质量评价及对财会信息的需求进行调研，结果表明企业负责人对财会工作的总体评价为满意，对财务人员的整体素质评价为较高。企业负责人认为财务部门在提供信息时最重要的是提供决策有用的信息，并且认为财务部门能够提供准确、及时、有用的信息，对财会信息的满意度较高（见图8.12至图8.20）。

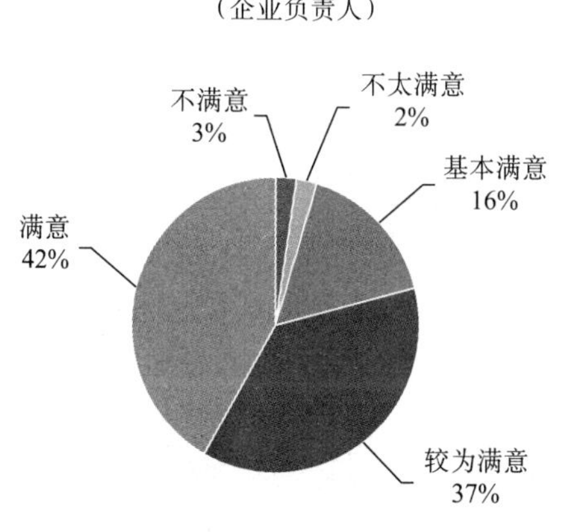

图8.12 财会工作总体评价

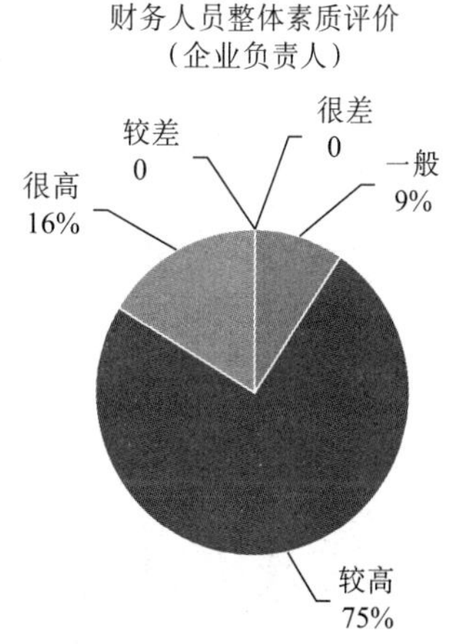

图8.13 财务人员整体素质评价

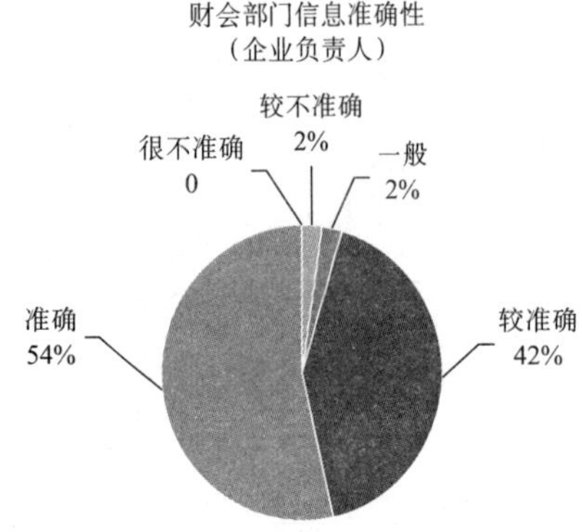

图 8.14 财会部门信息准确性

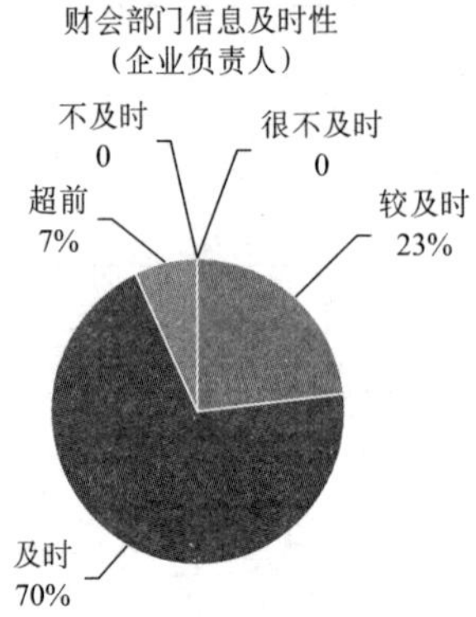

图 8.15 财会部门信息及时性

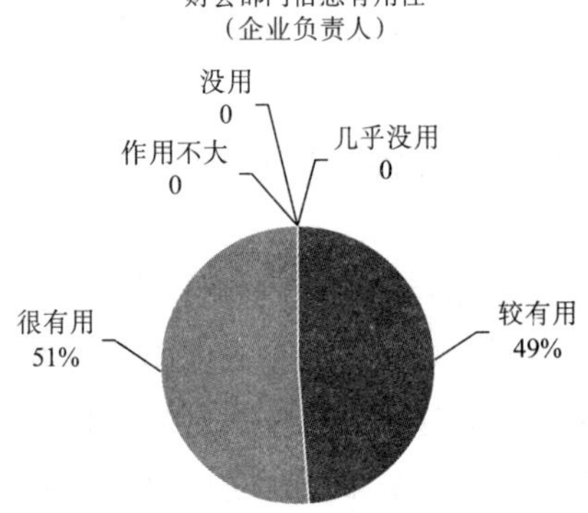

图 8.16 财会部门信息有用性

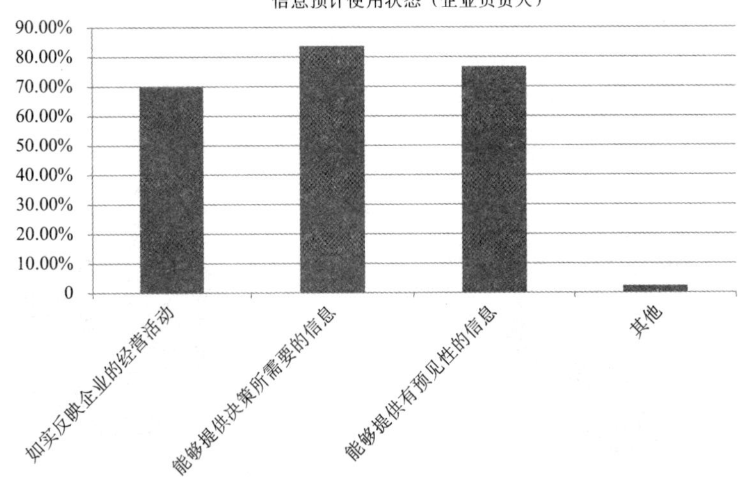

图 8.17 财会信息预期达到状态

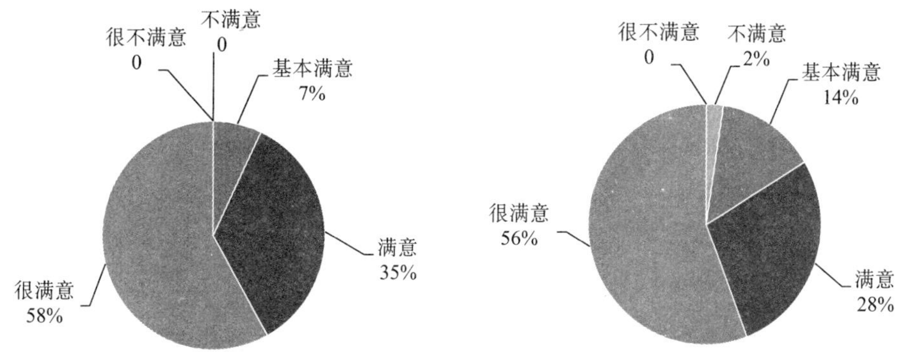

图 8.18　信息满意程度——如实反映企业经营活动

图 8.19　信息满意程度——提供决策所需信息

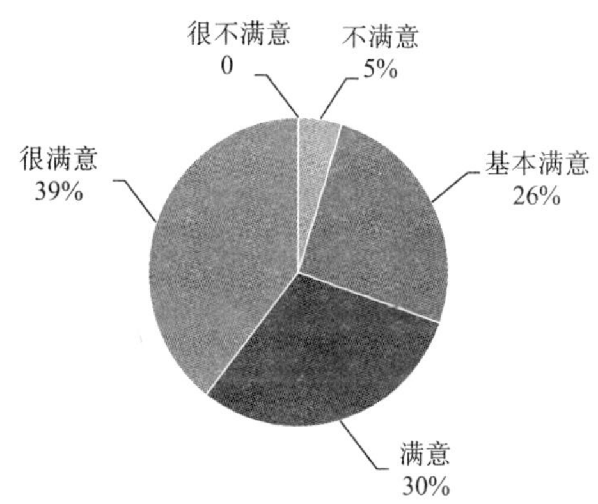

图 8.20　信息满意程度——提供有预见性的信息

企业负责人对财会工作评价分析对应问卷情况如下：

CEO 问卷第 11—17 题。

表 8.25　财会工作总体评价表（企业负责人）

选项	百分比（%）
不满意	2.3
不太满意	2.3
基本满意	16.3
较为满意	37.2
满意	41.9
合计	100

表 8. 25 说明企业负责人对财会工作总体满意度较高。

表 8. 26　　财务人员整体素质评价表（企业负责人）

选项	百分比（%）
很差	0
较差	0
一般	9. 3
较高	74. 4
很高	16. 3
合计	100

表 8. 26 说明企业负责人对财务人员整体素质评价较高。

表 8. 27　　财会部门信息准确性表（企业负责人）

选项	百分比（%）
很不准确	0
较不准确	2. 3
一般	2. 3
较准确	41. 9
准确	53. 5
合计	100

表 8. 27 说明企业负责人认为财会部门信息准确性较高。

表 8. 28　　财会部门信息准及时性表（企业负责人）

选项	百分比（%）
很不及时	0
不及时	0
较及时	23. 2
及时	69. 8
超前	7
合计	100

表 8. 28 说明企业负责人认为财会部门信息及时性高。

表 8.29　　　　财会部门信息有用性表（企业负责人）

选项	百分比（%）
没用	0
几乎没用	0
作用不大	0
较有用	48.8
很有用	51.2
合计	100

表 8.29 说明企业负责人认为财会部门信息较为有用。

表 8.30　　　　财会信息预期达到状态表（企业负责人）

选项	百分比（%）
如实反映企业的经营活动	69.8
能够提供决策所需要的信息	83.7
能够提供有预见性的信息	76.7
其他	2.3

表 8.30 说明企业负责人认为财会信息基本能达到预期，不仅能够如实反映企业的经营活动，也能够提供决策所需要的信息，还能够提供有预见性的信息。

表 8.31　　信息满意程度——如实反映企业经营活动（企业负责人）

选项	百分比（%）
很不满意	0
不满意	0
基本满意	7
满意	34.9
很满意	58.1
合计	100

表 8.31 说明企业负责人对会计信息是否能如实反映企业经营活动满意度较高。

表 8.32　信息满意程度——提供决策所需信息（企业负责人）

选项	百分比（%）
很不满意	0
不满意	2.3
基本满意	14
满意	27.9
很满意	55.8
合计	100

表 8.32 说明企业负责人对会计信息是否能提供决策所需信息满意度较高。

表 8.33　信息满意程度——提供有预见性的信息（企业负责人）

选项	百分比（%）
很不满意	0
不满意	4.7
基本满意	25.6
满意	30.2
很满意	39.5
合计	100

表 8.33 说明企业负责人对会计信息是否能提供有预见性的信息满意度较高。

8.2.6　财会人员工作情况分析

我们对财会人员对工作的熟悉程度进行调研，结果显示财务负责人认为财会人员对财务报告、会计核算、财务管理、职业道德与伦理、财务分析的熟悉程度较高；正高级会计师认为自身对会计核算、职业道德与伦理、财务分析、财务管理、财务报告的熟悉程度较高；高级会计师认为自身对会计核算、财务报告、财务分析、财务管理、职业道德与伦理的熟悉程度较高；会计领军人才认为自身对会计核算、财务管理、财务报告、财务分析、职业道德与伦理的熟悉程度较高（见图 8.21）。

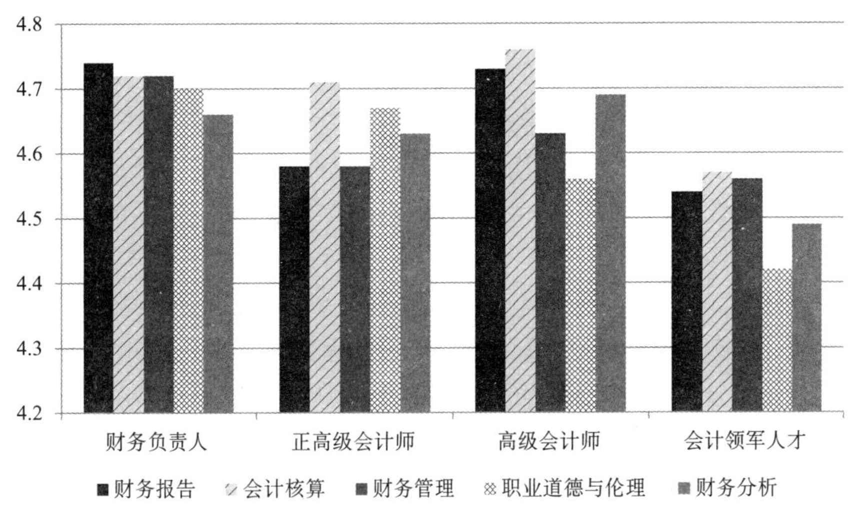

图 8.21 工作熟悉程度

可以看出财务负责人对财务人员的工作熟悉度评价与财务人员对自身的工作熟悉度评价基本一致，这主要有两方面的原因：一是由于财务负责人对财务人员的工作情况比较了解，两者的沟通比较紧密；二是由于这些工作都属于财务人员的传统职能范畴，所以熟悉程度会比较高。

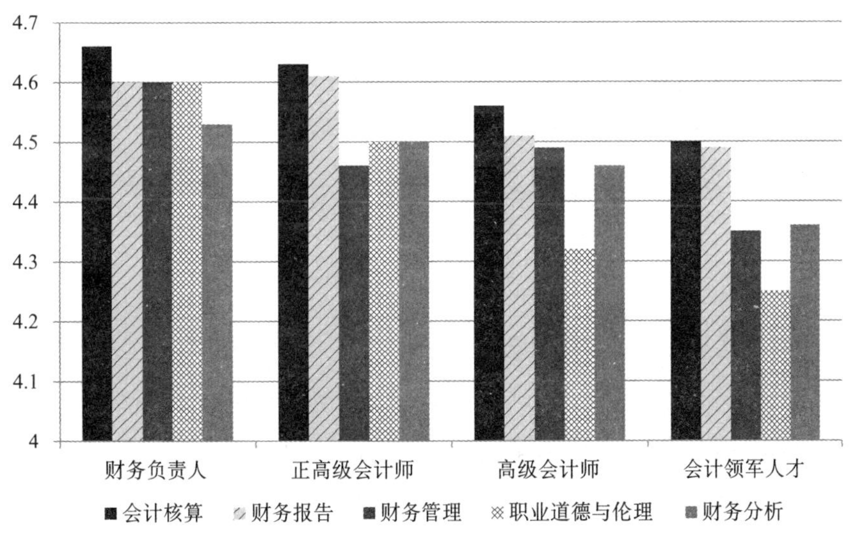

图 8.22 工作满意度

同时，我们也对财会部门在上述工作中发挥作用的满意度进行调研，结果显示财务负责人对财会部门在会计核算、财务管理、财务报告、职业道德与伦理、财务分析上发挥作用的满意程度较高；正高级会计师对财会部门在会计核算、财务报告、财务分析、职业道德与伦理、财务管理上发挥作用的满意程度较高；高级会计师对财会部门在会计核算、财务报告、财务管理、财务分析、职业道德与伦理上发挥作用的满意程度较高；会计领军人才对财会部门在会计核算、财务报告、财务分析、财务管理、职业道德与伦理上发挥作用的满意程度较高（见图8.22）。

可以看出，四类财务人员对财务财会部门发挥作用满意度最高的工作领域是一致的，这些工作领域均是财务人员最熟悉的工作领域，也是财会部门的传统工作领域。但是随着财务职能的转变和对企业财务人员素质要求的提升，财会部门的工作不能局限在传统领域，而是应该向创新与变革管理、投资决策、风险管理等方向拓展，同时，随着业财一体化、大数据时代的来临，财务部门应与业务部门更好地融合，实现职能的互通，增强信息传递的及时性、有效性和准确性，增强企业智能分析、信息共享、集约发展的能力。

在设计人才评价体系时，我们不仅需要评价管理人员对传统职能和工作领域的熟悉程度和掌握情况，更应该重视其在风险管控、信息处理、投资决策等工作领域能力的培养，这些工作领域更能为企业的价值创造服务（见表8.34至表8.37）。

财务人员工作情况分析对应问卷情况如下：

熟悉程度：CFO问卷第5题；正高级会计师第6题。

满意程度：CFO问卷第6题；正高级会计师第7题。

表8.34 工作情况一览表（财务负责人）

选项	熟悉（%）	平均得分	满意（%）	平均得分
会计核算	83.0	4.72	74.5	4.66
财务管理	74.5	4.72	66.0	4.60
财务报告	78.7	4.74	68.1	4.60
财务分析	76.6	4.66	63.8	4.53
供应链管理	25.5	3.87	29.8	4.00
运营管理	29.8	4.02	29.8	4.04
企业管理	27.7	3.94	23.4	3.89
战略管理	27.7	3.89	25.5	3.89
绩效管理	40.4	4.21	44.7	4.32
组织行为管理	17.0	3.68	23.4	3.89

续表

选项	熟悉（%）	平均得分	满意（%）	平均得分
公司治理	42.6	4.11	31.9	3.98
并购与重组	31.9	3.83	25.5	3.94
内部审计	44.7	4.28	31.9	4.13
内部控制	44.7	4.34	44.7	4.37
风险管理	46.8	4.32	51.1	4.30
税收筹划	46.8	4.32	40.4	4.26
资产管理	46.8	4.38	36.2	4.17
项目管理	31.9	4.02	31.9	3.96
关系管理	23.4	3.81	29.8	3.89
信息系统管理	34.0	4.06	34.0	4.04
创新与变革管理	29.8	3.96	29.8	3.89
金融业务	42.6	4.17	40.4	4.13
经济分析	34.0	4.06	38.3	4.13
法律事务	19.1	3.85	29.8	3.91
经营决策	36.2	4.09	29.8	4.04
投资决策	42.6	4.09	34.0	4.13
职业道德与伦理	74.5	4.70	72.3	4.60

备注：熟悉（%）表示财务负责人认为某一选项“熟悉”的样本数在全部样本中所占的比例，如表第二列所示。“不熟悉”的得分为1，“不太熟悉”的得分为2，“一般”的得分为3，“较熟悉”的得分为4，“熟悉”的得分为5，计算每一选项的平均得分，如表第三列所示。满意（%）表示财务负责人认为某一选项“满意”的样本数在全部样本中所占的比例，如表第四列所示。“不满意”的得分为1，“不太满意”的得分为2，“基本满意”的得分为3，“较为满意”的得分为4，“满意”的得分为5，计算每一选项的平均得分，结果如表第五列所示。

表8.35　　　　工作情况一览表（正高级会计师）

选项	熟悉（%）	平均得分	满意（%）	平均得分
会计核算	75.0	4.71	62.5	4.63
财务管理	66.7	4.58	50.0	4.46
财务报告	66.7	4.58	58.3	4.61
财务分析	70.8	4.63	58.3	4.50

续表

选项	熟悉（%）	平均得分	满意（%）	平均得分
供应链管理	29.2	3.83	20.8	3.75
运营管理	50.0	4.13	33.3	4.04
企业管理	33.3	4.08	25.0	3.92
战略管理	37.5	4.04	25.0	3.88
绩效管理	50.0	4.25	37.5	4.21
组织行为管理	25.0	3.67	16.7	3.70
公司治理	33.3	3.96	16.7	3.83
并购与重组	33.3	3.92	20.8	3.79
内部审计	50.0	4.21	37.5	4.17
内部控制	50.0	4.25	29.2	4.08
风险管理	50.0	4.42	25.0	3.88
税收筹划	41.7	4.29	33.3	4.25
资产管理	54.2	4.29	41.7	4.21
项目管理	29.2	3.79	37.5	3.96
关系管理	16.7	3.54	25.0	3.71
信息系统管理	25.0	3.75	41.7	3.96
创新与变革管理	25.0	3.67	29.2	3.67
金融业务	41.7	4.21	33.3	4.00
经济分析	41.7	4.17	33.3	3.96
法律事务	16.7	3.75	20.8	3.83
经营决策	25.0	4.08	33.3	4.00
投资决策	37.5	4.08	33.3	3.96
职业道德与伦理	75.0	4.67	58.3	4.50

备注：熟悉（%）表示正高级会计师认为某一选项"熟悉"的样本数在全部样本中所占的比例，如表第二列所示。"不熟悉"的得分为1，"不太熟悉"的得分为2，"一般"的得分为3，"较熟悉"的得分为4，"熟悉"的得分为5，计算每一选项的平均得分，如表第三列所示。满意（%）表示财务负责人认为某一选项"满意"的样本数在全部样本中所占的比例，如表第四列所示。"不满意"的得分为1，"不太满意"的得分为2，"基本满意"的得分为3，"较为满意"的得分为4，"满意"的得分为5，计算每一选项的平均得分，结果如表第五列所示。

表 8.36 工作情况一览表（高级会计师）

选项	熟悉（%）	平均得分	满意（%）	平均得分
会计核算	75.8	4.76	64.5	4.56
财务管理	64.5	4.63	59.7	4.49
财务报告	74.2	4.73	59.7	4.51
财务分析	71.0	4.69	56.5	4.46
供应链管理	30.6	3.79	30.6	3.95
运营管理	30.6	3.95	29.0	4.07
企业管理	29.0	3.92	29.0	4.07
战略管理	21.0	3.74	27.4	4.00
绩效管理	41.9	4.06	35.5	4.10
组织行为管理	25.8	3.79	24.2	3.97
公司治理	19.4	3.69	25.8	3.98
并购与重组	22.6	3.60	25.8	3.95
内部审计	43.5	4.08	33.9	4.08
内部控制	54.8	4.39	38.7	4.15
风险管理	46.8	4.29	33.9	4.13
税收筹划	45.2	4.27	35.5	4.06
资产管理	51.6	4.37	33.9	4.10
项目管理	33.9	3.94	30.6	3.97
关系管理	27.4	3.68	29.0	3.85
信息系统管理	32.3	4.00	33.9	4.03
创新与变革管理	24.2	3.71	24.2	3.89
金融业务	27.4	3.85	30.6	3.97
经济分析	40.3	4.16	30.6	4.05
法律事务	21.0	3.76	30.6	4.00
经营决策	30.6	3.94	32.3	4.02
投资决策	25.8	3.92	24.2	3.92
职业道德与伦理	66.1	4.56	54.8	4.32

备注：熟悉（%）表示高级会计师认为某一选项“熟悉”的样本数在全部样本中所占的比例，如表第二列所示。“不熟悉”的得分为1，“不太熟悉”的得分为2，“一般”的得分为3，“较熟悉”的得分为4，“熟悉”的得分为5，计算每一选项的平均得分，如表第三列所示。满意（%）表示财务负责人认为某一选项“满意”的样本数在全部样本中所占的比例，如表第四列所示。“不满意”的得分为1，“不太满意”的得分为2，“基本满意”的得分为3，

“较为满意”的得分为4，“满意”的得分为5，计算每一选项的平均得分，结果如表第五列所示。

表8.37 工作情况一览表（会计领军人才）

选项	熟悉（%）	平均得分	满意（%）	平均得分
会计核算	62.5	4.57	61.1	4.50
财务管理	65.3	4.56	54.2	4.35
财务报告	65.3	4.54	58.3	4.49
财务分析	58.3	4.49	52.8	4.36
供应链管理	11.1	3.56	23.6	3.76
运营管理	23.6	3.79	18.1	3.78
企业管理	25.0	3.81	26.4	3.93
战略管理	11.1	3.51	26.4	3.83
绩效管理	18.1	3.72	31.9	3.96
组织行为管理	6.9	3.40	19.4	3.74
公司治理	12.5	3.49	18.1	3.75
并购与重组	6.9	3.14	19.4	3.69
内部审计	33.3	4.07	29.2	4.00
内部控制	50.0	4.35	36.1	4.08
风险管理	31.9	4.07	31.9	4.10
税收筹划	25.0	3.82	25.0	3.89
资产管理	30.6	4.04	37.5	4.08
项目管理	19.4	3.75	20.8	3.86
关系管理	5.6	3.42	16.7	3.69
信息系统管理	20.8	3.72	19.4	3.92
创新与变革管理	4.2	3.32	16.7	3.68
金融业务	12.5	3.56	22.2	3.75
经济分析	27.8	3.94	27.8	3.94
法律事务	5.6	3.46	22.2	3.85
经营决策	12.5	3.67	27.8	3.97
投资决策	18.1	3.68	25.0	3.89
职业道德与伦理	48.6	4.42	45.8	4.25

备注：熟悉（%）表示会计领军人才认为某一选项“熟悉”的样本数在全部样本中所占的比例，如表第二列所示。“不熟悉”的得分为1，“不太熟悉”的得分为2，“一般”的得分为3，“较熟悉”的得分为4，“熟悉”的得

分为5，计算每一选项的平均得分，如表第三列所示。满意（%）表示财务负责人认为某一选项“满意”的样本数在全部样本中所占的比例，如表第四列所示。“不满意”的得分为1，“不太满意”的得分为2，“基本满意”的得分为3，“较为满意”的得分为4，“满意”的得分为5，计算每一选项的平均得分，结果如表第五列所示。

8.2.7 管理工具应用情况分析

我们对各项管理工具在财会工作中的重要程度、财务人员对其的熟悉程度、应用程度及应用效果进行调研，结果显示（见图8.23至图8.26），财务负责人认为全面预算管理、利润预测、风险应对、目标管理、财务预算的重要性程度较高，对这些管理工具的熟悉程度也较高，同时最常规使用的管理工具为财务预算、利润预测、资金预测、全面预算管理、成本预测，应用效果情况较好的管理工具是财务预算、全面预算管理、资本支出预算、成本收益分析、资金预测。正高级会计师认为财务预算、全面预算管理、风险应对、风险识别、风险诊断的重要性程度较高，熟悉程度较高的管理工具为财务预算、成本收益分析、全面预算管理、差异分析、固定预算，应用最为广泛的管理工具为财务预算、资本支出预算、全面预算管理、利润预测、成本预测，应用效果较好的是财务预算、全面预算管理、资本支出预算、资金预测、风险应对。高级会计师认为全面预算管理、财务预算、资本支出预算、利润预测、资金预测的重要性程度较高，熟悉程度较高的管理工具是全面预算管理、财务预算、成本预测、资金预测、利润预测，应用最为广泛的管理工具为财务预算、全面预算管理、资本支出预算、成本预测、资金预测，应用效果较好的管理工具为全面预算管理、财务预算、成本预测、责任中心划分、利润预测。会计领军人才认为全面预算管理、资金预测、成本预测、财务预算、利润预测的重要性程度较高，熟悉程度较高的管理工具是全面预算管理、财务预算、成本预测、资金预测、计划成本，应用最为广泛的管理工具是全面预算管理、资金预测、财务预算、利润预测、成本预测，应用效果较好的管理工具是全面预算管理、财务预算、利润预测、资本支出预算、资金预测。

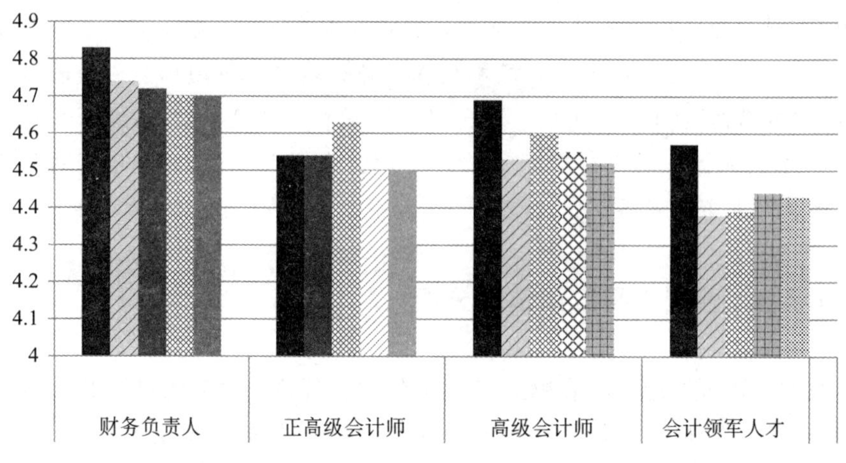

图 8.23 管理工具重要性

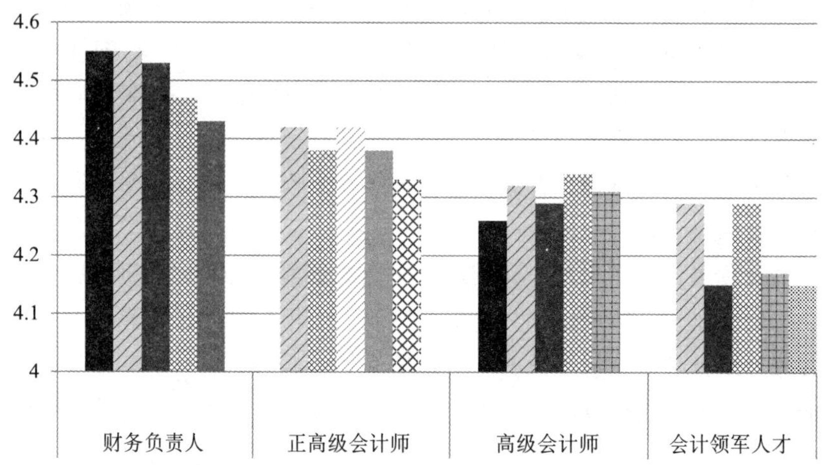

图 8.24 管理工具熟悉程度

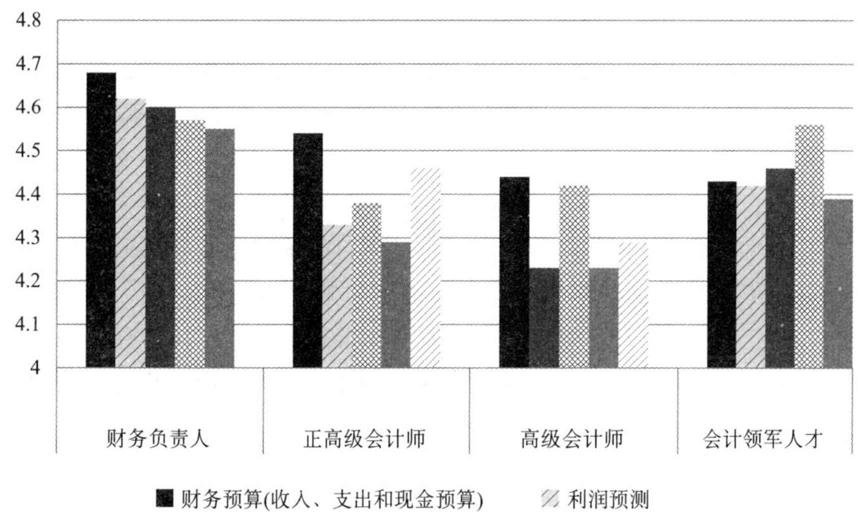

图 8.25 管理工具应用程度

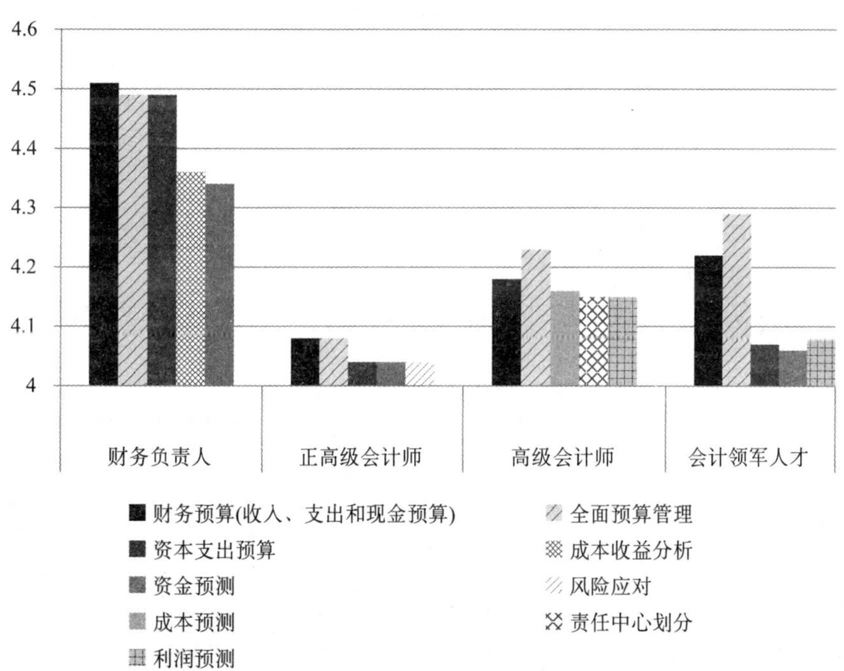

图 8.26 管理工具应用效果

可以看出，四类专业财务人员均认为全面预算管理、成本预测、财务预算等管理工具的重要性程度较高，并且对这些管理工具的熟悉程度、应用程度较高，应用效果较好，而对六西格玛（6σ）管理等管理工具的熟悉程度和应用程度都不高。这主要是因为全面预算管理等管理工具在国内的普及程度和推广程度比较高，并且适用范围也比较广，属于管理会计的传统范畴，而六西格玛（6σ）管理等管理工具在国内的推广程度不高，很多财务人员并不了解，企业在运用管理工具时，应在考虑企业实际情况的基础上进行运用，而不是抱着“跟风”的心理去使用，这样才能使管理工具能够真正发挥其应有作用。管理工具的良好发挥离不开管理会计人员的有效使用，所以管理会计人员需要提高其对管理工具的熟悉程度，要能根据企业的发展战略、内外部环境要求、企业实际发展状况等因素，为企业选择合适的管理工具，成为企业管理工具使用的规划师，提高管理工具的使用效率和效果。

在设计人才评价体系时，我们应综合考察多种管理工具的应用，并且可以根据不同行业的特点，在案例分析上，设计具有行业特色的管理工具案例分析。这样一方面可以评价管理会计人员对管理工具的应用情况、熟悉程度，另一方面可以使得管理会计人员能够更积极主动的去接触、学习更多的管理工具，而不是局限在几类推广程度较高的管理工具上（见表8.38至表8.45）。

管理工具应用情况分析对应问卷情况如下：

重要和熟悉：CFO问卷第7题、第8题。

正高级会计问卷第8题、第9题。

应用程度及效果：CFO问卷第9题、第10题。

正高级会计问卷第10题、第11题。

表8.38　　管理工具应用情况一览表（财务负责人）

选项	重要（%）	平均得分	熟悉（%）	平均得分
计划成本	59.6	4.40	44.7	4.21
定额成本	44.7	4.21	36.2	4.09
标准成本	55.3	4.36	42.6	4.19
差异分析	63.8	4.49	53.2	4.30
作业成本法（ABC）	44.7	4.13	23.4	3.68
作业成本管理（ABCM）	46.8	4.13	21.3	3.57
成本收益分析	66.0	4.62	55.3	4.40
决策的相关性分析	63.8	4.53	38.3	4.17

续表

选项	重要（%）	平均得分	熟悉（%）	平均得分
成本的可控性分析	63.8	4.55	51.1	4.28
成本的边际性分析	61.7	4.51	42.6	4.15
成本的变动性分析（即性态分析）	63.8	4.53	42.6	4.11
成本的约束性分析	48.9	4.38	31.9	3.96
变动成本法	61.7	4.53	53.2	4.30
本量利分析	70.2	4.57	53.2	4.26
销售预测	59.6	4.45	44.7	4.30
成本预测	66.0	4.55	55.3	4.36
利润预测	76.6	4.74	63.8	4.55
资金预测	72.3	4.68	61.7	4.53
生产决策中的差量分析	53.2	4.32	25.5	3.66
生产决策中的边际贡献分析	57.4	4.43	29.8	3.74
生产决策中的本量利分析	63.8	4.49	31.9	3.81
生产决策中的最优生产批量分析	51.1	4.23	29.8	3.70
生产决策中的线性规划	42.6	4.15	17.0	3.55
市场价格定价法	63.8	4.49	42.6	4.15
目标成本定价法	40.4	4.19	40.4	4.09
成本加成定价法	40.4	4.26	38.3	4.06
合同定价法	46.8	4.26	34.0	3.87
0.6 指数定价法	34.0	3.96	12.8	3.43
投资决策中的时间价值分析	57.4	4.47	46.8	4.21
投资决策中的资本成本分析	61.7	4.55	48.9	4.32
投资决策中的风险报酬分析	61.7	4.53	40.4	4.11
投资决策中的现金流量分析	63.8	4.57	51.1	4.32
投资决策中的投资回收期分析	68.1	4.60	53.2	4.28
投资决策中的投资收益率分析	72.3	4.66	53.2	4.30
投资决策中的净现值分析	59.6	4.47	46.8	4.19
投资决策中的现值指数分析	46.8	4.32	36.2	4.06
投资决策中的内含报酬率分析	53.2	4.45	36.2	4.09
财务预算（收入、支出和现金预算）	80.9	4.70	70.2	4.55
资本支出预算	76.6	4.68	63.8	4.43

续表

选项	重要（%）	平均得分	熟悉（%）	平均得分
全面预算管理	87.2	4.83	66.0	4.47
增减预算	48.9	4.38	53.2	4.34
零基预算	57.4	4.47	51.1	4.28
定期预算	55.3	4.47	53.2	4.36
滚动预算	61.7	4.53	59.6	4.36
固定预算	44.7	4.34	51.1	4.26
弹性预算	51.1	4.47	44.7	4.23
最优订货批量决策	38.3	4.06	27.7	3.74
ABC 存货管理法	40.4	4.11	29.8	3.81
适时管理（JIT）	38.3	4.09	23.4	3.60
零库存管理	46.8	4.21	36.2	3.94
质量成本分析	40.4	4.21	31.9	3.74
六西格玛（6σ）管理	36.2	4.09	21.3	3.64
责任中心划分	57.4	4.45	48.9	4.13
责任中心业绩评价	66.0	4.53	51.1	4.19
内部转移定价	55.3	4.40	46.8	4.06
平衡计分卡（BSC）	59.6	4.32	46.8	4.02
关键绩效指标考核（KPI）	72.3	4.55	59.6	4.28
360 度考核	48.9	4.17	34.0	3.91
EVA 考核	63.8	4.51	48.9	4.09
目标管理	74.5	4.70	57.4	4.40
目标成本管理	70.2	4.62	53.2	4.34
成本企划（画）	51.1	4.28	29.8	3.87
价值工程（VE）	48.9	4.21	31.9	3.87
竞争力分析（五力模型）	61.7	4.38	36.2	4.00
优势劣势分析（SWOT）	61.7	4.40	42.6	4.09
价值链分析	59.6	4.36	38.3	4.04
供应商评价	51.1	4.34	40.4	4.13
客户盈利能力分析	66.0	4.51	38.3	4.15
客户满意度调查与分析	63.8	4.51	36.2	4.11
竞争对手分析	63.8	4.51	29.8	4.00

续表

选项	重要（%）	平均得分	熟悉（%）	平均得分
产品生命周期分析	57.4	4.34	23.4	3.66
标杆管理	61.7	4.40	36.2	3.94
企业资源规划（ERP）	63.8	4.47	36.2	3.87
环境成本分析与报告	46.8	4.28	14.9	3.62
风险识别	72.3	4.64	48.9	4.32
风险评价	74.5	4.68	46.8	4.34
风险诊断	74.5	4.66	48.9	4.28
风险应对	74.5	4.72	48.9	4.30
外汇风险管理	68.1	4.51	34.0	4.02

备注：重要（%）表示财务负责人认为某一选项“重要”的样本数在全部样本中所占的比例，如表第二列所示。“不重要”的得分为1，“不太重要”的得分为2，“一般”的得分为3，“较为重要”的得分为4，“重要”的得分为5，计算每一选项的平均得分，如表第三列所示。熟悉（%）表示财务负责人认为某一选项“熟悉”的样本数在全部样本中所占的比例，如表第四列所示。“不熟悉”的得分为1，“不太熟悉”的得分为2，“一般”的得分为3，“较熟悉”的得分为4，“熟悉”的得分为5，计算每一选项的平均得分，结果如表第五列所示。

表8.39　　管理工具应用情况一览表（正高级会计师）

选项	重要（%）	平均得分	熟悉（%）	平均得分
计划成本	45.8	4.00	58.3	4.25
定额成本	33.3	3.88	54.2	4.17
标准成本	45.8	4.08	54.2	4.21
差异分析	54.2	4.33	62.5	4.38
作业成本法（ABC）	33.3	4.00	33.3	3.92
作业成本管理（ABCM）	29.2	3.96	29.2	3.83
成本收益分析	54.2	4.29	62.5	4.42
决策的相关性分析	41.7	4.17	50.0	4.25
成本的可控性分析	54.2	4.33	50.0	4.17
成本的边际性分析	45.8	4.21	41.7	4.13

续表

选项	重要（%）	平均得分	熟悉（%）	平均得分
成本的变动性分析（即性态分析）	29.2	4.04	41.7	4.04
成本的约束性分析	33.3	4.08	33.3	3.92
变动成本法	45.8	4.25	50.0	4.17
本量利分析	41.7	4.25	50.0	4.13
销售预测	45.8	4.21	58.3	4.25
成本预测	50.0	4.25	58.3	4.25
利润预测	50.0	4.29	54.2	4.17
资金预测	50.0	4.29	54.2	4.25
生产决策中的差量分析	41.7	4.08	29.2	3.83
生产决策中的边际贡献分析	41.7	4.17	37.5	4.00
生产决策中的本量利分析	41.7	4.21	41.7	4.00
生产决策中的最优生产批量分析	33.3	4.00	20.8	3.75
生产决策中的线性规划	25.0	3.88	20.8	3.58
市场价格定价法	37.5	4.17	41.7	4.04
目标成本定价法	37.5	4.08	50.0	4.21
成本加成定价法	37.5	4.08	45.8	4.08
合同定价法	29.2	4.04	29.2	3.96
0.6 指数定价法	20.8	3.58	20.8	3.29
投资决策中的时间价值分析	45.8	4.25	41.7	3.92
投资决策中的资本成本分析	54.2	4.33	45.8	4.04
投资决策中的风险报酬分析	54.2	4.29	37.5	3.96
投资决策中的现金流量分析	54.2	4.29	41.7	4.04
投资决策中的投资回收期分析	50.0	4.25	41.7	4.08
投资决策中的投资收益率分析	62.5	4.42	45.8	4.13
投资决策中的净现值分析	50.0	4.29	50.0	4.13
投资决策中的现值指数分析	33.3	4.04	37.5	3.96
投资决策中的内含报酬率分析	41.7	4.17	37.5	3.92
财务预算（收入、支出和现金预算）	66.7	4.63	58.3	4.42
资本支出预算	50.0	4.38	50.0	4.29
全面预算管理	62.5	4.54	54.2	4.38
增减预算	37.5	4.08	41.7	4.17

续表

选项	重要（%）	平均得分	熟悉（%）	平均得分
零基预算	50.0	4.25	50.0	4.21
定期预算	50.0	4.21	50.0	4.25
滚动预算	54.2	4.21	50.0	4.29
固定预算	33.3	4.00	54.2	4.33
弹性预算	41.7	4.17	50.0	4.25
最优订货批量决策	37.5	4.00	33.3	3.83
ABC 存货管理法	41.7	4.04	37.5	3.83
适时管理（JIT）	25.0	3.79	25.0	3.42
零库存管理	25.0	3.88	33.3	3.79
质量成本分析	33.3	4.04	33.3	3.71
六西格玛（6σ）管理	29.2	3.88	25.0	3.42
责任中心划分	54.2	4.29	58.3	4.29
责任中心业绩评价	58.3	4.29	58.3	4.29
内部转移定价	41.7	4.08	50.0	4.21
平衡计分卡（BSC）	33.3	3.88	33.3	3.79
关键绩效指标考核（KPI）	54.2	4.33	50.0	4.08
360 度考核	29.2	3.96	37.5	3.79
EVA 考核	66.7	4.38	54.2	4.08
目标管理	58.3	4.42	37.5	4.08
目标成本管理	50.0	4.33	41.7	4.13
成本企划（画）	29.2	4.00	12.5	3.42
价值工程（VE）	29.2	3.96	16.7	3.46
竞争力分析（五力模型）	50.0	4.21	41.7	3.92
优势劣势分析（SWOT）	45.8	4.13	37.5	3.92
价值链分析	33.3	4.00	16.7	3.58
供应商评价	29.2	3.96	16.7	3.79
客户盈利能力分析	41.7	4.17	25.0	3.96
客户满意度调查与分析	45.8	4.25	20.8	3.83
竞争对手分析	62.5	4.42	20.8	3.79
产品生命周期分析	25.0	3.88	25.0	3.79
标杆管理	33.3	4.00	25.0	3.67

续表

选项	重要（%）	平均得分	熟悉（%）	平均得分
企业资源规划（ERP）	45.8	4.08	25.0	3.71
环境成本分析与报告	20.8	3.75	12.5	3.38
风险识别	66.7	4.50	50.0	4.25
风险评价	66.7	4.46	45.8	4.21
风险诊断	66.7	4.50	41.7	4.13
风险应对	66.7	4.54	45.8	4.21
外汇风险管理	58.3	4.46	29.2	4.00

备注：重要（%）表示正高级会计师认为某一选项“重要”的样本数在全部样本中所占的比例，如表第二列所示。“不重要”的得分为1，“不太重要”的得分为2，“一般”的得分为3，“较为重要”的得分为4，“重要”的得分为5，计算每一选项的平均得分，如表第三列所示。熟悉（%）表示财务负责人认为某一选项“熟悉”的样本数在全部样本中所占的比例，如表第四列所示。“不熟悉”的得分为1，“不太熟悉”的得分为2，“一般”的得分为3，“较熟悉”的得分为4，“熟悉”的得分为5，计算每一选项的平均得分，结果如表第五列所示。

表8.40　　管理工具应用情况一览表（高级会计师）

选项	重要（%）	平均得分	熟悉（%）	平均得分
计划成本	32.3	4.10	45.2	4.11
定额成本	37.1	4.10	40.3	4.05
标准成本	37.1	4.10	35.5	3.95
差异分析	48.4	4.27	46.8	4.13
作业成本法（ABC）	30.6	3.97	30.6	3.79
作业成本管理（ABCM）	30.6	3.95	30.6	3.79
成本收益分析	50.0	4.34	43.5	4.15
决策的相关性分析	43.5	4.16	37.1	4.00
成本的可控性分析	45.2	4.24	37.1	4.00
成本的边际性分析	41.9	4.19	37.1	3.90
成本的变动性分析（即性态分析）	38.7	4.13	37.1	3.92
成本的约束性分析	38.7	4.16	38.7	3.97
变动成本法	43.5	4.27	41.9	4.19
本量利分析	48.4	4.31	40.3	4.11

续表

选项	重要（%）	平均得分	熟悉（%）	平均得分
销售预测	56.5	4.48	46.8	4.23
成本预测	59.7	4.50	48.4	4.31
利润预测	64.5	4.53	46.8	4.26
资金预测	56.5	4.52	45.2	4.29
生产决策中的差量分析	43.5	4.15	25.8	3.73
生产决策中的边际贡献分析	46.8	4.26	33.9	3.81
生产决策中的本量利分析	48.4	4.26	32.3	3.77
生产决策中的最优生产批量分析	37.1	4.08	25.8	3.66
生产决策中的线性规划	30.6	3.95	19.4	3.55
市场价格定价法	45.2	4.29	30.6	3.89
目标成本定价法	32.3	4.11	30.6	3.87
成本加成定价法	40.3	4.19	33.9	3.85
合同定价法	38.7	4.13	37.1	3.84
0.6 指数定价法	24.2	3.74	19.4	3.42
投资决策中的时间价值分析	35.5	4.15	35.5	3.92
投资决策中的资本成本分析	41.9	4.24	40.3	4.00
投资决策中的风险报酬分析	37.1	4.21	35.5	3.87
投资决策中的现金流量分析	48.4	4.34	41.9	4.03
投资决策中的投资回收期分析	38.7	4.19	35.5	3.89
投资决策中的投资收益率分析	46.8	4.29	41.9	3.97
投资决策中的净现值分析	45.2	4.26	37.1	3.94
投资决策中的现值指数分析	35.5	4.16	35.5	3.85
投资决策中的内含报酬率分析	37.1	4.15	35.5	3.87
财务预算（收入、支出和现金预算）	67.7	4.60	53.2	4.32
资本支出预算	61.3	4.55	50.0	4.21
全面预算管理	71.0	4.69	51.6	4.34
增减预算	38.7	4.27	45.2	4.11
零基预算	51.6	4.40	40.3	4.00
定期预算	40.3	4.26	38.7	3.97
滚动预算	41.9	4.31	40.3	3.98
固定预算	41.9	4.26	40.3	4.03
弹性预算	40.3	4.27	41.9	4.05
最优订货批量决策	35.5	3.97	24.2	3.56
ABC 存货管理法	35.5	4.05	29.0	3.71

续表

选项	重要（%）	平均得分	熟悉（%）	平均得分
适时管理（JIT）	19.4	3.76	16.1	3.27
零库存管理	29.0	3.92	24.2	3.60
质量成本分析	35.5	4.03	27.4	3.61
六西格玛（6σ）管理	33.9	3.89	21.0	3.40
责任中心划分	50.0	4.29	40.3	3.97
责任中心业绩评价	46.8	4.23	40.3	3.94
内部转移定价	37.1	4.10	33.9	3.81
平衡计分卡（BSC）	30.6	3.95	25.8	3.60
关键绩效指标考核（KPI）	50.0	4.24	29.0	3.69
360 度考核	25.8	3.90	22.6	3.45
EVA 考核	40.3	4.11	32.3	3.77
目标管理	48.4	4.29	33.9	3.85
目标成本管理	50.0	4.31	32.3	3.89
成本企划（画）	41.9	4.11	21.0	3.53
价值工程（VE）	38.7	4.08	25.8	3.60
竞争力分析（五力模型）	32.3	4.02	25.8	3.55
优势劣势分析（SWOT）	37.1	4.06	24.2	3.60
价值链分析	33.9	4.06	22.6	3.53
供应商评价	46.8	4.19	27.4	3.55
客户盈利能力分析	40.3	4.10	30.6	3.77
客户满意度调查与分析	38.7	4.13	32.3	3.79
竞争对手分析	38.7	4.08	29.0	3.73
产品生命周期分析	32.3	3.94	25.8	3.48
标杆管理	33.9	4.03	24.2	3.53
企业资源规划（ERP）	48.4	4.19	33.9	3.66
环境成本分析与报告	37.1	4.06	21.0	3.48
风险识别	50.0	4.44	35.5	3.92
风险评价	45.2	4.32	33.9	3.94
风险诊断	50.0	4.35	37.1	3.92
风险应对	53.2	4.45	40.3	3.92
外汇风险管理	50.0	4.32	32.3	3.71

备注：重要（%）表示高级会计师认为某一选项“重要”的样本数在全部样本中所占的比例，如表第二列所示。“不重要”的得分为1，“不太重要”

的得分为2，“一般”的得分为3，“较为重要”的得分为4，“重要”的得分为5，计算每一选项的平均得分，如表第三列所示。熟悉（%）表示财务负责人认为某一选项“熟悉”的样本数在全部样本中所占的比例，如表第四列所示。“不熟悉”的得分为1，“不太熟悉”的得分为2，“一般”的得分为3，“较熟悉”的得分为4，“熟悉”的得分为5，计算每一选项的平均得分，结果如表第五列所示。

表 8.41　　管理工具应用情况一览表（会计领军人才）

选项	重要（%）	平均得分	熟悉（%）	平均得分
计划成本	29.2	4.04	40.3	4.15
定额成本	29.2	4.06	37.5	4.10
标准成本	31.9	4.06	37.5	4.08
差异分析	37.5	4.22	38.9	4.10
作业成本法（ABC）	23.6	3.93	18.1	3.63
作业成本管理（ABCM）	27.8	3.96	15.3	3.54
成本收益分析	38.9	4.25	37.5	4.00
决策的相关性分析	43.1	4.28	27.8	3.79
成本的可控性分析	38.9	4.26	30.6	3.93
成本的边际性分析	40.3	4.22	26.4	3.81
成本的变动性分析（即性态分析）	36.1	4.15	26.4	3.86
成本的约束性分析	34.7	4.13	23.6	3.69
变动成本法	30.6	4.11	25.0	3.90
本量利分析	40.3	4.24	31.9	3.89
销售预测	37.5	4.13	27.8	3.90
成本预测	51.4	4.43	40.3	4.17
利润预测	47.2	4.38	36.1	4.08
资金预测	51.4	4.44	40.3	4.15
生产决策中的差量分析	30.6	4.01	18.1	3.54
生产决策中的边际贡献分析	34.7	3.99	19.4	3.68
生产决策中的本量利分析	31.9	3.99	18.1	3.63
生产决策中的最优生产批量分析	23.6	3.86	16.7	3.50
生产决策中的线性规划	18.1	3.78	13.9	3.43

续表

选项	重要（%）	平均得分	熟悉（%）	平均得分
市场价格定价法	25.0	3.89	20.8	3.65
目标成本定价法	19.4	3.83	25.0	3.69
成本加成定价法	18.1	3.78	23.6	3.71
合同定价法	15.3	3.79	20.8	3.67
0.6 指数定价法	6.9	3.44	12.5	3.15
投资决策中的时间价值分析	29.2	3.96	23.6	3.64
投资决策中的资本成本分析	34.7	4.13	30.6	3.75
投资决策中的风险报酬分析	33.3	4.08	22.2	3.67
投资决策中的现金流量分析	37.5	4.19	27.8	3.75
投资决策中的投资回收期分析	26.4	4.03	19.4	3.68
投资决策中的投资收益率分析	37.5	4.14	25.0	3.71
投资决策中的净现值分析	22.2	3.92	23.6	3.65
投资决策中的现值指数分析	22.2	3.86	13.9	3.44
投资决策中的内含报酬率分析	20.8	3.92	18.1	3.57
财务预算（收入、支出和现金预算）	48.6	4.39	45.8	4.29
资本支出预算	37.5	4.26	37.5	4.08
全面预算管理	56.9	4.57	48.6	4.29
增减预算	26.4	4.01	27.8	3.85
零基预算	34.7	4.17	31.9	3.96
定期预算	27.8	4.01	25.0	3.86
滚动预算	31.9	4.08	33.3	3.94
固定预算	26.4	3.94	29.2	3.94
弹性预算	29.2	4.04	20.8	3.81
最优订货批量决策	18.1	3.81	15.3	3.47
ABC 存货管理法	26.4	3.97	18.1	3.49
适时管理（JIT）	23.6	3.89	8.3	3.33
零库存管理	20.8	3.88	25.0	3.65
质量成本分析	18.1	3.82	12.5	3.29
六西格玛（6σ）管理	18.1	3.71	8.3	3.07
责任中心划分	41.7	4.26	29.2	3.74

续表

选项	重要（%）	平均得分	熟悉（%）	平均得分
责任中心业绩评价	45.8	4.26	25.0	3.68
内部转移定价	25.0	3.99	22.2	3.53
平衡计分卡（BSC）	23.6	3.89	13.9	3.32
关键绩效指标考核（KPI）	38.9	4.25	20.8	3.51
360度考核	13.9	3.75	8.3	3.10
EVA考核	37.5	4.15	22.2	3.60
目标管理	37.5	4.25	26.4	3.78
目标成本管理	41.7	4.28	22.2	3.81
成本企划（画）	23.6	3.93	16.7	3.31
价值工程（VE）	20.8	3.89	9.7	3.18
竞争力分析（五力模型）	26.4	3.90	16.7	3.33
优势劣势分析（SWOT）	22.2	3.88	15.3	3.39
价值链分析	23.6	3.93	13.9	3.33
供应商评价	22.2	3.97	15.3	3.42
客户盈利能力分析	29.2	3.97	18.1	3.42
客户满意度调查与分析	31.9	3.99	20.8	3.44
竞争对手分析	33.3	4.06	18.1	3.35
产品生命周期分析	27.8	3.99	13.9	3.38
标杆管理	22.2	3.90	16.7	3.33
企业资源规划（ERP）	37.5	4.14	19.4	3.46
环境成本分析与报告	16.7	3.86	9.7	3.19
风险识别	47.2	4.33	27.8	3.85
风险评价	41.7	4.29	27.8	3.82
风险诊断	43.1	4.26	25.0	3.81
风险应对	50.0	4.38	29.2	3.81
外汇风险管理	29.2	3.92	16.7	3.35

备注：重要（%）表示会计领军人才认为某一选项“重要”的样本数在全部样本中所占的比例，如表第二列所示。“不重要”的得分为1，“不太重要”的得分为2，“一般”的得分为3，“较为重要”的得分为4，“重要”的得分为5，计算每一选项的平均得分，如表第三列所示。熟悉（%）表示财务负责人认为某一选项“熟悉”的样本数在全部样本中所占的比例，如表第四

列所示。“不熟悉”的得分为1，“不太熟悉”的得分为2，“一般”的得分为3，“较熟悉”的得分为4，“熟悉”的得分为5，计算每一选项的平均得分，结果如表第五列所示。

表8.42 管理工具应用情况一览表（财务负责人）

选项	常规使用（%）	平均得分	很好（%）	平均得分
计划成本	51.1	4.04	31.9	4.02
定额成本	36.2	3.83	23.4	3.85
标准成本	42.6	4.06	25.5	3.98
差异分析	44.7	4.19	34.0	4.09
作业成本法（ABC）	17.0	3.28	14.9	3.55
作业成本管理（ABCM）	12.8	3.21	12.8	3.53
成本收益分析	61.7	4.53	46.8	4.36
决策的相关性分析	42.6	4.09	25.5	3.96
成本的可控性分析	42.6	4.11	29.8	4.04
成本的边际性分析	34.0	4.00	25.5	3.87
成本的变动性分析（即性态分析）	38.3	4.04	27.7	3.94
成本的约束性分析	27.7	3.89	14.9	3.81
变动成本法	46.8	4.19	31.9	4.09
本量利分析	55.3	4.36	40.4	4.19
销售预测	53.2	4.36	36.2	4.19
成本预测	61.7	4.55	36.2	4.26
利润预测	68.1	4.62	42.6	4.32
资金预测	63.8	4.60	46.8	4.34
生产决策中的差量分析	29.8	3.57	23.4	3.79
生产决策中的边际贡献分析	29.8	3.62	25.5	3.81
生产决策中的本量利分析	34.0	3.79	27.7	3.91
生产决策中的最优生产批量分析	27.7	3.40	17.0	3.57
生产决策中的线性规划	19.1	3.30	12.8	3.49
市场价格定价法	44.7	4.11	31.9	4.11
目标成本定价法	23.4	3.66	19.1	3.77
成本加成定价法	23.4	3.85	19.1	3.79

续表

选项	常规使用（%）	平均得分	很好（%）	平均得分
合同定价法	27.7	3.77	23.4	3.68
0.6 指数定价法	8.5	2.98	6.4	3.26
投资决策中的时间价值分析	40.4	4.11	29.8	4.00
投资决策中的资本成本分析	44.7	4.28	34.0	4.17
投资决策中的风险报酬分析	42.6	4.17	34.0	4.13
投资决策中的现金流量分析	44.7	4.28	34.0	4.11
投资决策中的投资回收期分析	44.7	4.21	31.9	4.11
投资决策中的投资收益率分析	44.7	4.28	36.2	4.19
投资决策中的净现值分析	34.0	4.13	27.7	3.98
投资决策中的现值指数分析	29.8	3.94	25.5	3.89
投资决策中的内含报酬率分析	27.7	3.98	27.7	3.96
财务预算（收入、支出和现金预算）	70.2	4.68	57.4	4.51
资本支出预算	61.7	4.55	55.3	4.49
全面预算管理	66.0	4.57	57.4	4.49
增减预算	42.6	4.11	38.3	4.13
零基预算	34.0	3.87	29.8	3.96
定期预算	40.4	4.04	29.8	4.00
滚动预算	46.8	4.21	36.2	4.15
固定预算	29.8	3.83	27.7	3.87
弹性预算	38.3	3.96	31.9	4.06
最优订货批量决策	14.9	3.38	17.0	3.55
ABC 存货管理法	14.9	3.36	19.1	3.53
适时管理（JIT）	10.6	3.06	12.8	3.36
零库存管理	17.0	3.43	17.0	3.57
质量成本分析	23.4	3.57	19.1	3.77
六西格玛（6σ）管理	10.6	3.17	12.8	3.51
责任中心划分	46.8	4.09	34.0	4.09
责任中心业绩评价	44.7	4.04	34.0	4.06
内部转移定价	42.6	3.91	27.7	3.91
平衡计分卡（BSC）	40.4	3.66	40.4	3.91
关键绩效指标考核（KPI）	59.6	4.23	48.9	4.19

续表

选项	常规使用（%）	平均得分	很好（%）	平均得分
360 度考核	38.3	3.72	34.0	3.81
EVA 考核	48.9	3.85	38.3	3.85
目标管理	51.1	4.34	40.4	4.17
目标成本管理	44.7	4.26	31.9	4.06
成本企划（画）	29.8	3.66	23.4	3.66
价值工程（VE）	21.3	3.45	17.0	3.51
竞争力分析（五力模型）	40.4	3.94	36.2	3.89
优势劣势分析（SWOT）	36.2	3.81	34.0	3.87
价值链分析	27.7	3.77	27.7	3.81
供应商评价	29.8	3.96	29.8	3.91
客户盈利能力分析	38.3	4.15	31.9	4.02
客户满意度调查与分析	36.2	4.13	36.2	4.02
竞争对手分析	31.9	4.04	36.2	4.02
产品生命周期分析	27.7	3.66	21.3	3.70
标杆管理	29.8	3.79	29.8	3.83
企业资源规划（ERP）	38.3	3.87	31.9	3.89
环境成本分析与报告	14.9	3.43	19.1	3.68
风险识别	48.9	4.43	38.3	4.21
风险评价	48.9	4.40	40.4	4.26
风险诊断	46.8	4.36	42.6	4.26
风险应对	48.9	4.40	42.6	4.23
外汇风险管理	34.0	4.04	34.0	4.15

备注：常规使用（%）表示财务负责人认为某一选项“常规使用”的样本数在全部样本中所占的比例，如表第二列所示。“从未使用”的得分为1，“很少使用”的得分为2，“较少使用”的得分为3，“经常使用”的得分为4，“常规使用”的得分为5，计算每一选项的平均得分，如表第三列所示。很好（%）表示财务负责人认为某一选项“很好”的样本数在全部样本中所占的比例，如表第四列所示。“很差”的得分为1，“较差”的得分为2，“一般”的得分为3，“较好”的得分为4，“很好”的得分为5，计算每一选项的平均得分，结果如表第五列所示。

表 8.43 管理工具应用情况一览表（正高级会计师）

选项	常规使用（%）	平均得分	很好（%）	平均得分
计划成本	41.7	3.92	20.8	3.58
定额成本	33.3	3.88	8.3	3.50
标准成本	33.3	3.79	12.5	3.46
差异分析	41.7	3.96	16.7	3.58
作业成本法（ABC）	16.7	3.42	16.7	3.21
作业成本管理（ABCM）	12.5	3.29	12.5	3.13
成本收益分析	45.8	4.25	16.7	3.71
决策的相关性分析	37.5	4.08	16.7	3.58
成本的可控性分析	37.5	4.21	20.8	3.75
成本的边际性分析	25.0	3.88	16.7	3.42
成本的变动性分析（即性态分析）	25.0	3.83	20.8	3.46
成本的约束性分析	16.7	3.50	12.5	3.25
变动成本法	29.2	3.71	25.0	3.63
本量利分析	29.2	3.88	25.0	3.88
销售预测	50.0	4.04	20.8	3.75
成本预测	54.2	4.29	29.2	3.96
利润预测	54.2	4.33	25.0	3.88
资金预测	58.3	4.25	33.3	4.04
生产决策中的差量分析	33.3	3.83	16.7	3.54
生产决策中的边际贡献分析	33.3	3.79	16.7	3.63
生产决策中的本量利分析	33.3	4.00	16.7	3.63
生产决策中的最优生产批量分析	20.8	3.63	8.3	3.33
生产决策中的线性规划	20.8	3.46	8.3	3.21
市场价格定价法	37.5	3.88	12.5	3.54
目标成本定价法	25.0	3.71	12.5	3.58
成本加成定价法	25.0	3.71	12.5	3.58
合同定价法	29.2	3.83	4.2	3.42
0.6 指数定价法	12.5	3.17	4.2	2.83
投资决策中的时间价值分析	45.8	4.00	20.8	3.71
投资决策中的资本成本分析	41.7	4.08	25.0	3.79
投资决策中的风险报酬分析	41.7	3.96	16.7	3.63

续表

选项	常规使用（%）	平均得分	很好（%）	平均得分
投资决策中的现金流量分析	50.0	4.17	20.8	3.75
投资决策中的投资回收期分析	41.7	4.08	16.7	3.71
投资决策中的投资收益率分析	45.8	4.17	12.5	3.67
投资决策中的净现值分析	41.7	3.83	16.7	3.58
投资决策中的现值指数分析	20.8	3.58	8.3	3.50
投资决策中的内含报酬率分析	29.2	3.58	8.3	3.50
财务预算（收入、支出和现金预算）	62.5	4.54	29.2	4.08
资本支出预算	58.3	4.46	25.0	4.04
全面预算管理	58.3	4.38	29.2	4.08
增减预算	37.5	3.83	20.8	3.63
零基预算	41.7	3.96	25.0	3.75
定期预算	54.2	4.13	29.2	3.83
滚动预算	33.3	3.79	25.0	3.67
固定预算	25.0	3.71	12.5	3.54
弹性预算	20.8	3.67	12.5	3.58
最优订货批量决策	16.7	3.29	8.3	3.17
ABC 存货管理法	20.8	3.42	8.3	3.25
适时管理（JIT）	16.7	3.08	4.2	2.96
零库存管理	16.7	3.25	4.2	3.04
质量成本分析	16.7	3.38	4.2	3.08
六西格玛（6σ）管理	16.7	3.21	4.2	3.04
责任中心划分	41.7	3.96	25.0	3.83
责任中心业绩评价	33.3	3.79	20.8	3.75
内部转移定价	33.3	3.63	20.8	3.54
平衡计分卡（BSC）	12.5	3.17	8.3	3.13
关键绩效指标考核（KPI）	37.5	3.75	25.0	3.63
360 度考核	8.3	3.25	4.2	3.17
EVA 考核	41.7	3.79	25.0	3.58
目标管理	41.7	3.92	25.0	3.92
目标成本管理	45.8	3.92	20.8	3.88
成本企划（画）	12.5	3.13	8.3	3.17

续表

选项	常规使用（%）	平均得分	很好（%）	平均得分
价值工程（VE）	4.2	2.88	4.2	3.00
竞争力分析（五力模型）	16.7	3.33	16.7	3.46
优势劣势分析（SWOT）	16.7	3.25	16.7	3.46
价值链分析	12.5	3.17	8.3	3.33
供应商评价	20.8	3.50	8.3	3.54
客户盈利能力分析	20.8	3.63	20.8	3.58
客户满意度调查与分析	29.2	3.83	25.0	3.75
竞争对手分析	25.0	3.79	25.0	3.79
产品生命周期分析	8.3	3.21	8.3	3.33
标杆管理	25.0	3.54	16.7	3.54
企业资源规划（ERP）	29.2	3.67	20.8	3.54
环境成本分析与报告	8.3	3.21	8.3	3.25
风险识别	41.7	4.29	20.8	3.96
风险评价	37.5	4.08	29.2	4.00
风险诊断	37.5	4.04	29.2	3.96
风险应对	41.7	4.17	29.2	4.04
外汇风险管理	37.5	3.92	20.8	3.79

备注：常规使用（%）表示正高级会计师认为某一选项“常规使用”的样本数在全部样本中所占的比例，如表第二列所示。“从未使用”的得分为1，“很少使用”的得分为2，“较少使用”的得分为3，“经常使用”的得分为4，“常规使用”的得分为5，计算每一选项的平均得分，如表第三列所示。很好（%）表示财务负责人认为某一选项“很好”的样本数在全部样本中所占的比例，如表第四列所示。“很差”的得分为1，“较差”的得分为2，“一般”的得分为3，“较好”的得分为4，“很好”的得分为5，计算每一选项的平均得分，结果如表第五列所示。

表 8.44　　管理工具应用情况一览表（高级会计师）

选项	常规使用（%）	平均得分	很好（%）	平均得分
计划成本	41.9	3.94	30.6	3.92
定额成本	35.5	3.81	29.0	3.85

续表

选项	常规使用（%）	平均得分	很好（%）	平均得分
标准成本	32.3	3.81	30.6	3.79
差异分析	48.4	4.08	43.5	4.03
作业成本法（ABC）	25.8	3.55	24.2	3.65
作业成本管理（ABCM）	22.6	3.42	22.6	3.61
成本收益分析	46.8	4.19	33.9	4.02
决策的相关性分析	33.9	3.97	29.0	3.95
成本的可控性分析	38.7	4.05	30.6	3.98
成本的边际性分析	38.7	3.95	32.3	3.95
成本的变动性分析（即性态分析）	35.5	3.92	32.3	3.98
成本的约束性分析	32.3	3.76	27.4	3.85
变动成本法	37.1	4.05	32.3	3.98
本量利分析	43.5	4.05	32.3	4.03
销售预测	40.3	4.06	40.3	4.10
成本预测	43.5	4.23	40.3	4.16
利润预测	45.2	4.19	41.9	4.15
资金预测	46.8	4.23	33.9	4.11
生产决策中的差量分析	21.0	3.61	21.0	3.69
生产决策中的边际贡献分析	24.2	3.65	27.4	3.79
生产决策中的本量利分析	25.8	3.68	24.2	3.77
生产决策中的最优生产批量分析	22.6	3.52	21.0	3.68
生产决策中的线性规划	22.6	3.45	17.7	3.53
市场价格定价法	27.4	3.84	29.0	3.85
目标成本定价法	27.4	3.71	25.8	3.76
成本加成定价法	27.4	3.66	22.6	3.74
合同定价法	35.5	3.82	33.9	3.82
0.6 指数定价法	21.0	3.34	12.9	3.45
投资决策中的时间价值分析	33.9	3.95	32.3	3.95
投资决策中的资本成本分析	30.6	3.92	30.6	3.90
投资决策中的风险报酬分析	32.3	3.89	30.6	3.92
投资决策中的现金流量分析	30.6	3.85	30.6	3.85
投资决策中的投资回收期分析	33.9	3.89	27.4	3.81

续表

选项	常规使用（%）	平均得分	很好（%）	平均得分
投资决策中的投资收益率分析	32.3	3.95	29.0	3.87
投资决策中的净现值分析	29.0	3.84	25.8	3.82
投资决策中的现值指数分析	27.4	3.77	24.2	3.77
投资决策中的内含报酬率分析	30.6	3.81	25.8	3.77
财务预算（收入、支出和现金预算）	53.2	4.44	40.3	4.18
资本支出预算	45.2	4.29	30.6	4.05
全面预算管理	53.2	4.42	43.5	4.23
增减预算	38.7	4.16	25.8	3.95
零基预算	40.3	4.03	30.6	3.87
定期预算	41.9	4.06	25.8	3.81
滚动预算	35.5	3.95	27.4	3.85
固定预算	35.5	3.95	25.8	3.85
弹性预算	33.9	3.92	27.4	3.85
最优订货批量决策	22.6	3.40	16.1	3.52
ABC 存货管理法	27.4	3.53	17.7	3.55
适时管理（JIT）	17.7	3.23	17.7	3.52
零库存管理	27.4	3.45	19.4	3.61
质量成本分析	29.0	3.65	22.6	3.68
六西格玛（6σ）管理	21.0	3.26	14.5	3.48
责任中心划分	46.8	4.21	40.3	4.15
责任中心业绩评价	43.5	4.08	35.5	4.03
内部转移定价	30.6	3.65	25.8	3.74
平衡计分卡（BSC）	22.6	3.34	19.4	3.53
关键绩效指标考核（KPI）	37.1	3.87	30.6	3.74
360 度考核	21.0	3.24	12.9	3.29
EVA 考核	33.9	3.71	21.0	3.60
目标管理	40.3	4.13	35.5	3.98
目标成本管理	40.3	4.13	35.5	3.97
成本企划（画）	21.0	3.71	17.7	3.69
价值工程（VE）	24.2	3.61	21.0	3.66
竞争力分析（五力模型）	22.6	3.44	21.0	3.63

续表

选项	常规使用（%）	平均得分	很好（%）	平均得分
优势劣势分析（SWOT）	24.2	3.48	21.0	3.63
价值链分析	22.6	3.50	19.4	3.60
供应商评价	29.0	3.69	19.4	3.63
客户盈利能力分析	25.8	3.63	17.7	3.58
客户满意度调查与分析	25.8	3.69	22.6	3.73
竞争对手分析	25.8	3.55	21.0	3.73
产品生命周期分析	21.0	3.52	17.7	3.63
标杆管理	29.0	3.68	22.6	3.73
企业资源规划（ERP）	35.5	3.81	24.2	3.76
环境成本分析与报告	24.2	3.63	21.0	3.65
风险识别	38.7	4.08	30.6	3.84
风险评价	40.3	4.11	30.6	3.89
风险诊断	37.1	4.08	32.3	3.92
风险应对	43.5	4.16	33.9	3.92
外汇风险管理	43.5	3.85	32.3	3.85

备注：常规使用（%）表示高级会计师认为某一选项“常规使用”的样本数在全部样本中所占的比例，如表第二列所示。“从未使用”的得分为1，“很少使用”的得分为2，“较少使用”的得分为3，“经常使用”的得分为4，“常规使用”的得分为5，计算每一选项的平均得分，如表第三列所示。很好（%）表示财务负责人认为某一选项“很好”的样本数在全部样本中所占的比例，如表第四列所示。“很差”的得分为1，“较差”的得分为2，“一般”的得分为3，“较好”的得分为4，“很好”的得分为5，计算每一选项的平均得分，结果如表第五列所示。

表8.45　　管理工具应用情况一览表（会计领军人才）

选项	常规使用（%）	平均得分	很好（%）	平均得分
计划成本	34.7	3.90	15.3	3.74
定额成本	27.8	3.89	16.7	3.76
标准成本	25.0	3.72	12.5	3.68
差异分析	33.3	3.97	19.4	3.88

续表

选项	常规使用（%）	平均得分	很好（%）	平均得分
作业成本法（ABC）	9.7	3.10	12.5	3.53
作业成本管理（ABCM）	9.7	3.01	9.7	3.49
成本收益分析	40.3	3.94	29.2	3.99
决策的相关性分析	20.8	3.58	19.4	3.81
成本的可控性分析	36.1	3.88	19.4	3.85
成本的边际性分析	26.4	3.57	19.4	3.72
成本的变动性分析（即性态分析）	18.1	3.54	19.4	3.72
成本的约束性分析	19.4	3.44	18.1	3.64
变动成本法	33.3	3.85	25.0	3.85
本量利分析	22.2	3.58	22.2	3.76
销售预测	40.3	3.89	22.2	3.86
成本预测	55.6	4.39	30.6	4.03
利润预测	55.6	4.42	30.6	4.08
资金预测	55.6	4.46	31.9	4.06
生产决策中的差量分析	19.4	3.38	16.7	3.67
生产决策中的边际贡献分析	22.2	3.36	23.6	3.79
生产决策中的本量利分析	19.4	3.36	13.9	3.60
生产决策中的最优生产批量分析	16.7	3.18	15.3	3.51
生产决策中的线性规划	15.3	3.06	12.5	3.44
市场价格定价法	22.2	3.51	16.7	3.72
目标成本定价法	22.2	3.42	11.1	3.58
成本加成定价法	19.4	3.31	16.7	3.61
合同定价法	26.4	3.54	15.3	3.67
0.6 指数定价法	11.1	2.71	9.7	3.17
投资决策中的时间价值分析	16.7	3.33	20.8	3.75
投资决策中的资本成本分析	22.2	3.46	23.6	3.81
投资决策中的风险报酬分析	23.6	3.32	22.2	3.78
投资决策中的现金流量分析	19.4	3.47	18.1	3.76
投资决策中的投资回收期分析	19.4	3.39	22.2	3.79
投资决策中的投资收益率分析	20.8	3.42	25.0	3.88
投资决策中的净现值分析	13.9	3.19	18.1	3.69

续表

选项	常规使用（%）	平均得分	很好（%）	平均得分
投资决策中的现值指数分析	13.9	3.21	16.7	3.67
投资决策中的内含报酬率分析	9.7	3.19	16.7	3.63
财务预算（收入、支出和现金预算）	66.7	4.43	37.5	4.22
资本支出预算	54.2	4.22	27.8	4.07
全面预算管理	69.4	4.56	44.4	4.29
增减预算	41.7	4.00	25.0	3.93
零基预算	38.9	3.90	27.8	3.92
定期预算	38.9	3.94	25.0	3.92
滚动预算	27.8	3.60	26.4	3.92
固定预算	29.2	3.78	16.7	3.75
弹性预算	22.2	3.56	19.4	3.82
最优订货批量决策	9.7	2.93	13.9	3.49
ABC 存货管理法	12.5	3.22	20.8	3.69
适时管理（JIT）	11.1	3.04	13.9	3.51
零库存管理	18.1	3.28	19.4	3.61
质量成本分析	12.5	3.00	15.3	3.46
六西格玛（6σ）管理	5.6	2.60	11.1	3.35
责任中心划分	36.1	3.82	26.4	3.99
责任中心业绩评价	40.3	3.88	29.2	4.01
内部转移定价	26.4	3.35	22.2	3.75
平衡计分卡（BSC）	12.5	2.88	18.1	3.57
关键绩效指标考核（KPI）	27.8	3.61	22.2	3.75
360 度考核	9.7	2.75	13.9	3.43
EVA 考核	34.7	3.57	23.6	3.81
目标管理	44.4	4.03	34.7	4.06
目标成本管理	50.0	4.07	36.1	4.04
成本企划（画）	12.5	3.15	15.3	3.56
价值工程（VE）	11.1	2.93	15.3	3.58
竞争力分析（五力模型）	15.3	3.13	15.3	3.61
优势劣势分析（SWOT）	18.1	3.26	16.7	3.64
价值链分析	19.4	3.24	18.1	3.65

续表

选项	常规使用（%）	平均得分	很好（%）	平均得分
供应商评价	23.6	3.47	18.1	3.68
客户盈利能力分析	20.8	3.22	13.9	3.58
客户满意度调查与分析	27.8	3.47	16.7	3.74
竞争对手分析	26.4	3.39	19.4	3.69
产品生命周期分析	23.6	3.28	13.9	3.53
标杆管理	22.2	3.28	18.1	3.63
企业资源规划（ERP）	25.0	3.44	19.4	3.68
环境成本分析与报告	16.7	3.06	11.1	3.51
风险识别	36.1	3.88	25.0	3.93
风险评价	36.1	3.93	23.6	3.92
风险诊断	36.1	3.88	25.0	3.94
风险应对	36.1	3.92	20.8	3.86
外汇风险管理	22.2	3.17	19.4	3.72

备注：常规使用（%）表示会计领军人才认为某一选项“常规使用”的样本数在全部样本中所占的比例，如表第二列所示。“从未使用”的得分为1，“很少使用”的得分为2，“较少使用”的得分为3，“经常使用”的得分为4，“常规使用”的得分为5，计算每一选项的平均得分，如表第三列所示。很好（%）表示财务负责人认为某一选项“很好”的样本数在全部样本中所占的比例，如表第四列所示。“很差”的得分为1，“较差”的得分为2，“一般”的得分为3，“较好”的得分为4，“很好”的得分为5，计算每一选项的平均得分，结果如表第五列所示。

实地调研及结论分析

9.1 调研情况说明

我们选取在资金管理、库存管理、资产管理、项目管理、税收筹划、招投标管理、合同管理、企业并购、成本控制、质量管理、信息管理、产品定价、内部转移定价、标准成本制度、预算管理、责任会计、绩效考核、作业成本计算与管理、目标管理、内部审计、内部控制、风险管理、供应链管理、外汇风险管理、生产决策、投资决策、财务报告、内部报告等某一或某些方面的管理实践处于行业领先地位并取得明显成效的企业作为实地调研对象，目的在于了解企业在管理会计建设中的先进之处，为管理会计人才评价体系的构建奠定基础。

为提高实地调研的效率，我们先设计通用型调研提纲，将其发放给调研单位，在调研单位根据通用型调研提纲提供资料的基础上，我们对企业资料进行深入分析，反复讨论，在此基础上再设计专门针对每一调研单位的专用型提纲，在调研单位反馈的基础上，再对调研提纲进行细化，并进行实地调研。

在实地调研中，我们对相关岗位人员进行访谈，重点在于了解企业管理会计工具的应用情况、企业对管理会计人才的能力要求、企业对管理会计人才评价体系的看法、企业所处行业管理会计建设特色之处等内容，调研结果也用以完善问卷的设置。

访谈结束后，我们对所有的访谈进行了整理，形成书面文档。实地调研流程如图 9.1 所示。

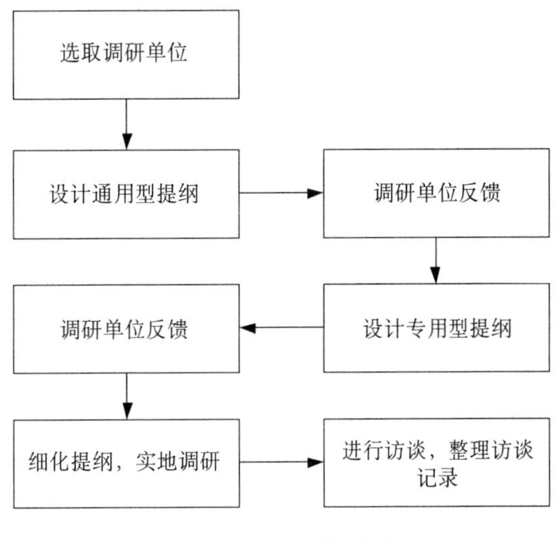

图 9.1　实地调研流程

9.2　调研的主要结论

通过实地走访，我们了解到企业纷纷积极响应财政部推动管理会计建设的号召，进行管理会计的建设和创新，也取得了一定的成效。不同企业在管理会计建设上有其先进之处，让我们受益匪浅，并且很多企业也在不断地进行创新，但是由于正处在创新阶段，目前并不能看到实施效果，只能了解创新的大致思路和方法。目前能看到实施效果的主要还是比较传统的、推广时间较长的管理工具，例如全面预算、成本控制等。例如，江苏烟草行业全面推进定额管理，江苏油田系统积极尝试联合基数法等预算管理方法。

这一方面说明，传统管理会计方法在实践中具有强大的生命力，尽管新经济环境下，遇到了一系列新的问题和挑战，我们也不应因噎废食，完全放弃传统管理会计方法，而应与时俱进，在实践中不断完善。以杜邦为代表的企业实施预算管理已经有上百年的历史了，遇到了各种问题与挑战，他们非但没有放弃预算管理，反而把预算管理越做越精细化。

另一方面说明，我们的调研范围还有一定的局限性，主要以传统大中型企业为主，先进的创新型企业较少。管理会计的实践往往领先于理论，以目标与关键结果法（OKR）为例，其首先在英特尔、谷歌等创新型企业实践，然后才不断被总结和推广。今后，我们需要着力加强与中国本土创新型企业的联系，关注管理会计实践的前沿动态，及时总结中国本土管理会计创新的经验与成果，推广中国本土企业管理会计创新成果。

通过对企业负责人、财务负责人及相关人员的访谈，我们切身感受到企业对管理会计的重视，对人才的渴望，在积极推进业财融合的过程中，财务人员职能的转型势在必行，企业亟须高质量管理会计信息，不仅局限于企业内部信息，还包括外部信息。信息时代的企业，迫切需要数据驱动、算法驱动创新，管理会计不断面临新的问题和挑战。同时，财务人员在访谈中反复提到面临财务转型的问题，需要不断地学习并补充知识，不断更新自身的知识体系，提高自身的能力。不少财务骨干担忧未来自己的岗位被人工智能淘汰，机器学习的飞速发展，财务机器人的不断推广，都让他们对自身的职业前景忧心忡忡。而目前的财务人员后续教育难以满足知识迭代的渴求，其中有一部分财务人员重新回到学校，利用业余时间参加会计专业硕士、工商管理硕士等项目的学习。在学习过程中，他们一方面收获颇丰，另一方面也发现理论与实践脱节的现象在商学院教育中表现的比较突出。

由于企业部分资料的敏感性，我们尊重企业管理层和访谈对象的意愿，目前不分享有关数据和资料，这一缺憾只能等到今后再弥补。

在调研过程中，我们发现管理会计实践推进的瓶颈在于人才的匮乏，一方面是企业缺乏既懂财务又懂业务的管理会计人才，业务部门与财务部门普遍存在沟通不顺畅的问题，大大降低了管理会计实践推进的效率；另一方面是财务人员没有充分赋能，有推进管理会计实践，帮助企业降本增效的愿望，却苦于资源配置不足和组织能力不足，得不到业务部门的充分支持与配合。

近年来，一些企业从组织机构创新入手，不断给管理会计人员赋能，管理会计实践得以较快推进，其中有代表性的就是南京银行。我们分享南京银行管理会计组织机构创新的案例，希望对业界有一定启发。

9.3 筑巢方能引凤——南京银行管理会计组织机构创新

9.3.1 企业背景介绍

南京银行成立于1996年2月8日，是一家具有由国有股份、中资法人股份、外资股份及众多个人股份共同组成独立法人资格的股份制商业银行，实行一级法人体制。南京银行先后于2001年、2005年引入国际金融公司和法国巴黎银行入股，在全国城市商业银行中率先启动上市辅导程序，并于2007年成功上市。截至2017年6月末，注册资本为84.82亿元，资产规模11328.49亿元，下辖17家分行，172家营业网点，2016年，实现布局京沪杭及江苏省内设区市全覆盖。入选英国《银行家》杂志公布的全球1000家大银行排行榜和全球银行品牌500强榜单以来，排名逐年提升，2017年分列第146位和第131位。

南京银行坚持“稳中求进、改革创新、转型发展”的经营理念，以改革创新转型的全面推进和基础管理的全面提升为新动力，推进综合化经营，强化风险管控，提升发展质效，朝着打造“中小商业银行中一流的综合金融服务商”的战略愿景坚实迈进。公司将中小企业金融和零售业务作为战略业务重点发展，丰富业务产品体系，倾力满足中小企业与个人金融需求；将金融市场、资产管理、投行业务、同业业务作为特色业务，不断向纵深推进，业务品牌影响力不断扩大。

自2007年设立第一家分行以来，跨区域经营不断推进，先后设立了泰州、北京、上海、杭州、扬州、无锡、南通、苏州、常州、盐城、南京、镇江、宿迁、连云港、江北新区、徐州、淮安17家分行，实现布局京沪杭及江苏省内设区市全覆盖。南京银行致力于探索综合化经营。在全国率先尝试了城商行异地参股其他城商行的发展模式，参股日照银行并成为其第一大股东，入股江苏金融租赁有限公司、芜湖津盛农村合作银行、苏宁消费金融公司，发起设立了宜兴阳羡、昆山鹿城两家村镇银行，投资组建鑫元基金公司，成立紫金山·鑫合金融家俱乐部，在探索综合化经营的道路上不断迈进。

9.3.2 管理会计实践之创新

（1）设立形式

南京银行于2009年建立管理会计系统并投入使用，于2013年完成一期成本分摊改造，根据成本归属性和责任中心类型构建成本池，匹配分摊动因，分摊到客户。

南京银行在财政部2017年颁布的《管理会计指引》的契机下，于2017年10月正式成立管理会计部，将管理会计部门从资产负债管理部门移到了财务会计部门，并持续优化深化条线、产品、客户盈利分析，提供符合管理需求的多维分析数据。分设后方向更加细化，更能为管理层提供决策支持。目前，财务部门下设立五个部门：统计分析部、财务报告部、管理会计部、财务管理部和集中采购部。财务部门的组织结构如图9.2所示。

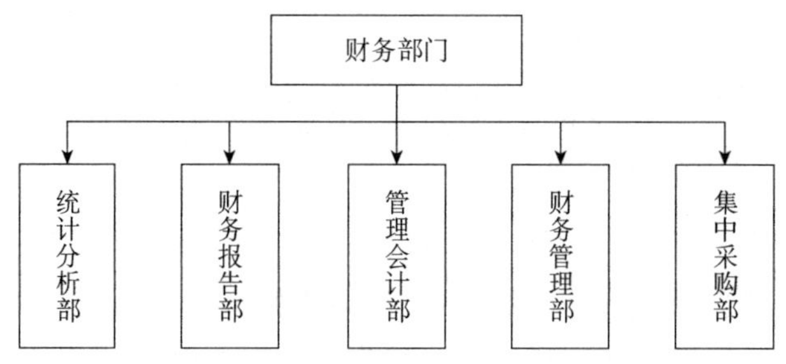

图9.2 南京银行财务部门组织结构

统计分析部门主要负责监管报送，财务报告部门负责财务核算、税务、编制财务报告等，财务管理部主要是运营费用的管理（人力变动、固定资产等费用），采购部负责集中采购物品。管理会计部主要负责价值管理、价值创造、战略选择、优化资源配置、强化职能管理、客户细分、为管理局决策提供真实依据。管理会计部门的核心职责是价值管理，主要分为管理会计和集团财务。管理会计负责管理会计制度建设和流程管理、牵头全行管理会计工作小组工作，建立与法国巴黎银行管理会计的合作与交流、全行成本分摊工作和负责管理会计报告的编制与报送；负责管理会计相关系统的业务要求，应用维护和优化应用。集团财务负责牵头集团财务管理工作、并表机构财务管理、集团预算编制、执行，报送和评价及子公司培训与现场指导。

（2）设立动机

外部因素：

①资本约束日益增强。美国次贷危机引发的全球金融危机暴露出原有金融监管机制存在严重不足，促使巴塞尔银行监管委员会对原有金融监管体制改革，《巴塞尔协议Ⅲ》作为金融监管改革的成果在2010年出台，该协议旨在提高商业银行抵御风险能力，维护金融系统稳定发展。为了与国际银行业监管体系接轨，中国银行业监督管理委员会及时出台了四大监管工具——资本要求、杠杆率、拨备率和流动性，被称为中国版“巴塞尔协议Ⅲ”。

从目前已公布信息来看，国内监管架构在实施时间、实施力度上较国际监管标准将更为严格。一是资本充足率。核心一级资本充足率、一级资本充足率、总资本三个最低资本要求比例分别为5%、6%、8%，同时引入逆周期资本监管框架，包括2.5%的留存超额资本和0—2.5%的逆周期超额资本。针对系统重要性银行，增加了附加资本要求，暂定为1%。新标准实施后，正常条件下系统重要性银行和非系统重要性银行的资本充足率分别不低于11.5%和10.5%，若出现系统性的信贷过快增长，商业银行还需计提逆周期超额资本。二是杠杆率。新监管标准引入杠杆率监管，要求一级资本占表内外总资产的比例不得低于4%，高于《巴塞尔协议Ⅲ》所要求的杠杆率3%的国际标准。杠杆率是在资本充足率之外又增加了一道基于核心资本的“紧箍咒”，粗放式外延扩张模式难以为继。三是流动性比例。新监管标准构建了多维度的流动性风险监管标准和监测指标体系，包括三个流动性监管标准，即流动性覆盖率、净稳定融资比例和存贷比；四个流动性监测指标，即核心负债依存度、流动性缺口率、客户存款集中度和同业负债集中度。四是贷款损失准备。新监管标准提出了贷款拨备率不低于2.5%，拨备覆盖率不低于150%，按两者孰高的原则确定贷款损失准备监管要求。此外，根据经济发展的不同阶段、银行业金融机构贷款质量差异和盈利状况不同，实施动态贷款损失准备。受动态拨备影响，中型商业银行利润消耗将较大。

这些新的监管标准在有效约束银行放贷，防范风险的同时，也压缩了资本补充渠道、增加了市场融资成本，使银行资产规模扩张受到限制，资本补充难度进一步加大，对商业银行资本管理和战略转型提出了新的要求。

②利率市场化。利率作为货币资金的价格，在金融资源配置过程中发挥着非常重要的作用。利率市场化的本质是指银行业金融机构在经营中其投、融资的利率水平由市场的各参与方最终形成的供求关系来决定，包含利率由何种要

素决定、利率传导机制构建、利率各类结构和利率管理体系等方面的市场化。利率市场化改革的目标就是要把利率的决定权交给微观银行业金融机构主体，由银行业金融机构根据其自身经营中资金紧张状况及对金融市场利率变动方向的分析来主动调整利率水平，最终建立起以货币当局基准利率为基础，以货币市场利率变化为参照，由市场资金供求关系决定的存贷款利率的市场利率体系和市场利率形成机制。

近年来，在利率市场化改革政策的影响下，虽然国内银行纷纷推进综合化、特色化经营的经营策略，但是利差收入依然是银行收入的主要来源，目前国内银行业务利差收入仍然占到了整体收入的70%以上。随着利率市场化改革的继续深入，对主要依赖利差收入的国内银行势必造成重大的冲击。从近几年我国银行净利润下降的情况就可见一斑。从国际经验来看，许多国家在利率市场化改革进程中，银行业都经历了利差收窄的考验。利差变窄对商业银行的冲击很大，随着利差越来越窄，商业银行只能通过节流来控制成本，一般通过成本管理和内部转移定价这两个方面来进行成本的控制。

③互联网金融的冲击。互联网金融主要对商业银行支付的中介地位造成了冲击。2011 年中国人民银行颁发“支付业务许可证”以来，大量的第三方支付企业获得牌照，业务涉及货币兑换、互联网支付、数字电视支付、预付卡发行与受理以及银行卡收单等多种类型。商业银行对于线下支付的垄断被打破，第三方支付已成为电子商务领域运用最广泛的支付模式。随着互联网的高速发展，使第三方支付的功能越来越强大，银行支付结算功能日趋弱化，商业银行结算业务的垄断收益被持续分流，结算业务的中间业务收入逐年下降。互联网金融的价格发现功能，打破了商业银行利率固化的特征，通过市场反映市场供求双方的价格偏好，双方议价成交。互联网金融将进一步推动利率市场化深度发展，利用其高效、便捷、低成本等特点将商业银行的客户吸引过去，从而影响商业银行的盈利。

④经济增速放缓。“旧常态”背景下，在中国经济高速增长的带动下，实体经济规模与货币扩张速度显著加快，中国商业银行抓住经济上行的机遇期，行业规模呈扩张式发展趋势，各类金融业务显著增长。据中国人民银行数据统计，中国银行业信贷资产规模的扩张速度为 GDP 增速与通货膨胀率之和，年平均扩张速度为 16.5%。但是这种发展是在经济扩张时期的一种特殊的粗放式发展。随着中国经济阶段性放缓，银行业信贷资产增长的支撑条件逐渐减弱，按照年均 7.5%左右的经济增长速度，中国商业银行信贷资产规模扩张速

度将降为11%左右。信贷增速的放缓也意味着银行盈利能力的下降。同时，货币政策收紧、杠杆缩减等问题的出现使得银行面临更大的流动性问题。“规模冲动”和“速度情节”等发展观念也不再适应当前中国金融的发展要求，以规模扩张为主的粗放式经营模式亟待改变。

以经济增速放缓、产业结构调整为典型特征的“新常态”经济的到来，给中国银行业的业务发展带来了极大的冲击，同时利率市场化和互联网金融产生了银行利差收缩、业务单一、渠道落后等问题，严重阻碍了银行业务的协调发展。面对上述情况，中小型商业银行必须积极面对内外部环境的变化，及时创建以客户为主要对象的组织体系。在中小商业银行的内部管理过程中，必须对客户、产品等引起重视，同时还应对效益和规模进行计量。应用管理会计工具不光符合中小商业银行开展预算、考核、评价等活动的要求，而且，还能努力提升自己的竞争实力，特别是对于那些管理基础比较薄弱的商业银行来说，更应对管理会计工具的运用引起关注，以尽快适应时代发展潮流。

为了促进各单位加强管理会计工作，提升内部管理水平，促进经济转型升级，财政部制定了《管理会计基本指引》。财政部在《关于全面推进管理会计体系建设的指导意见》中指出：管理会计是会计的重要分支，主要服务于单位（包括企业和行政事业单位，下同）内部管理需要，是通过利用相关信息，有机融合财务与业务活动，在单位规划、决策、控制和评价等方面发挥重要作用的管理活动。管理会计工作是会计工作的重要组成部分。

管理会计是一个创造企业或组织价值的系统。之所以能创造企业价值，是因为管理会计是一个管理控制系统。管控系统可以分为成本管控系统、全面预算的管控系统、基于平衡计分卡的管控系统、基于企业社会责任的管控系统等。另外，从组织阶层来看，有高层的管控系统，有中层的管控系统，还有低层的管控系统。从内容来看，还可以分为战略管理会计、老板会计、资源会计、绩效会计、社会责任会计、行为会计等。

企业的财务目标是创造价值，简单地说增加企业股东的财富。传统的记账型会计，是在企业各部门做完事情以后，财务部门来统计对企业利润的影响，是事后会计。管理会计，则不仅仅要统计对企业利润的影响，还要告诉企业各部门怎么做才能为企业赢得更多的利润，不管是降成本也好，还是拓展业务也好，或者是提升效率也好。管理会计能够为企业创造价值，与企业自身的目标是一致的。

(3) 管理会计实践之推进

①成本的精细化管理。目前在我国商业银行的精细化管理方式中，成本的精细化管理扮演着重要角色。中国银行业改革至今，各商业银行基本上都已放弃了粗放式的经营模式，从片面追求规模增长转向精细化管理，通过提高发展质量、改善发展内涵来提升银行的管理水平及盈利能力。成本管控水平的提高，不仅可以有效控制支出、降低成本，还可通过将费用配置在效益最高的业务上，直接改善盈利，因此商业银行都十分重视成本的精细化管理。南京银行的成本精细化管理主要包括财务核算的精细化及成本分摊的精细化。

• 财务核算精细化。目前商业银行在财务核算上基本都比较成熟和完善，一方面是因为会计准则已经作为一个体系在各企业的核算中得到推行，另一方面是资本市场对上市银行的财务核算也有着严格的要求，因此各银行特别是上市银行在核算规则方面差异不大，只是不同银行精细化水平略有不同。这主要体现在核算的维度上，比如部门、产品、区域、渠道、客户、货币等维度，不同银行所核算到的维度会不同，核算业务所提供的信息全面性也就存在差异。

南京银行作为中小商业银行，其财务核算包括产品、客户、条线等三个维度。以产品维度为例，通过计算各产品的经济增加值和资本回报率来优化资源配置。一是优化产品资源配置。准确的产品和成本信息，有助于管理层把营销重心集中在合理的产品和服务组合上；不同地域之间金融产品的盈利性可能会有差异，应当根据不同地域的盈利能力，决定不同地域产品的资源投入水平。二是调整产品营销策略。贯彻“有进有退”的经营战略，削减或取消那些非增值的产品，带来成本的下降，提高产品的盈利能力；贯彻“差别服务”的原则，对不同绩效的产品实施不同的服务策略。

• 成本分摊精细化。在商业银行经营管理中，中后台管理部门承担着银行的运营、风险、人力及财务等管理职能。这些部门虽然没有直接产生收入，但是通过自身职能支持前台如对公、零售等业务部门发展。这部分产生的费用如果没有进行分摊，将会使银行前台部门的成本偏小，利润偏高，无法真实反映业务盈利情况。同时，由于这部分间接费用在银行的不同产品、客户的投入上可能有不同，如果不进行合理分摊，将无法反映不同产品及客户群在成本上的优、劣势，进而影响对产品及客户的盈利性分析。

成本分摊是一个系统的过程。首先，在指导原则上，成本分摊是采用“谁受益谁分摊”的思路，根据成本收入匹配原则，选择合适的分摊因子，如业务规模、办公面积、账户数量、交易笔数等，通过一定的分摊规则，将间接费用分摊到部门、条线、产品等维度上。其次，在分摊实现上，需要通过系统建设来实现分摊。由于分摊的对象包括各产品、部门、条线，内容较广，分摊因子较多，同时不同的分摊对象使用不同的分摊因子，分摊的计算会非常复杂，需要借助系统来实现。

南京银行主要是按照费用的属性来划分费用类型，统计各成本中心的费用。将总行、分行、支行的当期费用按照既定的分摊路径、分摊因子、分摊方法，分摊至全行的产品和客户。其中，总行费用根据各部门职能划分为管理中心、支持中心和利润中心，将总行管理支持中心当期费用分配到利润中心，再将利润中心自身的当期费用和分配来的费用以一定的分摊规则分摊至全行的产品、账户。分行将分行人力费用、固定费用、变动费用以一定的分摊规则分摊至分行的产品、客户。支行将支行费用以一定的比例分摊规则分摊至支行的产品、客户。

②产品定价的精细化管理。利率市场化本质上在于微观经营主体根据市场供求关系对金融产品进行定价。商业银行在获得利率制定自主权之后，作为主要收入来源的存贷款业务的竞争方式将由原来的以非价格竞争为主转向以价格竞争为主，合理科学的定价机制将有助于银行业务持续健康发展，可以提升银行自身的盈利能力。反之则会严重影响银行经营发展。因此，我国的商业银行要尽快明确利率定价的基本原则和影响利率价格应考虑的因素，建立并完善以银行内部资金转移定价（FTP）为核心的利率定价机制，开发金融产品定价模型，利率定价除了要将自身运营成本、风险承担成本纳入定价模型，同时也要充分考虑市场的竞争性价格，制定适宜的金融产品价格。

南京银行目前已经建立了内部转移资金价格，并将其应用到日常经营与管理中去。内部资金转移计价的基本考虑是建立统一的内部资金交易中心，获取存款的责任中心在获取存款后将存款按照内部资金转移价格卖给内部资金交易中心，贷款责任中心进行贷款发放时所需要的资金不再无偿，只能从资金交易中心购买资金。这样将市场机制引入银行内部，能提高对贷款发放的约束，同时也能调动存款的积极性。

③风险的精细化管理。巴塞尔新资本协议及其补充协议的签署，为银行业的监管提出了明确的标准，在推动银行监管技术进步的同时，也对商业银行的风险管理提出了更高的要求。

市场的战略定位会直接影响银行的运营情况，所以要根据其现有的状况来进行战略定位。银行的优势业务要发展到最大化，这样可以保证银行的核心收益不断呈现增长的水平。风险管控的实现可以通过合理的风险组合来有效地建立风险管控制度，比如银行中常见的一种风险组合方式就是把投资风险的级别与其收益的资本配比，简而言之就是在现有的可控风险的基础之上将利益最大化。与此同时风险管控部门的人员应该全程参与业务的经营过程并且要与其共同承担风险，这样在运营的过程中可以第一时间发现风险并采取措施及时控制风险。

风险管理的精细化可以为银行更好地评估风险，通过银行实际情况拟建的模型可以测算出银行违约的概率有多少，违约以后所受的损失有多少以及风险暴露等等都可以计算在监管的资本之内。银行的限额额度需要有一个合理的管理体系，主要包括三个方面：一是银行交易的限额是多少；二是银行风险限额是多少；三是银行止损的限额是多少。在这三个方面的基础之上，风险识别以及风险计量的精细化管理都会有一定程度的提高，也要进一步提高银行风险管理的能力。

南京银行近几年在控制风险，提升资本充足率，降低不良贷款率上做了很多措施。第一是加强了风险事项管理。加大风险排查力度，强化风险排查结果运用，同时加大了问题资产的处置化解力度，提前防控增量不良，防止资产质态下迁。第二是加大不良资产清收力度。积极采用诉讼清收手段，不断加强不良贷款清收，并牢牢把握不良资产处置工作重心，重点攻坚存量大额不良，通过有效管控缓解整体资产质量压力。第三是加大呆账核销力度。用好核销政策，积极组织开展核销工作，加大核销力度，为稳定资产质量起到积极作用。第四是强化资产质量考核问责。强化资产质量考核指引，进一步完善资产质量考核机制，进一步加大考核力度，同时，加大对不良资产的问责力度，提高员工履职意识和责任约束。第五，每年南京银行都在增加其拨备覆盖率，大大增加了南京的安全能力，在面对风险时，可以应对从容，降低不良贷款产生的可能性。另外，在贷款投向方面南京银行增加了第三产业、小微企业以及新兴战略企业的贷款力度，减少了传统行业如房地产业、制造业的信贷额度，降低了贷款集中度，极大地减少了坏账的发生。在此期间南京银行推出了“小股权+大债权”的投贷联动模式，让银行下属资产管理公司获取小企业1%—2%的股权在给予一户一套的大债权贷款配置，银行下属公司成为小企业股东之后能有效地掌握企业财务、经营方面的信息，可以在很大程度上缓解银行对小企业的信息获取不够全面的问题。对比这些年来南京银行的制度和业务模式，可以发现，正是采用了上述的几点措施完善风险制度，增加拨备覆盖率，才使南京银行在经济环境不断恶化的情况下抗风险能力依旧十分突出。

④客户的精细化管理。“二八法则”表明客户贡献度的差异很大，需要对重要客户进行精细化管理，加强对客户关系管理，增强依赖度和忠诚度，优化客户结构，提高客户回报水平。

• 客户盈利分析。南京银行针对自身的公司客户，按照规模（微型、小型、中型、大型、事业单位和其他）及贡献度划分客户层次进行分层分析，根据客户清单分析普通金融客户、集团战略客户盈利状态。即根据全行公司客户的规模分类情况，通过综合贡献度指标对每类客户进行分层分析，划分成为核心客户、战略客户及非目标客户，分析评估分层客户的定价水平、成本收入水平、风险状况、资本回报状况。

具体来看，南京银行按照经济增加值将公司客户划分为 10 档，为企业带来巨大盈利的是核心客户。就目前来看，前两档的公司客户能够带来 80% 的经济增加值，前两档的客户主要是政府机构，原因是政府机构的低息存款给企业创造了价值。战略客户是对经济增加值的增加无太大影响，大约在 10% 以内，位于 3—8 档。后面两档是非目标客户，对经济增加值产生了负的影响，比如，排名最后百位的是负十几左右的经济增加值，大多为保险公司，主要原因是存款定价较高的协议存款。但是非目标客户对分行、支行可能会有其他的意义存在。比如，业务需要、多方合作诉求等，所以叫非目标客户而不是砍掉这些非目标客户。非目标客户主要是为了拓展其他业务和客户进行多方面合作，努力提升其成为战略客户。

• 加强对客户关系的管理。对于重要客户，需要对客户进行关系管理。一是提升客户的依赖度和忠诚度，客户的依赖度包括资源依赖和服务依赖。既要培育和挖掘符合客户需要的稀缺资源，通过资源互换和共享强化与客户的互利关系，还要运用信息、网络、渠道为客户提供深层次服务使客户自身服务功能退化从而对银行产生依赖性。提高优质客户的忠诚度，只有客户感受超过客户预期才能产生忠诚客户，而客户预期在不断提高，因此对贡献度高的优质客户要以特色服务帮助客户提升潜在价值和超额价值，以不断创新来增强客户感受，提高优质客户的忠诚度。

二是提高对重点客户的经营重心。对公司重点客户的营销服务由基层机构承担，与基层机构资源拥有状况不一致，这种经营模式市场竞争力不强。要遵循经营责任与资源占有相一致，上移对公司客户经营重心并对经营责任人充分授权，形成从源头、从上游寻求客户的经营机制。

三是提升整体联动的能力。建立对关联客户、业务、产品的联动机制。依托系统内资源整合、授权、协作来形成“团队营销”的合力，依托客户产业链发展上下游客户及相关个人客户，实现由单一业务和产品向资产与负债业务、中间业务的综合营销服务转变。

四是提升对客户资源的整合能力。互联网发展普及标志着信息时代的来临，金融电子化是不可逆转的趋势，电子渠道能够转变银行的服务模式，满足客户多样化便捷性的需求。要把电子银行业务打造成为主要分销渠道，抓好电子银行目标企业和个人客户，引导客户向电子银行渠道转移。利用信息系统实现客户资源的信息共享，以识别市场机遇制定优质客户营销策略。由于信息资源价值衰减快，要注意信息的时效性，敏锐捕捉客户需求的变化，从而有针对性地向老客户推荐合适的新产品和新业务，筛选和挖掘最具价值和最具有成长性的新客户。

• 提高银行客户回报水平。提高经济回报是客户管理的重要目标。银行要重视对客户过程管理、流程优化和细节管理，抓住服务和增值两要素，优化资源配置和风险管理，增强客户“价值创造”能力，从而提高客户的回报。

客户结构是风险回报水平的关键点。一是以个人客户改善资产结构。我国个人收入不断增长，加聚财富积累，个人客户是重要的业务增长点，尤其个人中高端客户是银行稳定和宝贵的客户资源，有很大的业务空间。二是以中间业务改善收入结构。利率市场化必然导致存贷款利差逐步缩小，利息收入在银行收入来源的比重也将逐步缩小，中间业务收入对银行经营重要性不断增强。三要积极稳妥地发展中小型公司客户。大公司议价能力较强对银行贡献度不断下降，因而要积极拓展中小公司贷款业务，以专注、专业的要求改进业务流程，推进小公司信贷业务小额化、标准化，提高小公司客户整体收益水平。

关注客户是提高客户回报的基础。要以客户为中心对业务流程再造，防止前、中、后台相互制约的内部流程简单向客户延伸，实现由“核算主导型”向“营销服务型”的转变。其一，对大众客户把内部业务流程“多点对单点”的服务规范化，为客户提供标准化的服务；其二，对高端客户，由专职客户经理分隔客户与内部流程，为客户提供“单点对单点”的服务；其三，挖掘客户潜在产品和关联服务需求为客户提供“一揽子”综合金融服务，实现“零和博弈”向“双赢”转化。

9.3.3 管理会计实践的挑战

(1) 管理会计系统的时效性有待提升

中小商业银行如果要实施精细化管理，必须依托信息技术提升内部经营管理的效率。也就是说，要加快推进银行内部管理信息化系统建设，从客户需求分析、产品开发、市场营销、内部控制、业务流程、服务监控等方面入手，系统地建设包括客户关系管理、人力资源管理、绩效考核、业务流程处理、运营管理、风险管理、评级授信、办公自动化等系统，逐步实现银行整个经营管理的信息化、系统化和智能化，促进经营管理决策水平和日常运营管理效率提升。

南京银行的管理会计系统是2009年建立的，虽然2013年、2017年相继对其进行改进，但是10年间的业务及客户数据快速增长，系统的软硬件已不适应当前管理会计的要求。精细化后对数据要求越来越高，对管理的要求越来越高，对管理和流程的建设要求更高，成本分摊更细化。精细化管理对核算的要求很高，为了核算的准确性必然需要一个科学、有效、优质的信息系统作为支撑银行的业务系统繁多，各业务的复杂程度又不趋于统一，将这些数据分类进行整合，然后再从一个统一的系统中反映出来，实施困难程度可想而知，而之前建立的管理会计系统过旧，已经很难满足精细化核算的需要。

同时，随着大数据时代的到来，中小商业银行管理会计中对于大数据的信息不全面，挖掘信息受限，技术跟不上，没有办法将数据信息百分之百地呈现出来进行分析，这也是我国大多数商业银行挑战数据时代最核心的问题。商业银行挖掘会计信息不全面主要是因为：大数据时代的会计信息是非常庞大的，在很大范围内挖掘对自身有益的信息实属不易；商业银行的管理会计技术有限，无法准确、高效的分析信息，再加上工作人员的技术水平和分析能力有限，更加限制了挖掘有用信息的速度，不能保证银行在第一时间获取有效信息，阻碍了新的决策的制定。再加上大数据的范围无限广泛、内容复杂、结构不传统，依靠传统的技术分析系统远远分析不全面、不透彻，一般的管理会计系统远远不能满足大数据的信息挖掘需要。

目前，南京银行的全行级的数据仓尚未构建完成，前端系统数据质量水平有待提高，异常校验机制尚不完善，数据清理加工修复工作量大。比如：关于系统的架构问题，前面一旦调整，后面需要大量成本去维护。南京银行作为中小型银行，业务上并不像国有商业银行、股份制商业银行那样完备，业务没那么复杂，源系统也不多，但是在建设过程中可以充分参考行业成熟规范，可以从容地进行数据仓的规划和建设，满足大数据时代对商业银行管理会计的要求，提升管理会计系统的时效性。

（2）细化维度分析，向国际先进银行看齐

预算管理作为精细化管理中必不可少的部分，南京银行的预算编制相较于法国巴黎银行较为简单，相对粗放，仅限于分支机构、总行层面，部门维度纵横结合编制的预算，法国巴黎银行的预算编制流程非常规范，用管理会计的结果编制本年和下年的预算情况，预算编制流程大概有半年时间，系统支持力度很强，法国巴黎会从管理会计角度深入预算，关注维度更细，比如：账户、客户和产品的维度。维度细化，责任到部门，具体落到员工身上，在一定程度上调动员工的积极性。南京银行的预算编制仅仅在总行和分行的层面，预算编制简单，指标宽泛，无法起到预算应有的激励作用。

一个有效而合理的业绩评价体系，不仅有利于使整个部门或者员工的努力得到承认，而且也有利于管理人员对资源配置和风险控制的恰当管理。大多数商业银行目前采用单一的业绩评价指标是不完善的，不利于形成完善的银行内部激励约束和财务资源配置机制。

目前，南京银行尚未形成体系化多层的管理会计报表，报表结构单一，格式单一，口径不统一，衡量指标单一，没有建立完善的指标评价体系。相较于法国巴黎银行，南京银行的分析维度过于简单，主要是分析条线、产品、客户等三个维度，而没有分析客户经理、机构、渠道等维度。在业绩考核方面，法国巴黎银行专门设置了辅助绩效管理，从多个细化维度对员工进行多方位的全面评价，建立了完善的评价指标体系，而南京银行的客户在办业务时并不是所有的都会留痕，仅仅记录在账户层面，没办法做到精细分析，缺乏必要的数据，无法进行更细化的维度分析。

9.3.4 管理会计实践之展望

（1）管理会计系统升级，提升数据质量

南京银行根据最新组织架构完善分解体系架构，优化分摊流程，细化分摊因子，升级系统软硬件及盈利性分析引擎，搭建管理会计应用平台。管理会计体系的建设是一个系统性工程，体系的建设不仅仅是IT系统的建设过程，也是业务管理体系逐步完善，盈利管理水平逐步提升，精细化管理水平逐步推进的过程。管理会计体系建设内容一般包括方案体系、实施体系、应用体系、管理体系等四个方面。

南京银行未来将推动上游系统的精细化核算，建立管理会计数据标准及数据集市，提升数据质量。精细化后对数据要求越来越高，对管理的要求越来越高，对管理和流程的建设要求更高。盈利分析要求将所有原始交易级别粒度的数据进行归集，逐笔分析每笔业务的收入和成本信息，然后按照机构、经营条线、产品、客户、渠道、行业和区域等维度进行整合，这样就在底层数据形成了不通颗粒度口径的数据模型，可以按照各个维度输出营利性分析报告，以此判断某个维度的对象的贡献度，借此进行业务决策，这对管理会计系统的数据质量提出了更高的要求。当然，在构建管理会计系统时，需要考虑成本与效益原则。

（2）深化多维度盈利分析

多维度盈利性分析处于全面绩效考核、全面预算管理和经营决策分析三方面的交集。商业银行首先需要为各条线或机构制定管理和业绩目标，纳入全面预算管理中。这个目标往往根据银行长期战略发展和由盈利性分析系统所提供的历史信息来制定。目标一旦确定后，各条线或机构的经营者需要为完成管理层目标采取行动方案和进行决策，这些决策可能包括产品组合策略、营销策略、计划预算制定及资源配置等进行经营决策，当经营者在制定这些决策时也需要利用盈利性分析系统所提供的数据信息作为参考。同时银行将通过财务和非财务考核体系监督执行情况，并对每一个经理进行业绩考核。

盈利性分析系统的建立和实施是构成商业银行内部精细化管理的一个关键环节，对银行进行业绩衡量、提升业绩表现有非常重要的作用。所以说，多维度盈利性分析在协助银行进行管理决策、支持业务管理、制定业绩考核几个主要方面为管理层提供信息支持。一个高效的盈利性管理机制可以帮助银行实现制定的战略和管理目标，提升业务部门的业绩，最终提升银行整体效益。因此，南京银行将会结合财务部最新要求，拓展分析维度与分析方法，全方位多角度交叉分析展现各维度绩效指标，构建管理会计报告及指标评价体系。

（3）从管理层向分支机构延伸

分支机构应用管理会计的内容和目标可概括为，通过利用相关信息，有机融合财务与业务活动，运用管理会计工具方法，参与单位规划、决策、控制、评价活动并为之提供有用信息，推动单位提高理财水平和预算绩效，在保障各项业务开展的同时，更好地为基层央行履职服务。

具体可分为以下三个层次：第一个层次是规范化控制。从单位内部管理角度来看，业务内容和流程的合规化、标准化、精细化是最基本的目标，也是实现更高层次管理目标的基础。通过运用流程再造、风险管理、标准化管理、精益管理等管理会计工具方法，强化分析、协调、监控、反馈等控制机制，有助于支持和引导各级行提高内部控制水平，切实防范各类风险。第二个层次是系统化管理。提高管理的系统性和协同性，是保证各级行高效运转的前提，也是提升治理体系和治理能力的必然选择。通过在管理中践行系统性思想，打破部门壁垒，将全过程预算管理、成本中心管理、绩效评价等管理会计工具方法全面铺开，有助于推动各级行不断提高资源配置水平，营造积极工作氛围。第三个层次是科学化决策。战略规划的实现需要科学的履职决策做支撑，而以数据分析为基础的信息分析与整合则是科学决策的重要步骤。运用资产负债管理、财务风险管理等管理会计工具方法，能够充分挖掘相关财务和非财务信息的作用，为业务发展规划的拟定提供基础数据和参考意见，为各项履职决策的时效性、科学性和准确性提供有效支持，进而实现科学高效履职。

南京银行打算采用试点应用的形式，逐步将管理会计成果和分析工具应用至分支机构的日常管理中，提升分支机构的财务数据，支持其提升客户营销和产品定价水平，逐步实现三个层次的要求。

9.3.5 国际先进银行经验借鉴

（1）法国巴黎银行大零售组织架构的启示

①发展战略是大零售架构改革的坚实基础。巴黎银行始终基于整体发展战略设置零售业务组织架构，维护零售业务的地位，保证集团整体战略的顺利实施。从2000年合并以来到2015年的十多年间，若出现零售业务营业收入占营业总收入的比重低于50%的情况，巴黎银行则立即重新调整组织架构，保证零售业务拥有足够的资源，将零售业务营业收入占比重新提升至50%以上。

②交叉销售是大零售架构改革的核心动力。根据历年年报，巴黎银行始终将以客户为中心和交叉销售作为业务发展重点，2010年和2014年先后两次为了加强交叉销售、为客户提供综合化金融服务而进行大零售组织架构改革。目前，巴黎银行已经在零售业务板块的各业务条线设置了交叉销售主管，专门负责跨条线、跨板块的交叉销售。

③并购是大零售架构改革的重要手段。纵观巴黎银行零售业务的发展历

程，该行充分运用并购手段实现了快速发展，与开设分行相比，并购式扩张直接利用标的银行在当地的客户基础和营销网络开展业务，具有风险更低、效率更高的优点。2001 年收购美西银行（Banc West）、2005 年收购土耳其经济银行（TEB）、2006 年收购意大利国民劳工银行（BNL）、2009 年合并富通银行和卢森堡 BGL 银行等均极大地提升了零售业务的实力。值得注意的是，每次并购之后的整合是巴黎银行增强零售板块合力、实现并购效益的关键。

④灵活性是大零售架构改革的鲜明特色。一方面，巴黎银行零售业务板块的组架构具有高度灵活性，涵盖传统职能部门、事业部、子公司等多种形式，突出条线管理的同时兼顾地区管理属性。另一方面，巴黎银行始终保持对零售板块的组织架构进行动态调整，结合业务发展现状、并购情况等进行局部的改革，确保组织架构契合当时的业务发展需求。

（2）法国巴黎银行国际化经验的启示

法国巴黎银行在投资决策上历来注重分散化理念，国际化进程中在选择市场时也遵循分散化原则。该行在全球的网点遍布五大洲，除了传统上比较重视美国市场以及世界上主要的国际金融中心，如纽约、伦敦和中国香港外，分析其近几年全球员工区域分布的演变情况和实施的扩张项目，该行非常重视新兴市场国家，处于金融市场扩大开放阶段的新兴市场国家往往为外资银行提供良好的投资环境，法国巴黎银行不仅能以较低的成本进入这些市场，并且能利用自己的比较优势在新的市场中处于有利地位。相对东道国的商业银行，法国巴黎银行具有在管理、技术、品牌、创新能力等方面的明显优势，在东道国的市场中很有竞争力。这些新兴市场国家的经济正高速增长，市场活跃，企业投融资需求旺盛，法国巴黎银行可在业务量高成长中实现可观的收益。此外，很多新兴市场的人工成本较低，税率也比发达国家低，从而有利于降低银行的经营成本。

法国巴黎银行的国际化并非拘泥于某种单一形式，而是根据各东道国不同的开放政策、投资环境、机会来选择和运用不同的投资方式进入当地市场，一般是通过在东道国建立分行、子银行、合资银行，以及联营、并购等方式来推进的。近几年法国巴黎银行较多地采用国际并购的方式进入新的市场。

商业银行和工业企业一样，要取得国际化成功在理论上往往是一致的，比较优势说也能解释为何法国巴黎银行在外国市场成功的原因。这里比较优势是指外来银行应在以下诸方面比东道国本土银行更具优势：在设计新产品、开拓新业务并取得收益的创新能力，降低成本、提高收益的国际投融资技术，防范风险、规避风险、降低风险的技术，融资能力，等等。法国巴黎银行所拥有的比较优势往往是东道国所需要的，这样就增大了双方合作的可能性，该行要进入新的市场也就会相对比较容易，利用自身的比较优势对外扩张往往就会成功。例如，巴黎银行在某些新兴市场国家利用自身的技术优势，发展衍生金融产品、消费信贷产品、为富人群体提供理财等金融服务，这些往往都是东道国商业银行的薄弱环节。

（3）美国合众银行和西太平洋银行：薪酬战略

指导原则上，薪酬战略的目的都是为了将股东利益与雇员利益相结合，激励管理层和员工为提升银行价值付出努力；保持在薪酬市场上的竞争力以保留和吸引高能力的员工；平衡短期和长期价值创造，兼顾年度财务表现和长期战略的达成；通过延期支付和事后考核等方式约束不恰当的冒险行为。治理架构上，国际银行董事会都建立了独立于管理层的薪酬委员会，薪酬委员会由独立董事组成。薪酬委员会负责薪酬方案设计、年度薪酬决定的建议和复审，并指导年度考核。为了了解银行内部的薪酬信息，薪酬委员会下可能会设若干子委员会；为了得到外部金融同业的薪酬信息，可能会雇佣独立外部咨询公司，并在咨询公司的建议下选定同业对照组。薪酬决定每个环节都受到薪酬委员会的监督，时刻保持对风险的关注度。

薪酬框架上，国际银行薪酬可以大体分为固定薪酬、变动薪酬、福利三部分。固定薪酬面向所有员工发放，发放数额参照市场工资水平根据较易量化的指标确定（如岗位职责、个人经验和技能资质）；现金和股权激励等变动薪酬只向管理人员或核心骨干员工发放，不搞“大锅饭”。变动薪酬和福利在很大程度上受到监管法规和地区习惯的影响，欧洲地区变动薪酬占总薪酬的比重较低，美国变动薪酬占比较高，合众银行首席执行官的 2014 年变动薪酬占总薪酬的 90%。合众银行和西太平洋银行的变动薪酬还分为年度奖金和长期激励两部分。

绩效考核上，有的银行采用平衡计分卡方式考核，有的银行度量 1—2 个关键财务指标的完成情况（例如 ROE、TSR、ESP）。变动薪酬目标奖金数额由薪酬委员会依据职责大小、市场状况、固定工资比例等提前设定。每年的考核目标由年度财务计划和外部咨询等方式审慎划定，绩效考核结果与变动薪酬的发放数额直接挂钩。对于短期变动薪酬激励，年度绩效考核决定了绩效薪酬实际发放数额；对于长期变动薪酬激励，3—5 年的绩效完成情况及风险处置情况都会对延期现金支付、限制性股票解锁或认股权行权产生直接影响。

南京银行管理会计实践的快速推进与管理会计部的设立是密不可分的，设立管理会计部以后，明确了管理会计的职责权限，财务部门不断为管理会计部赋能，业务部门也进一步认识到管理会计的重要性，积极配合管理会计部的工作。在总行管理会计部的引领下，分行的管理会计实践稳步推进，在精细化管理方面取得了长足的进步。

问卷调查和实地调研的结论及启示

通过问卷调查和实地调研，我们直观感受到中国经济步入新常态以来，管理会计实践正在不断推进，同时也意识到中国企业的管理会计实践还有很大提升的空间，我们的体会总结如下：

①企业管理会计体系有待完善。通过调研和访谈，我们了解到企业的管理会计建设虽然取得一定发展，但主要都是运用传统的、推广程度较高的管理工具，这些管理工具虽然给企业带来一定的成效，但管理工具就如一把“双刃剑”，如果管理工具符合企业的实际需求，并且运用得当，则能给企业创造价值，如果管理工具对企业不适用或者是使用方法不当，则不仅不能给企业创造价值，还会给导致企业资源的浪费、人才的流失，不利于企业的可持续发展。

其次，虽然大多数企业有管理会计的职能，也在积极推进管理会计的建设，但是这些职能目前主要由财务人员代为履行，大多数企业并没有设置专门的管理会计岗位，并没有形成一套完整的管理会计建设体系，这与企业管理会计人才的缺失也是有关的，从长远角度看，不利于企业的长期发展。

②企业管理会计人才欠缺，亟须培养管理会计人才。通过调研和访谈，我们了解到企业负责人希望财务人员能够突破传统职能的限制，积极履行分析、决策、规划的职能，这些职能更倾向于管理会计领域，也就是说企业负责人希望财务人员不仅仅具备传统的核算职能，更应具备管理职能，成为企业决策的共同参与者，这就需要财务人员进行转型。但目前财务人员的能力还不能满足企业负责人的需求，很多财务人员仅熟悉传统的财务会计工作领域，对于管理会计工作领域及业务领域都不熟悉，并且对于管理会计知识也没有成系统地了解，只是熟悉一些基本的管理会计知识和工具。一些业务人员熟悉企业业务流程，却不懂管理会计，不理解管理会计在价值创造进程中的潜在价值。针对这

一矛盾，我们建议中国企业也可以效仿日本松下公司的做法，在企业内部设立会计学院，专门向业务人员传授管理会计知识，尽快把业务人员培养成管理会计人才，弥补管理会计人才的供需缺口。

要填补管理会计人才需求的缺口，仅仅依靠企业去培养管理会计人才是不够的，也是不现实的，所以，需要建立管理会计人才评价体系，系统培养管理会计人才，使管理会计人才能够将理论与实践进行结合，以充足的理论知识和丰富的实际经验武装自身，从而更好地满足企业对财务人员的能力要求。

③通过调研和访谈，我们了解到处在不同行业、不同地域、不同发展阶段的企业管理会计实践有明显差异，个性特征尤其显明，这就意味着管理会计人才评价体系只能是纲领性的、指导性的，要想细化成“标准”是不现实的。

第四部分

中国管理会计人才评价体系的构建

11 总则（若干基本问题）

11.1 评价体系的构成

管理会计人才的培养，说到底是会计人才专业化的培养，那么到底什么样的专业会计人才才能称之为管理会计人才？这就涉及人才的评价体系。

经过之前的国际比较以及对问卷调查的结果进行分析后，我们了解到在个人能力方面，企业负责人对财务人员的职业道德、财会专业知识和技能、分析能力、自我完善与发展能力、管理能力比较满意，对财务人员的决策能力、规划能力、市场观念与意识不是很满意；在专业技能方面企业负责人对财会人员的会计核算能力、资金筹集能力、财务分析能力、成本管理能力、财务管理能力的满意程度较高，对财务人员市场预测能力、信息需求规划能力、数据挖掘能力满意程度较低，企业对会计人员的能力有了更多、更高的需求，会计人员不仅要具备传统财务会计方面的能力，还要具备战略规划和发展、数据挖掘和应用方面的管理能力。

而在知识重要性方面，企业负责人与专业财务人员看法一致，这在一定程度上说明管理会计知识在企业中的作用得到了一致的认可，这些知识也是管理会计人才评价体系中的考核内容。

在财务部门履行管理职能发挥作用方面，财务部门发挥作用重要性较高的职能主要是核算、分析、规划（预算）；在企业负责人对财会部门在履行管理职能中发挥作用的满意程度方面，企业负责人对财务部门在履行核算、分析、考核、规划（预算）的职能上发挥作用的满意程度较高，而对决策、组织等职能发挥作用的满意程度较低；在财会人员工作熟悉程度方面，财务负责人对财务人员的工作熟悉度评价与财务人员对自身的工作熟悉度评价基本一致；在财会部门在工作中发挥作用的满意度方面，财务人员对财务财会部门发挥作用满意度最高的工作领域是一致的，这些工作领域均是财务人员最熟悉的工作领域，也是财会部门的传统工作领域。这说明，在企业中传统会计的职能得到了较好的发挥和应用，另一方面也反映出管理会计职能在企业没有得到有效利用。

在管理工具应用方面，专业财务人员均认为全面预算管理、成本预测、财务预算等管理工具的重要性程度较高，并且对这些管理工具的熟悉程度、应用程度较高，应用效果较好，而对适时管理（JIT）、六西格玛管理等管理工具的熟悉程度和应用程度都不高。企业仅对普及程度和推广程度比较高的管理会计工具熟悉并加以应用，对其他管理会计工具不熟悉甚至不了解，这反映出企业对管理会计工具不具有全面性的认识，相应地，会计人员也未能全面学习和掌握管理会计工具。针对以上问卷统计的分析，在能力框架的基础上，结合实地调研的结果，我们初步构建具了有中国特色的企业管理会计人才评价体系。

由于在企业中，管理会计分布在各个工作岗位，不同的工作岗位对管理会计人才的能力要求、知识储备要求也不尽相同，为了增强评价的科学性、客观性及可比性，在国际经验和问卷结果分析的基础上，我们将评价体系划分为三个层级，即初级、中级和高级。三个层级在具体的能力要求、知识体系方面存在差异，随着层级的提高，对管理会计人才的沟通能力、人际交往能力、领导能力的要求会越高，同时，随着层级的提高，考察知识的广度和深度也会增加。

三个层级的评价体系均在目标和原则的基础上构建，采用考评相结合的方式进行评价，并以后续教育作为保障，在管理会计人才评价体系（高级）报告中，对高级评价体系进行说明，如图 11.1 所示。

11.2 目标

高级管理会计人才评价体系的目标是：培养符合企业实际需要的管理会计高级人才，为企业战略决策服务。

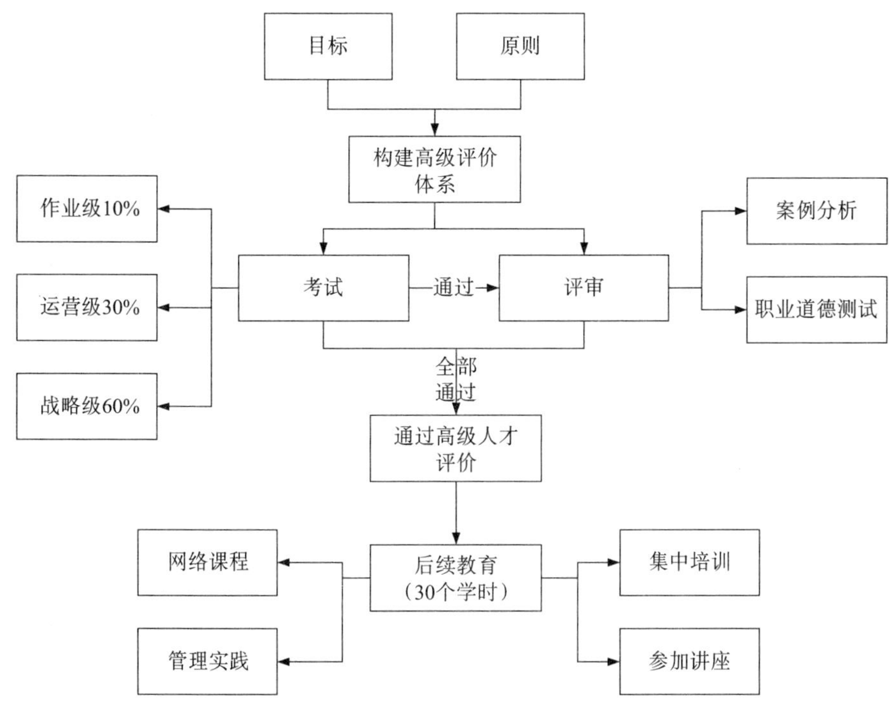

图 11.1 高级管理会计人才评价体系

11.3 原则

按照国际要求，需要满足以下原则：

（1）正直

管理会计人才在所有的商业关系和业务中都应当坦白、诚实、正直。不应当与任何包含实质性错误或误导性陈述的信息有关。

（2）客观性

专业判断不受偏见、利益冲突或他人的看法的影响。

（3）专业胜任能力和适当的关注

管理会计人员应当根据目前实务的发展、法律和技术手段的进步，不断提升专业知识和技能的水平。在从事相关工作的过程中必须有相应的培训和监督。

（4）保密原则

不应当泄露任何商业机密，除非有特定的许可或者是有这样做的法律和职业义务。

（5）职业行为

管理会计人员应当遵守有关的法律和法规。必须避免任何可能对职业声誉带来负面影响的行为。

11.4 适用人群

高级管理会计人才评价体系的适合人群为：有志于从事管理会计高级工作的人员，例如进行重大投资决策、制定企业战略规划等。

11.5 评价方式

在评价方式上，采用考评相结合的方式，这样既可以避免单一考试的机械性，又可以避免单一评审制度的主观性，使理论知识可以与实际工作紧密结合，增强评价体系的客观性和公正性。考试和评审必须同时通过，才可以通过对应层级的人才评价。

12 考　试

12.1　准入门槛

在准入门槛的设置上，需要满足一定的学历要求，因为从事管理会计相关工作，需要具备一定的专业知识，而通过学校课程的学习，可以积累相关的知识，具备一定的专业素养。但在学历要求上，并没有设置高学历门槛，而是具备大专及以上学历即可，这是因为管理会计工作是一门实践性很强的工作，更多的经验需要从工作中获取，而不能仅仅依据书本上学习的知识。所以，大专及以上学历的设置一方面可以保证人员具备一定的专业知识和能力，另一方面又可以杜绝学历至上情况的出现。此外，在学历要求上，并没有要求相关专业，这是因为从事管理会计工作需要多方面的知识，而不能仅局限于财会知识，管理会计人员更重要的是具有管理创新的思维，所以即使不是财会相关专业的人员，例如是计算机等其他理工科专业的人员，也完全可以成功转型为管理会计人才。

在准入门槛的设置上，需要满足工作年限的要求。随着层级的提高，工作年限的要求也越来越高，因为管理会计人员需要发挥预测、决策、规划、控制等职能，这些能力的获取不仅需要相关知识的学习，更重要的是工作经验的积累，只有在工作中，才能判断管理会计人员是否出色地履行了以上职能。特别是高级管理会计人才，他们日常面临大量的决策，并且决策制定的好坏与否会直接影响到企业的发展情况，甚至攸关企业生死，所以必须具备一定的工作经验，综合考虑这些因素，人才评价体系的设置才科学合理。

高级管理会计人员应同时具备如下资格才可以参加考试：

①遵守国家法律法规，有良好的职业道德和敬业精神；

②通过中级管理会计人才评价；

③具备相关岗位 6 年以上工作经验。

考试可采用开卷或者闭卷的形式，满分为 100 分，及格为 60 分。

12.2 知识体系

随着社会的发展及知识的推陈出新，社会对管理会计人才的要求也越来越高，管理会计人才所面临的机会和挑战也越来越多，所以在知识的考察上，管理会计人才掌握的知识不能仅仅局限于会计领域，而是应该多领域融合，积极拓宽知识领域。同时，管理会计人才也应突破会计思维的束缚，利用多学科思维方式进行思考探索。但是，为了避免与中国已有的会计专业资格考试考察知识的重复性，管理会计人才评价知识的考点将重点考察管理会计领域的相关知识，而不是财务会计领域的相关知识。

结合企业组织设置情况，我们将知识体系分为作业级、运营级和战略级三个级别。战略级负责企业总体决策，重视长期目标的实现，因此强调企业战略决策相关知识。运营级起着承上启下的作用，一方面需要将企业的战略目标下达给作业级，另一方面也需要监督作业级的战略实现情况，重视中期目标的实现，因此强调企业一般管理决策的相关知识。作业级负责企业战略目标的具体落实，重视短期目标的实现，因此强调企业作业层面的具体知识。作业级、运营级、战略级之间的知识并不是相互独立的，在一些知识点上，存在递进的关系。初级、中级和高级评价体系，考察的知识体系是相同的，但在不同层级，考察知识点的重要性占比会不同，具体如图 12.1 所示，在高级评价体系中，战略级知识的占比最大，这与不同层级管理会计人员的职能需求是一致的。分层级的知识体系有利于管理会计人员了解不同层级知识点的侧重情况，明确工作重点，能够根据要求学习掌握相关知识，同时也符合知识学习循序渐进的原则。

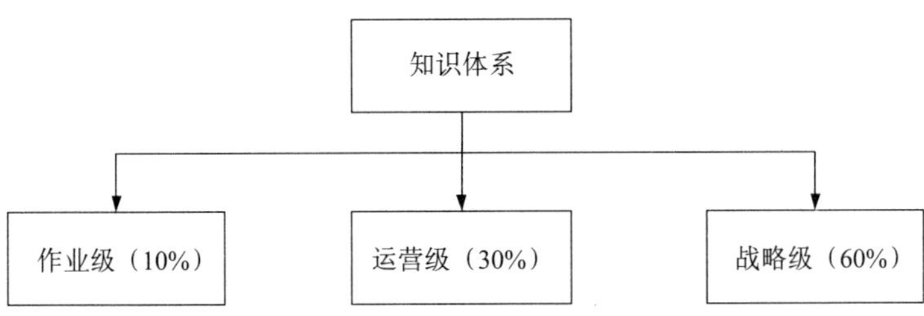

图 12.1 高级人才评价体系知识体系

12.2.1 作业级知识体系

作业级知识按照基本管理工具的发展情况，分为传统方式下的管理工具和创新方式下的管理工具。

（1）传统方式：从成本到产品

传统方式下的管理工具按照成本到产品的发展流程又分为成本计量与核算、流程改造、标准成本制度和产品定价四大知识点。具体如表 12.1 至表 12.4 所示。

表 12.1 成本计量与核算知识点

一级知识点	二级知识点
成本性态	固定成本
	变动成本
	混合成本
成本核算方法	吸收（全部）成本法
	变动（直接）成本法
	联产品和副产品成本法
	分批成本法
	分步成本法

表 12.2 流程改造知识点

一级知识点	二级知识点
流程改造的定义和目的	
价值链分析	价值活动与竞争优势
	识别关键业务流程

续表

一级知识点	二级知识点
全面质量管理	概念、特点、意义
	管理工具：统计分析表、排列图、因果分析图、分层法、控制图法
	质量控制（QC）工作程序：PDCA 循环

表 12.3 标准成本制度知识点

一级知识点	二级知识点
标准成本的概念、目标和原则	
标准成本的种类	
标准成本的制定	
标准成本的差异分析	变动成本的差异分析
	固定制造费用的差异分析

表 12.4 产品定价知识点

一级知识点	二级知识点
市场营销组合	
影响因素	
一般定价策略	折扣定价
	心理定价
	差别定价
	地区定价
	组合定价
	新产品定价
具体定价法	成本加成法
	目标利润法
	反向定价法
	撇脂定价法（新产品定价）
	渗透定价法（新产品定价）

（2）创新方式：各类新工具等

创新方式下的管理工具主要包括作业成本法、生命周期成本法、环境成本和社会责任成本。具体如表 12.5 至表 12.8 所示。

表 12.5　作业成本法知识点

一级知识点	二级知识点
基本概念	作业
	作业中心
	作业成本库
	作业链
	价值链
	成本动因—资源动因和作业动因
基本原理和核算程序	
具体应用	

表 12.6　生命周期成本法知识点

一级知识点	二级知识点
基本概念	
分析步骤	
具体应用	

表 12.7　环境成本知识点

一级知识点	二级知识点
基本概念	
环境保护支出和环境退化成本	
事前环境成本，事中环境成本（耗减成本、恶化成本），事后环境成本（恢复成本、再生成本）	
产品输出包含的资源成、非产品输出包含的资源成本、废弃物和排放物控制成本、预防性环境管理成本、研发成本、不确定成本	

表 12.8　社会责任成本知识点

一级知识点	二级知识点
基本概念	
意义和特点	

续表

一级知识点	二级知识点
主要构成	社会人力成本
	自然资源耗损成本
	土地使用成本
	环境责任成本
	社区公益成本
	安全责任成本

12.2.2 运营级知识体系

运营级知识按照管理内容的不同，分为财务管理、业务管理、安全保障三大模块。

(1) 财务管理

在财务管理知识模块，包括预算、营运资本管理、经营决策、投资决策、融资决策和税收管理。具体如表 12.9 至表 12.14 所示。

表 12.9　　预算知识点

一级知识点	二级知识点	三级知识点
预算的定义及作用		
预算的内容	业务预算	
	财务预算	
	专项预算	
预算的分类	长期预算和短期预算	
	总预算和专门预算	
	销售预算、生产预算和财务预算	
预算的编制程序和方法	预算的编制程序	自上而下式
		自下而上式
		上下结合式
	预算的编制方法	固定预算和弹性预算
		增量预算和零基预算
		定期预算和滚动预算
		概率预算
		作业基础预算

续表

一级知识点	二级知识点	三级知识点
预算的编制	业务预算	销售预算
		生产预算
		直接材料预算
		直接人工预算
		制造费用预算
		产品成本预算
		销售费用及管理费用预算
	专项预算	资本支出预算
		筹资预算
	财务预算	现金预算
		预计损益表
		预计资产负债表
预算的控制和调整	预算控制组织、形式	
	预算控制模式	预算紧控制
		预算松控制
		超越预算控制
	预算调整	

表 12.10　　营运资本管理知识点

一级知识点	二级知识点	三级知识点
现金管理	目的	
	内容	
应收账款管理	目的	
	信用政策	信用标准
		信用条件
		收账政策
		日常管理
存货管理	目的	
	存货决策	
	经济订货批量模型	

表 12.11 经营决策知识点

一级知识点	二级知识点
本量利分析	盈亏平衡点
	本量利图
	边际贡献率
	安全边际
自制或外购决策	
撤销或增加产品、服务或部门	
产品混合决策	
销售或进一步加工决策	
续用或重置设备	
比价管理	

表 12.12 投资决策知识点

一级知识点	二级知识点
投资决策的目标	
投资的分类	
投资决策指标	净现值
	内含报酬率
	现值指数
	投资回收期
	年平均投资报酬率
投资决策风险分析	

表 12.13 融资检查知识点

一级知识点	二级知识点
融资决策的目标	
融资决策的程序	
资金需求预测	定性百分比法
	销售百分比法
	资金习性预测法
融资决策风险分析	

表 12.14　　稅收管理知识点

一级知识点
税收含义及特征
税收原则
税收法规
税收的分类
税收会计
税收审计
税收筹划

（2）业务管理

在业务管理知识模块中，包括供应链管理和绩效管理。具体如表 12.15、表 12.16 所示。

表 12.15　　供应链管理知识点

一级知识点	二级知识点
概念、目标和基本步骤	
供应链的设计与构建	基本原则
	影响因素
	具体构建
关系管理	

表 12.16　　绩效管理知识点

一级知识点	二级知识点	三级知识点
分权管理与责任中心	分权模式与组织结构	
	责任中心种类	收入责任中心
		成本责任中心
		贡献责任中心
		利润责任中心
	责任中心业绩评价	
员工绩效管理	薪酬管理	薪酬体系的设计
		薪酬结构的设计
		360°考核法
		KPI 考核法
	激励机制	
标杆管理		
高管绩效差异分析		

（3）安全保障

在安全保障知识模块中，包括内部控制、风险管理和信息系统管理。具体如表 12.17 至表 12.19 所示。

表 12.17　内部控制知识点

一级知识点	二级知识点	三级知识点
内部控制要素		
内部控制的应用		
内部控制的评价和审计	内部控制评价	
	内部控制的审计	
	审计委员会在内部控制中的作用	
	内部审计	内审职能范围
		内审职能外包
		内部审计任务

表 12.18　风险管理知识点

一级知识点
风险管理政策和程序
风险识别和评估
风险应对和报告

表 12.19　信息系统管理知识点

一级知识点
概念和特征
信息系统环境分析
信息系统管理
信息系统安全
机器学习技术发展和运用

12.2.3　战略级知识体系

战略级知识体系按照战略阶段的不同，分为战略制定、战略实施与控制、战略评价与反馈三个模块。

（1）战略制定

在战略制定模块中，包括战略分析和战略选择。具体如表 12.20、表 12.21 所示。

表 12.20　战略分析知识点

一级知识点	二级知识点
外部环境分析	宏观环境分析
	产业环境分析
	竞争环境分析
	市场需求分析
内部环境分析	资源分析
	能力分析
	业务组合分析
SWOT 分析	

表 12.21　战略选择知识点

一级知识点
发展战略
竞争战略
职能战略
国际化经营战略

（2）战略实施与控制

在战略实施与控制模块中，包括公司重组、市值管理、战略性预算调整和战略实施差异分析。具体如表 12.22 所示。

表 12.22　公司重组知识点

一级知识点	二级知识点	三级知识点
并购	并购的类型	横向并购
		纵向并购
		混合并购
	并购动机	规模经济效应
		多元化效应
		横向整合
		纵向整合
		其他动机

续表

一级知识点	二级知识点	三级知识点
并购	善意接管与恶意接管	
	防御型策略	金色降落伞
		毒丸计划
		绿票欺诈和中止协议
		白衣骑士和白衣护卫
		排他式自我收购
	并购程序	
重组	重组方式	剥离
		股权出售
		分立
		股权置换
		股本分散
	重组模式	业务重组
		资产重组
		债务重组
		股权重组
		管理重组
		组织结构重组
	创新模式	股权托管
		管理层收购
		杠杆收购
	重组流程	企业流程重组
	重组程序	
破产	破产形式	清算破产
		重组破产
	破产程序	
	公司破产预测	

（3）战略评价与反馈

在战略评价与反馈模块中，包括利益相关者管理和报告。具体如表12.23、表12.24所示。

表 12.23　利益相关者管理知识点

一级知识点	二级知识点	三级知识点
社会绩效		
高管绩效与激励	激励理论	需求层次理论
		双因素理论
		期望理论
	委托代理关系	概念与模式
		代理人的激励约束机制
	高管激励模式	年薪制
		奖金
		股票期权
		股票增值权
		管理权收购
	平衡计分卡	
	EVA	
供应商管理		
客户管理		
员工满意度		
法律法规		

表 12.24　报告知识点

一级知识点	二级知识点	三级知识点
财务会计报告	资产负债表	账面净值
		流动性
		负债与权益
		市价与成本
		资产负债表的局限性
	利润表	资本回报
		每股收益
		市盈率
		非现金项目
		利润表的局限性
	现金流量表	经营活动现金流量
		投资活动现金流量
		筹资活动现金流量
		现金流量表的编制
		现金流管理
	附注披露	

续表

一级知识点	二级知识点	三级知识点
财务会计报告	合并财务报表	合并会计交易
		合并调整事项
		合并主体的财务业绩、财务状况和财务适应性
	报告的编制和披露程序	
管理会计报告	管理用三大报表	管理用资产负债表
		管理用利润表
		管理用现金流量表
	管理会计报告体系	资产管理报告
		资本管理报告
		商品管理报告
		生产管理报告
		业绩报告
		成本费用报告
财务分析	比率分析	短期偿债能力比率
		长期偿债能力比率
		营运能力比率
		盈利能力比率
		市价比率
		杜邦分析体系
	趋势分析	横向分析法
		纵向分析法
	通货膨胀对财务分析的影响	
	财务报表分析的局限性	

13 评 审

评审主要包括两个部分，案例分析和职业道德测试，评审人员在专家库中随机抽调。考试通过以后，可以获得参与评审的资格（见图 13.1）。

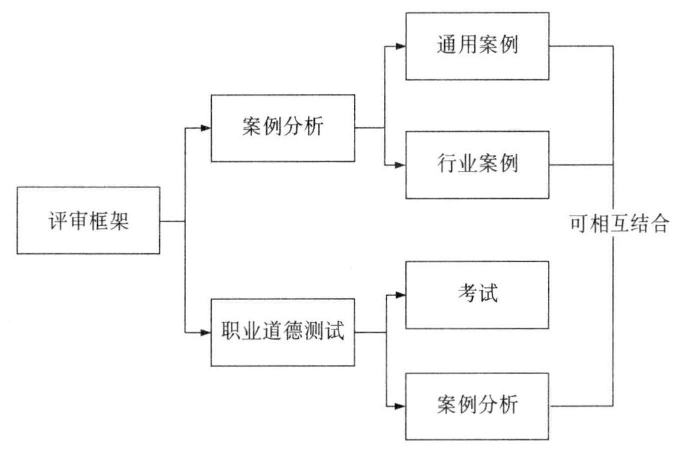

图 13.1 评审框架

随着技术的更新、全球一体化程度的加大，经济关系、企业的经营活动、经营背景愈发错综复杂，因此，对管理会计人员的专业能力、应变能力、决策能力等要求就越来越高。管理会计人员需要在多变的环境中，寻找适合企业的发展路径，探索问题的解决办法，树立积极防范风险的意识。这些能力的培养，经验的积累仅仅依靠书本是无法获得的，而案例分析以最浓缩的形式，模拟企业实际经营中的问题，使管理会计人员置身在鲜活的案例中，从而考察他们是否能有效处理实际问题、是否能将多领域知识融会贯通。

在这一环节中，案例有如下来源：①已有的案例库，例如哈佛案例库、中欧管理案例库、MBA 案例库等；②新编案例，例如评审机构依据企业实际情况，进行案例编写，也可以外包给咨询机构，由咨询机构编制案例。不同层级，案例分析考察的侧重点不同。高级管理会计人员案例分析侧重于企业战略决策。例如，如何根据企业战略对管理会计进行创新，如何根据大环境的变化对管理会计进行变革。

案例包括通用案例和行业案例两个部分，通用案例主要是具有普遍性的案例，主要是考察管理会计人员的专业素质，因为专业知识在各行各业都是适用的，管理会计人员无论从事哪个行业的工作，都应该具备一定的专业素养，行业案例则是具有行业特色的，因为不同行业面临的内外部环境不同，经营流程、经营风险、管理工具的使用情况也不同，所以需要考察管理会计人员的行业素质，考察管理会计人员在具体的行业中是否具备行业胜任能力。

职业道德测试是对管理会计人员的职业道德进行测试，主要考察管理会计人员是否具备良好的职业道德。在问卷调查和访谈中，企业负责人和专业财务人员均认为具备职业道德是非常重要的能力，因为随着经济和科技的发展，许多新兴的行业或者原有行业经改革后产生了很多的新的经济关系，随之也产生了很多的法律和会计的空白地带，再加上监管的缺失，极容易造成严重的舞弊现象，这些舞弊现象的发生，不仅会影响市场的健康有序发展，还会影响到人们对专业人员甚至是整个行业的怀疑和质疑，因此必须加强对专业人员的道德测试，以减少舞弊的发生。作为一名管理会计人员，在从业生涯中，会面临很多诱惑，也可能游走于道德法律的边界，而具备良好的职业道德有利于在面对诱惑时，保持清醒的头脑，做出正确的价值判断。

职业道德测试包括考试和案例分析两个部分，考试主要是考察管理会计人员对相关法律法规、职业道德的掌握情况，考试满分为 100 分，考试合格线为 80 分。案例分析主要是将职业道德的相关知识融入到案例中，因为法律法规虽然是成文规定，但在不同的情景下，具有一定的复杂性，所以仅仅通过考试进行测试是片面的，不能准确评价管理会计人员在具体环境中的职业道德与法律风险意识，而将案例分析和考试相结合，可以增强评估的科学性。在案例设置上，职业道德测试部分的案例可以与案例分析环节的案例相结合，也可以单独进行案例测试。

14 评价保障：后续教育

每一层级在通过考试和评审后，需要强制进行后续教育。后续教育体现终身学习的理念，有利于提高管理会计人员的专业知识和技能，保证管理会计人员具有较高的专业素养（见图 14.1）。

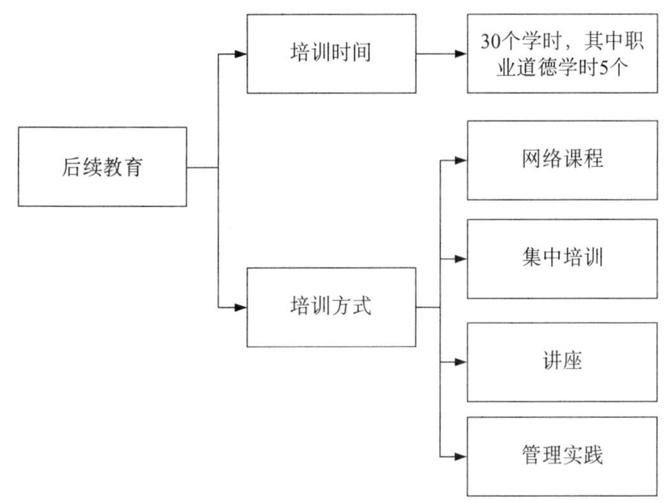

图 14.1 后续教育框架

在参考国际经验和问卷结果分析的基础上，后续教育每年的学时为 30 个，其中必须包括职业道德学时 5 个，如果管理会计人员当年的后续教育学时超过 30 个，可以递延到下一年，但最多递延 5 个学时，并且职业道德学时不得递延。在获取学时的途径上可以采用网络课程、集中培训、参加讲座、管理实践等多种方式，多渠道获取学时可以增强后续教育方式的灵活性，也能提高管理会计人员真正参与后续教育的积极性。

利用网络课程进行后续教育可以突破地区、时间的限制，管理会计人员可以自由选择时间、地点进行网络课程的学习，并且利用网络课程进行后续教育，有利于降低后续教育的成本。

利用集中培训、讲座等方式进行后续教育可以促进不同企业、不同行业管理会计人员的相互交流，相互学习，从而可以吸取管理会计的先进理念，通过沟通交流碰撞出思维的火花。

利用管理实践的方式进行后续教育可以使管理会计人员将理论与实践密切结合，因为管理会计理论最终需要服务于实践，需要为企业创造价值。此外，在管理实践中，可以将实践中的创新之处进行总结，将其提升到理论的高度，完善管理会计现有的理论体系。

管理会计人员可以根据自身需要，自由选择后续教育的形式，真正投入到后续教育中，而不是流于后续教育的形式。

附件一
各资格认证总体研究思路图

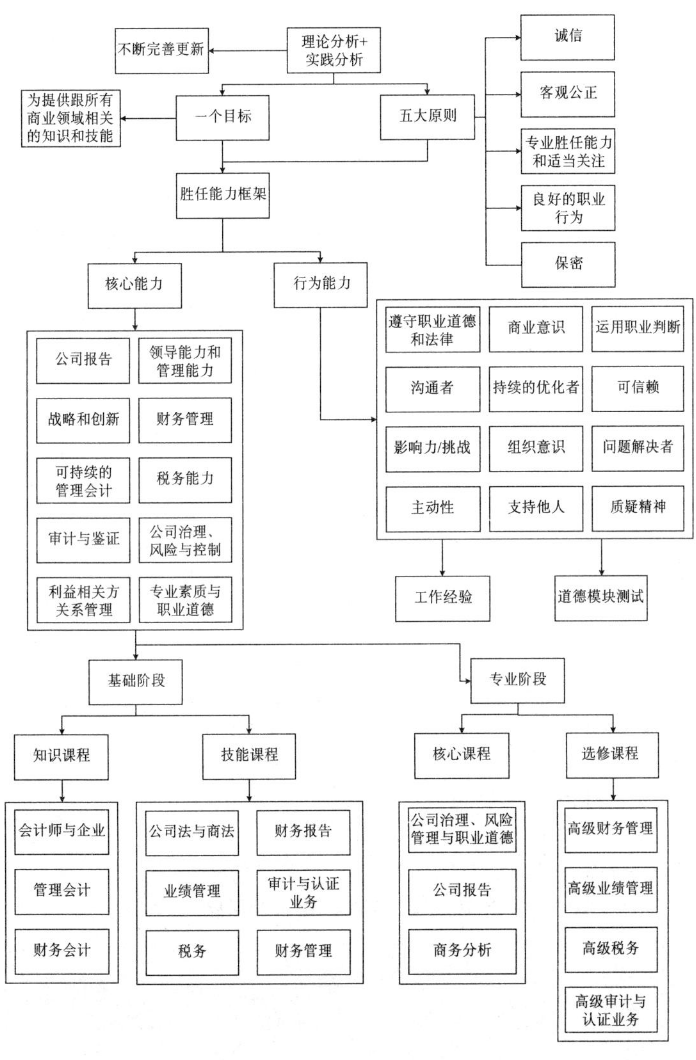

附图 1.1　ACCA 总体研究思路

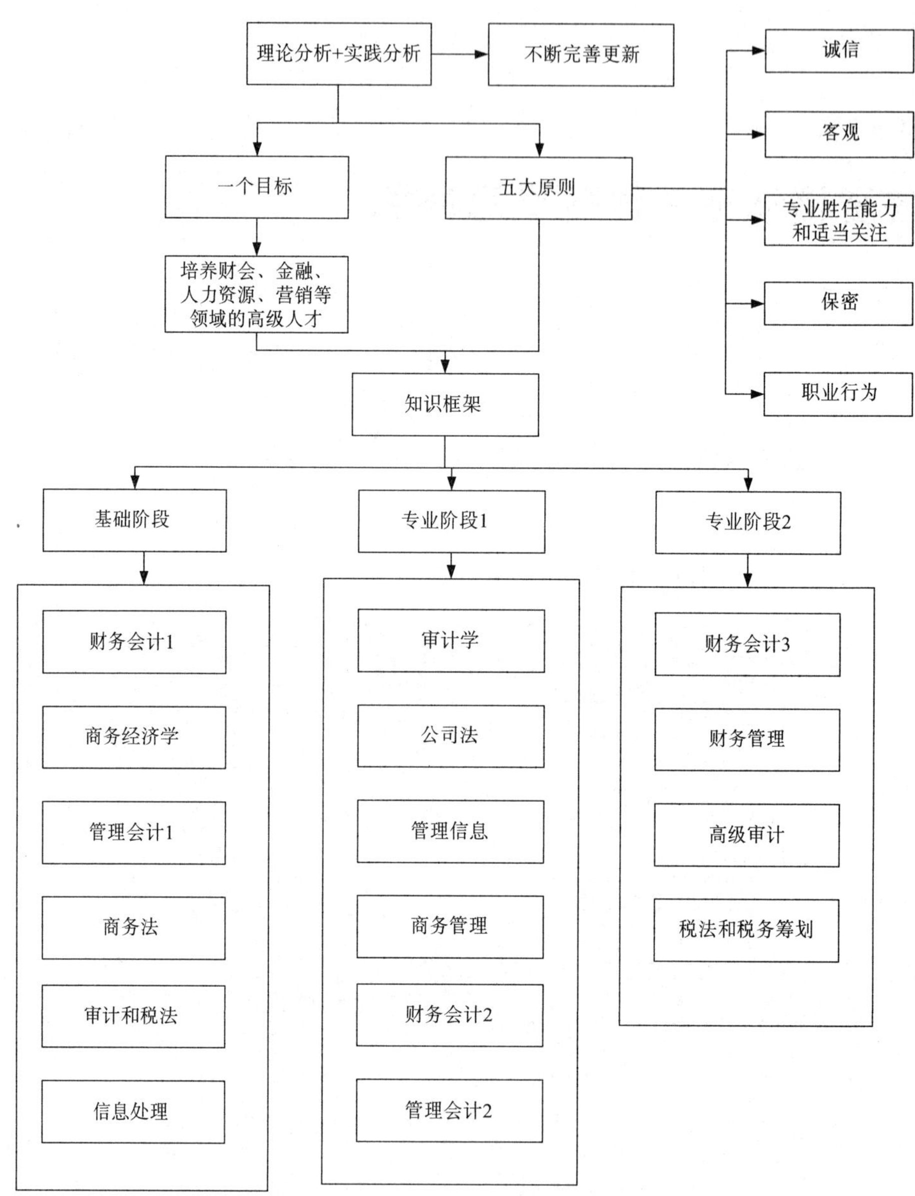

附图 1.2 AIA 总体研究思路

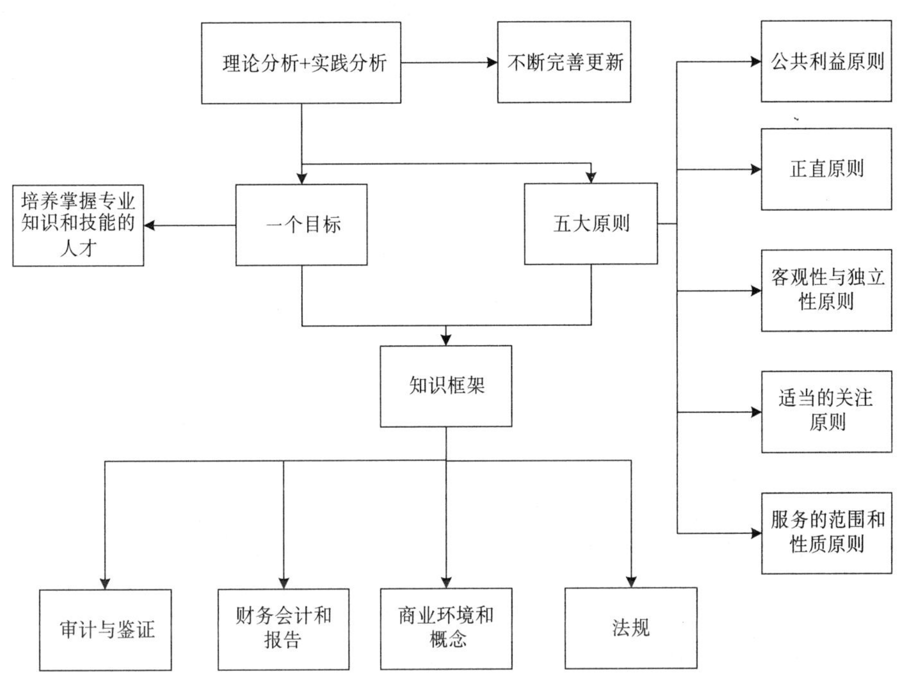

附图 1.3　AICPA 总体研究思路

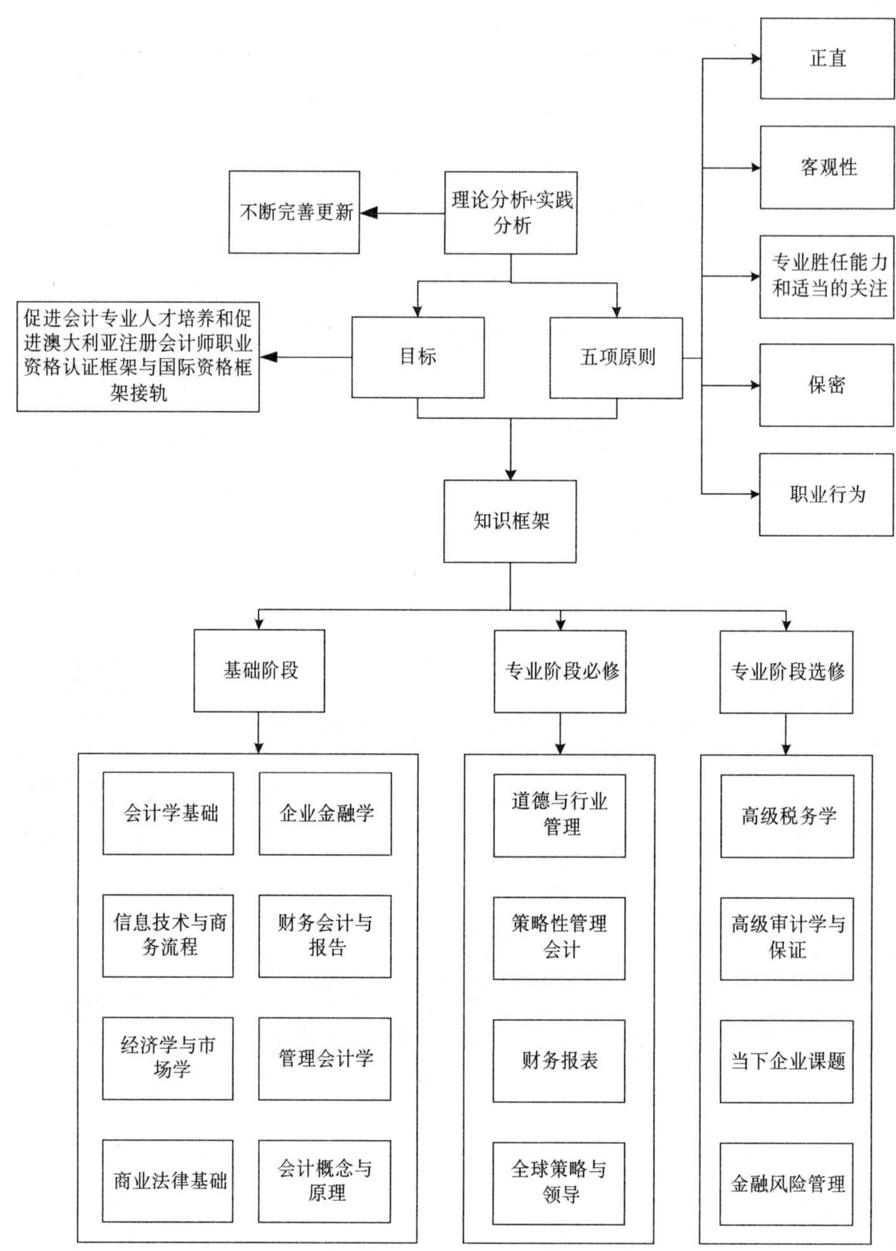

附图 1.4 ASCPA 总体研究思路

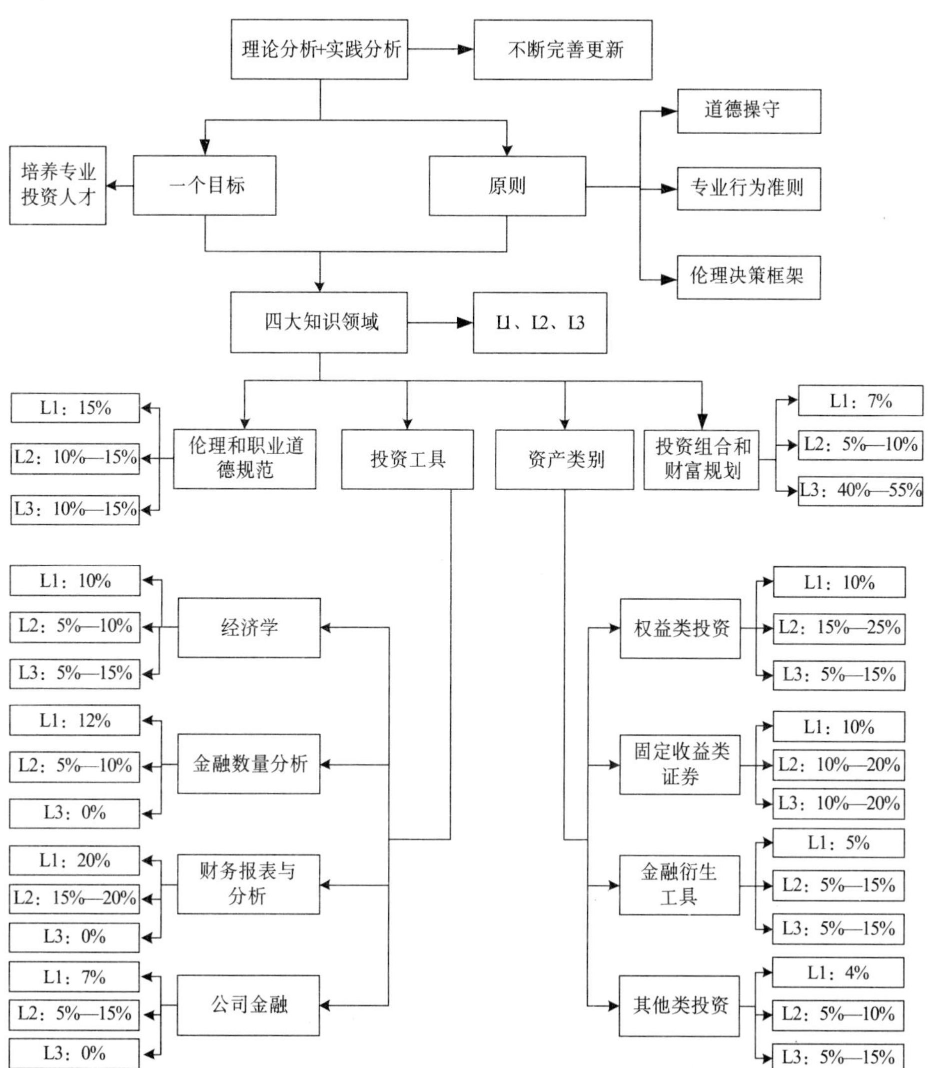

附图 1.5　CFA 总体研究思路

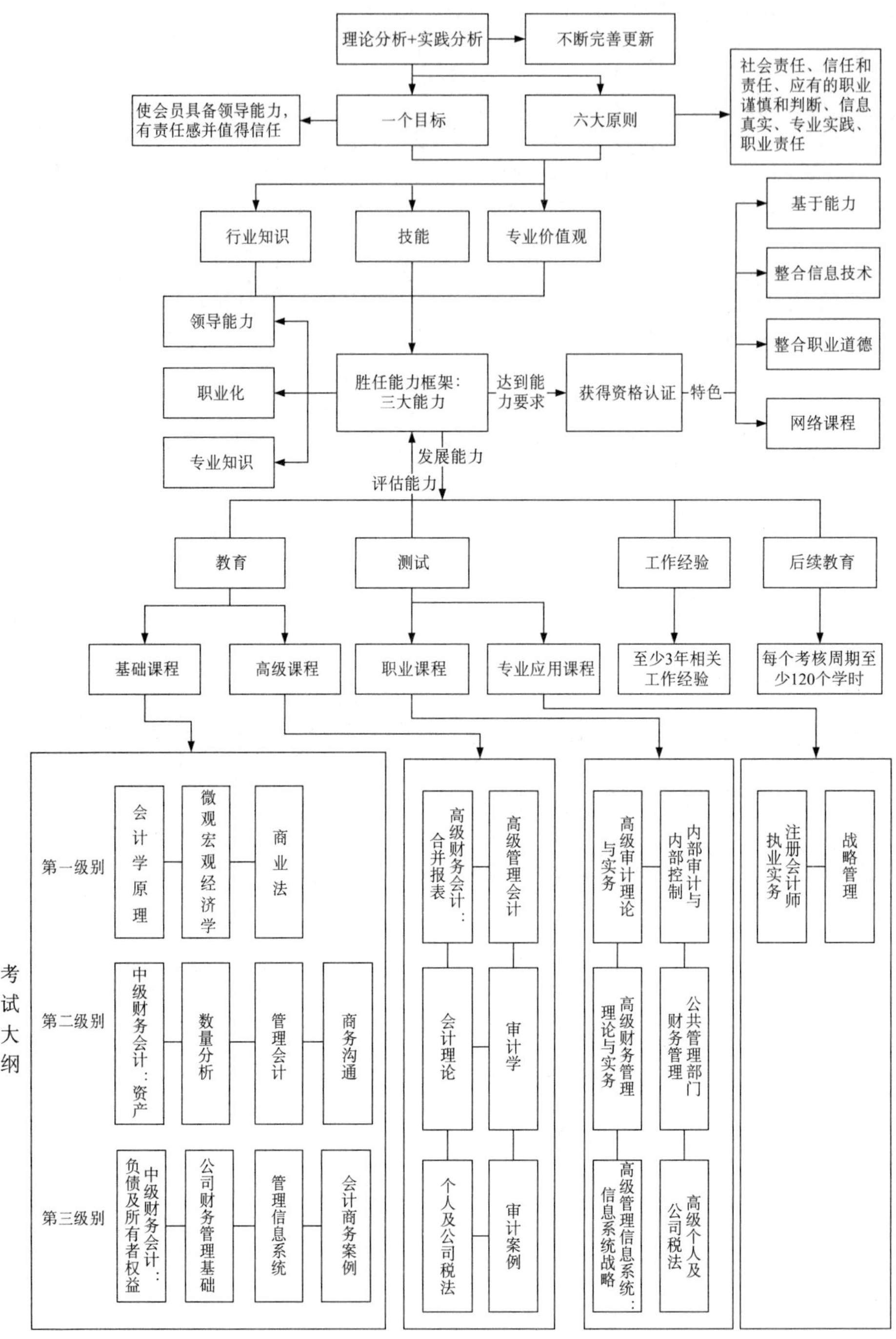

附图 1.6　CGA 总体研究思路

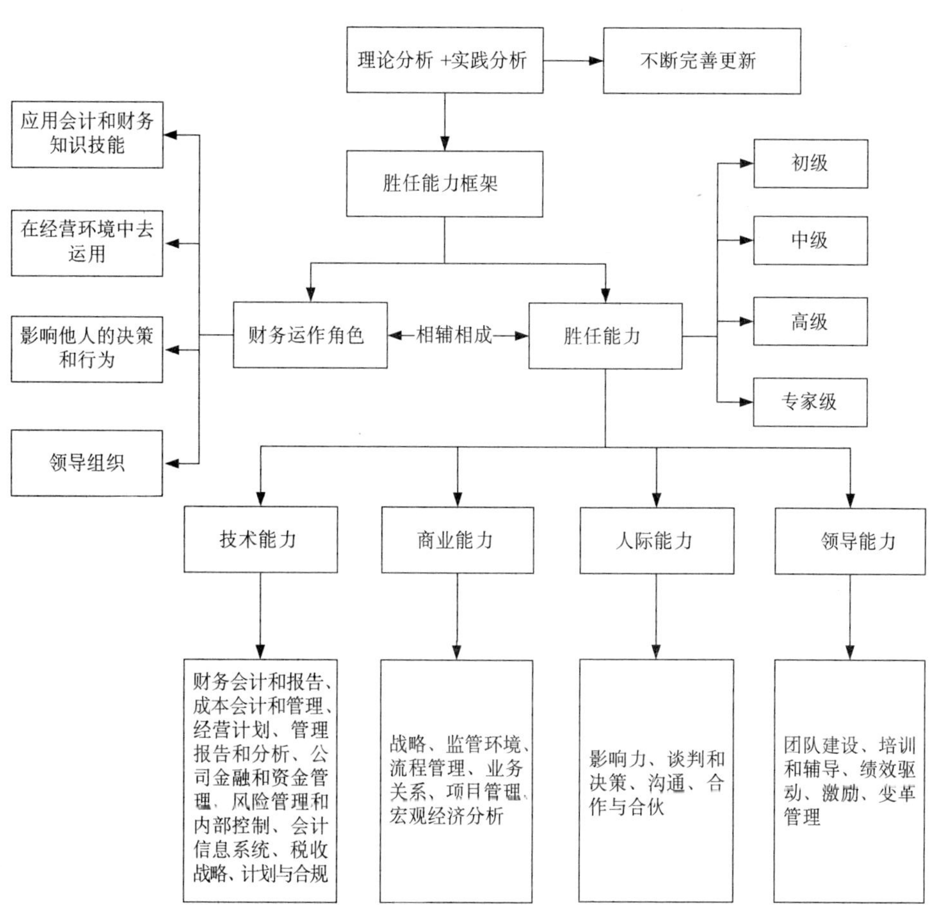

附图 1.7　CGMA 总体研究思路

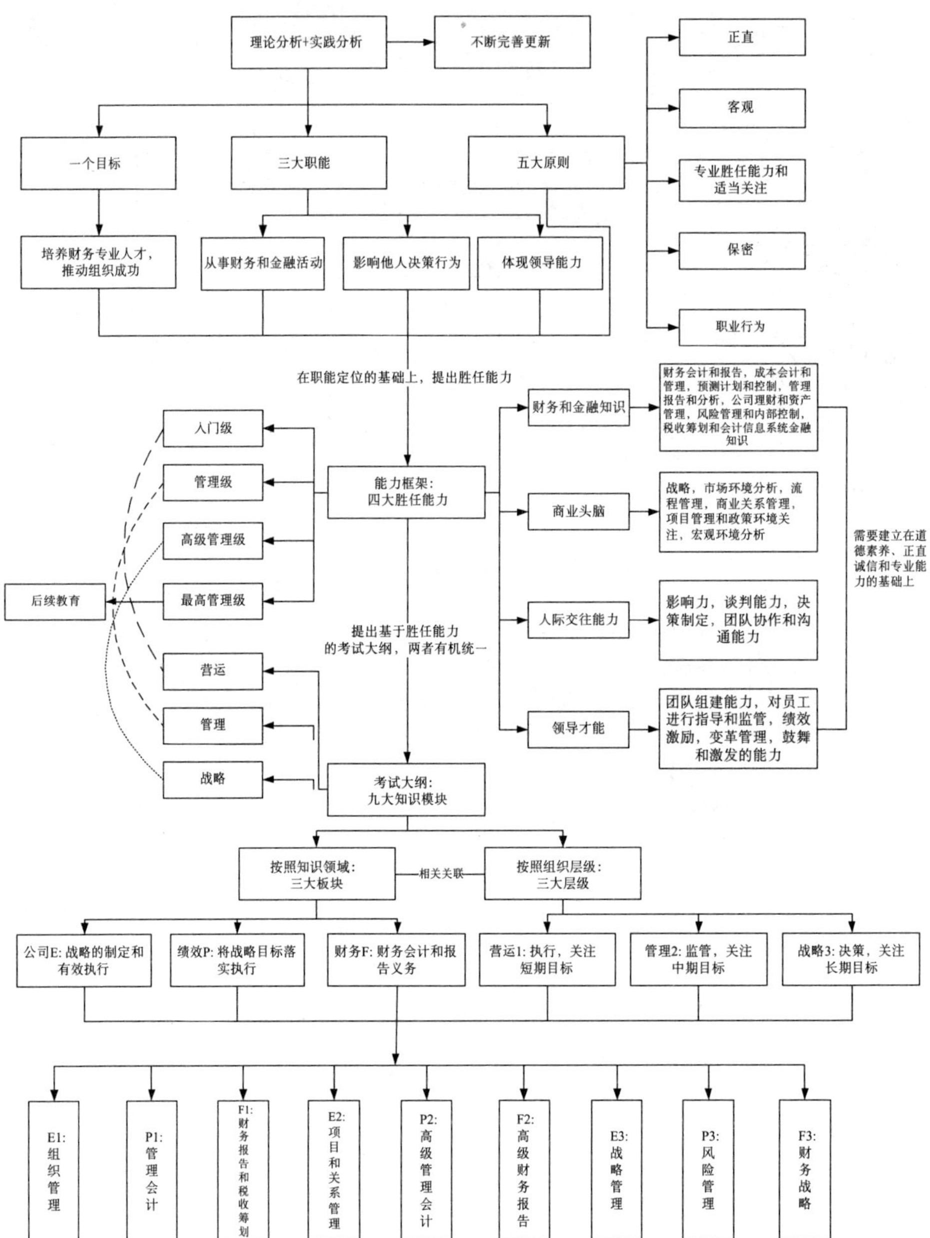

附图 1.8　CIMA 总体研究思路

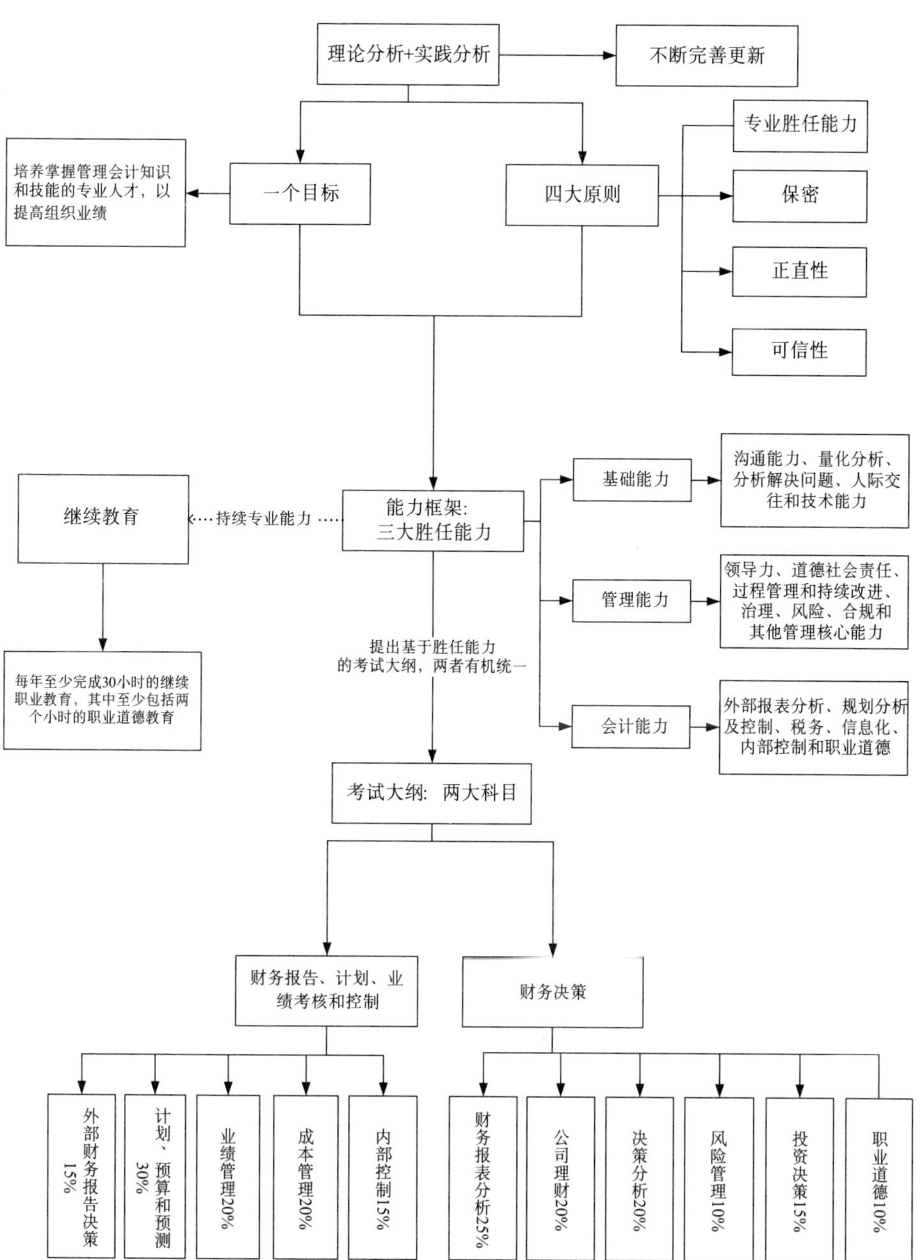

附图 1.9　CMA 总体研究思路

附件二

各资格认证流程图

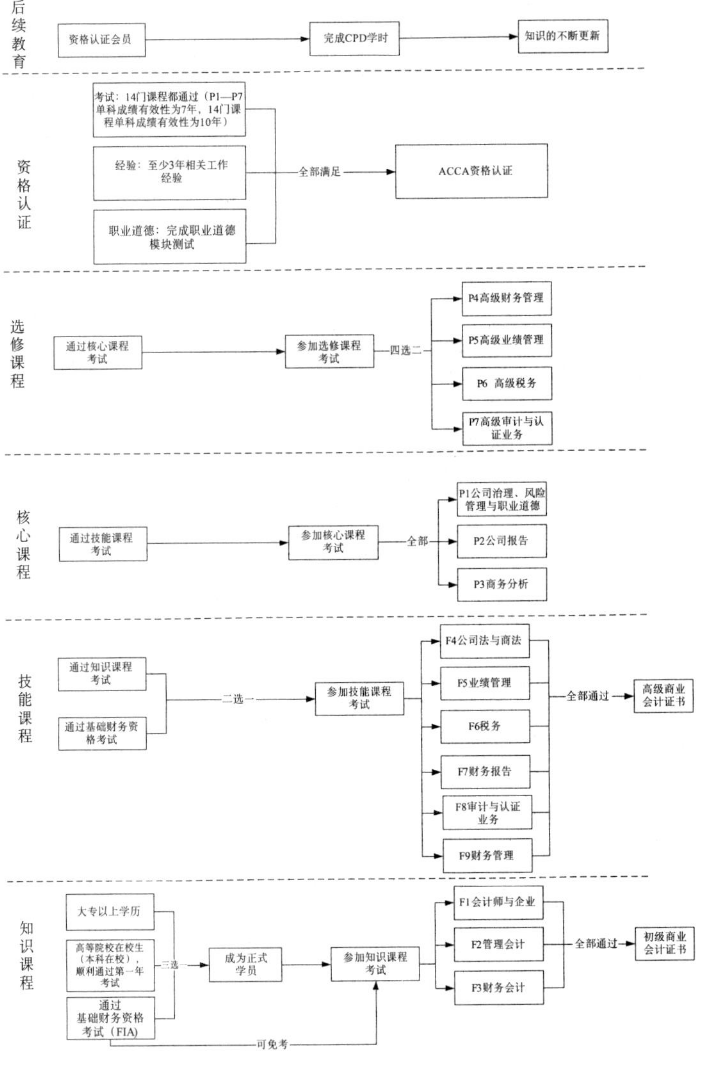

附图 2.1 ACCA 资格认证流程

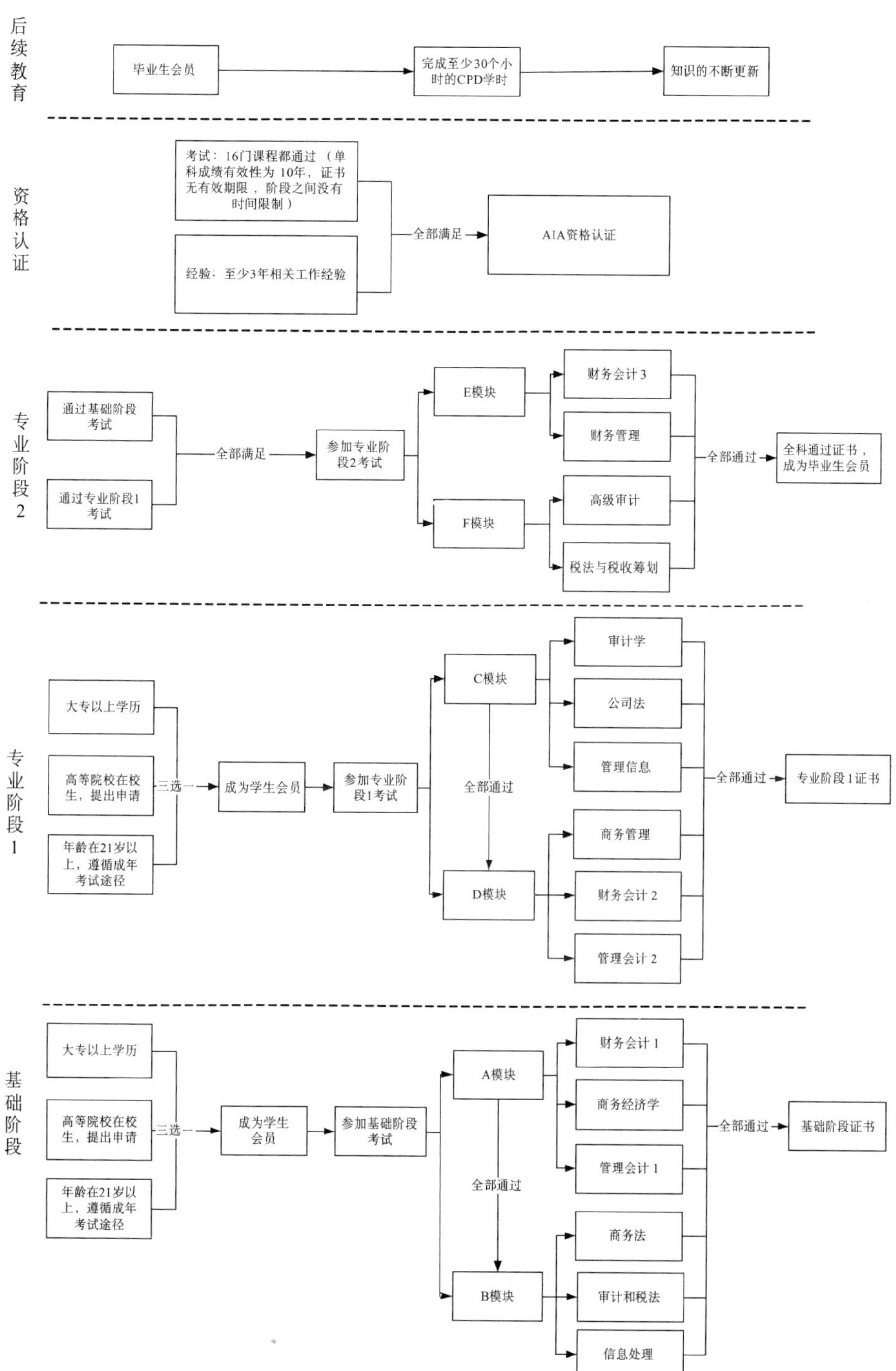

附图 2.2　AIA 资格认证流程

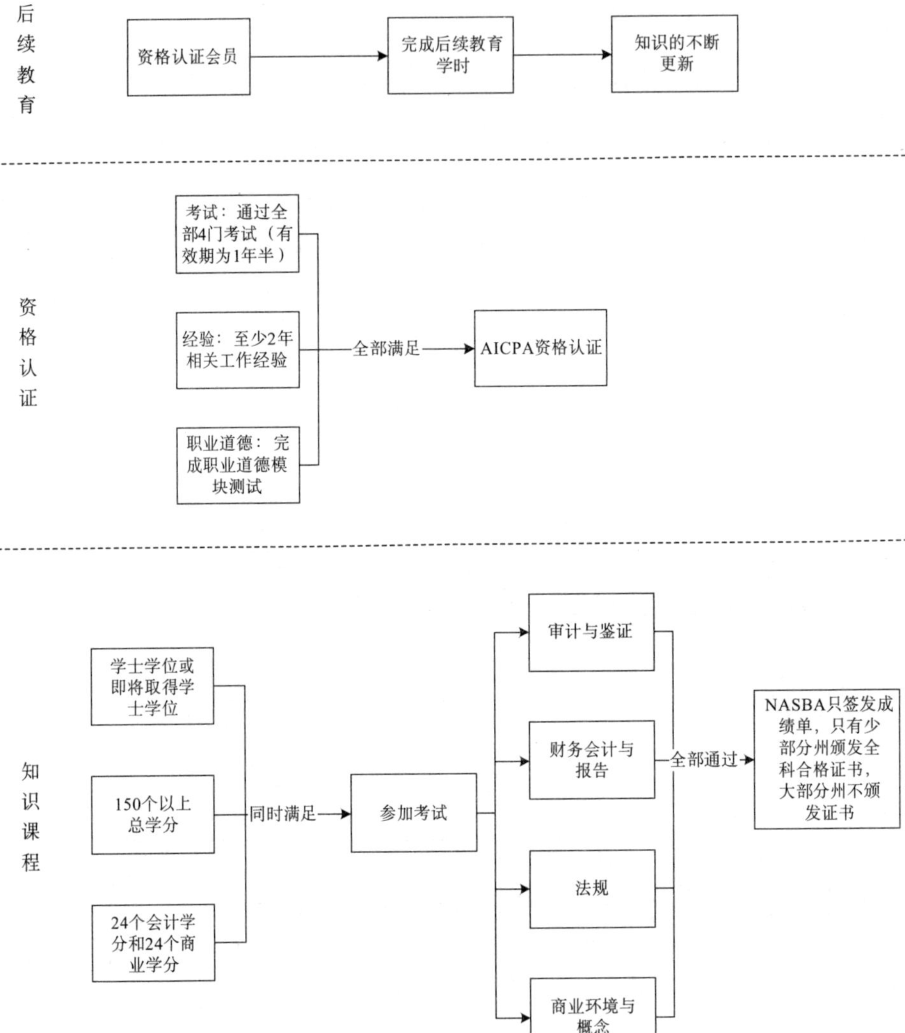

附图 2.3 AICPA 资格认证流程

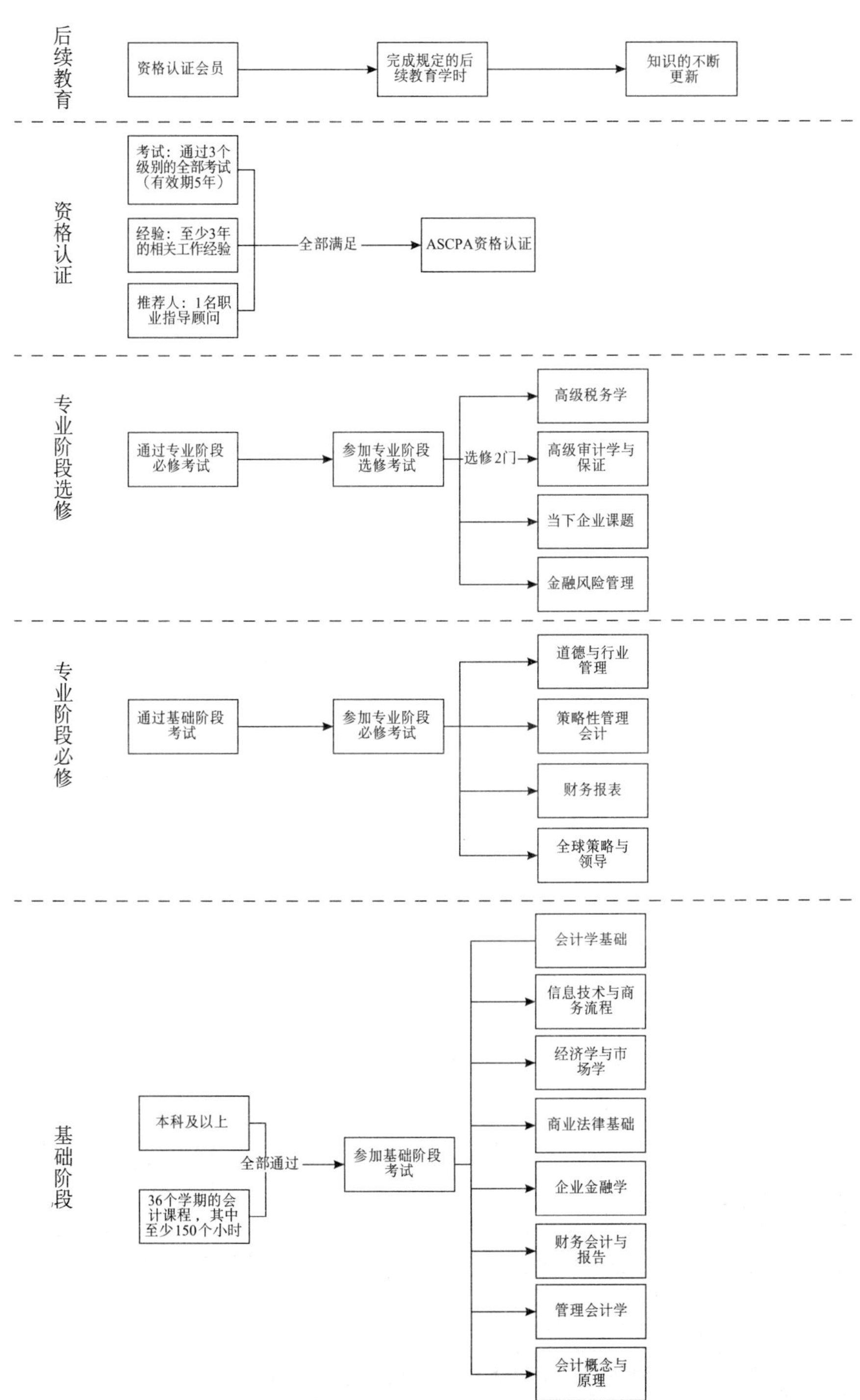

附图 2.4　ASCPA 资格认证流程

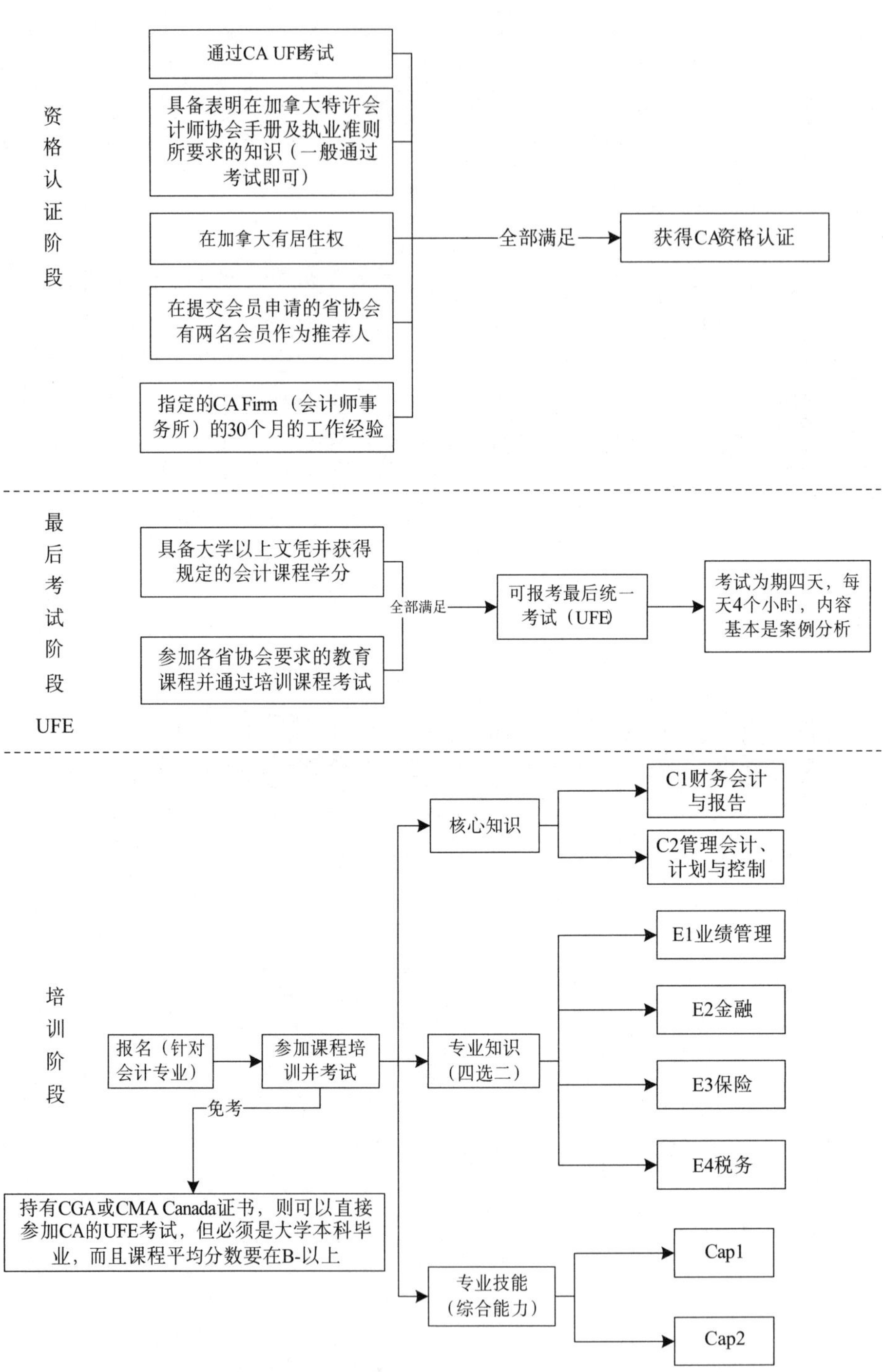

附图 2.5　CA 资格认证流程

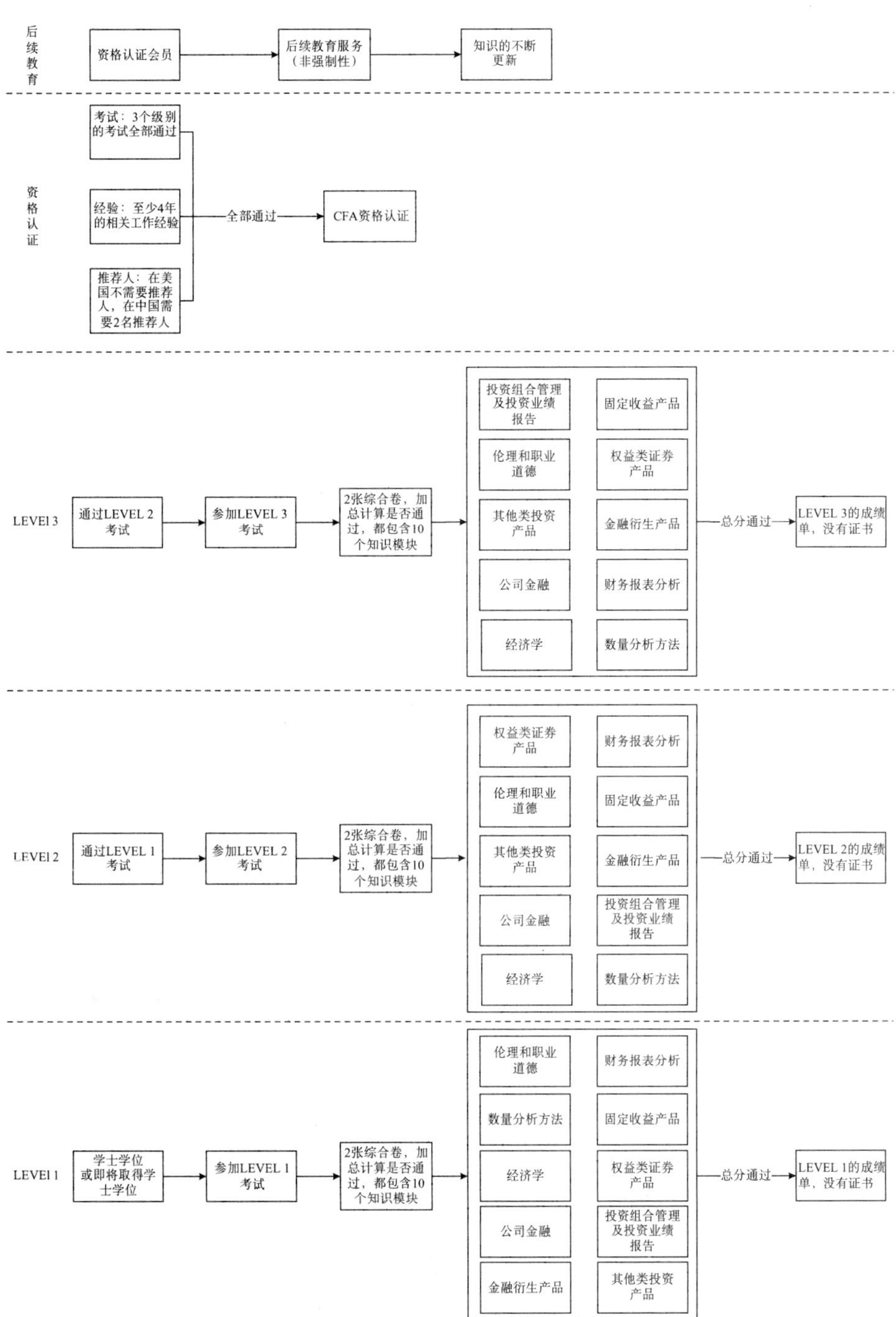

附图 2.6　CFA 资格认证流程

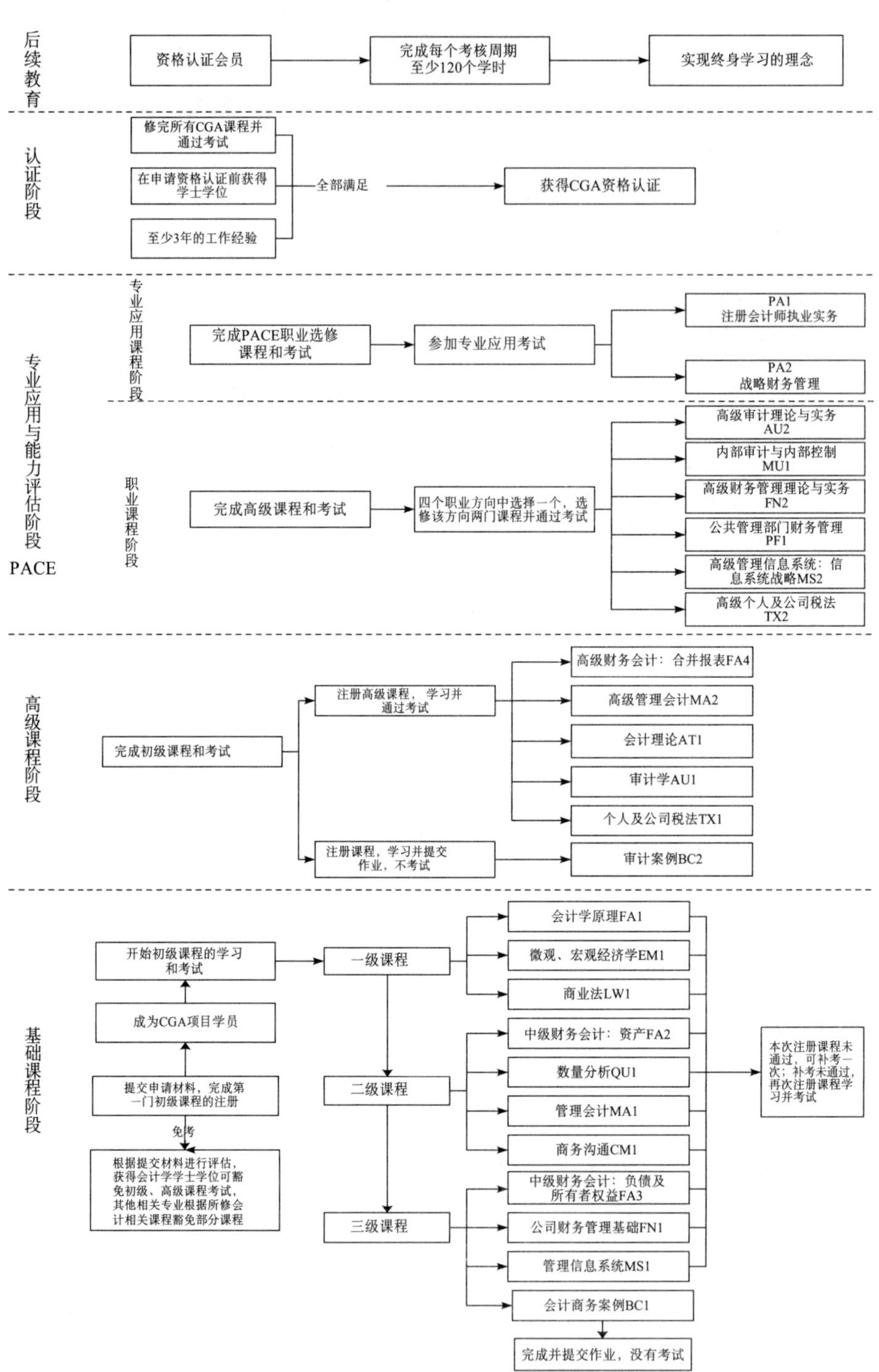

附图 2.7 CGA 资格认证流程

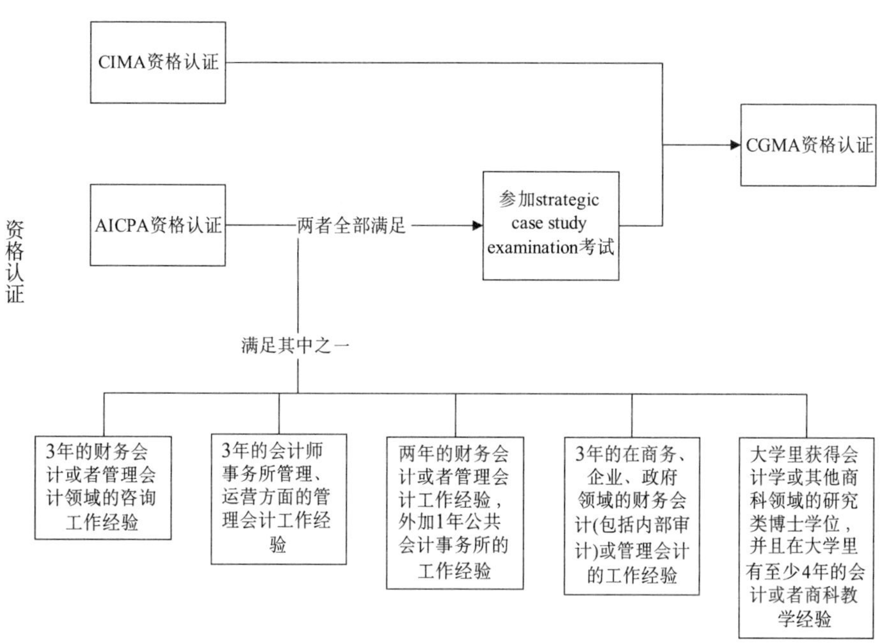

附图 2.8　CGMA 资格认证流程

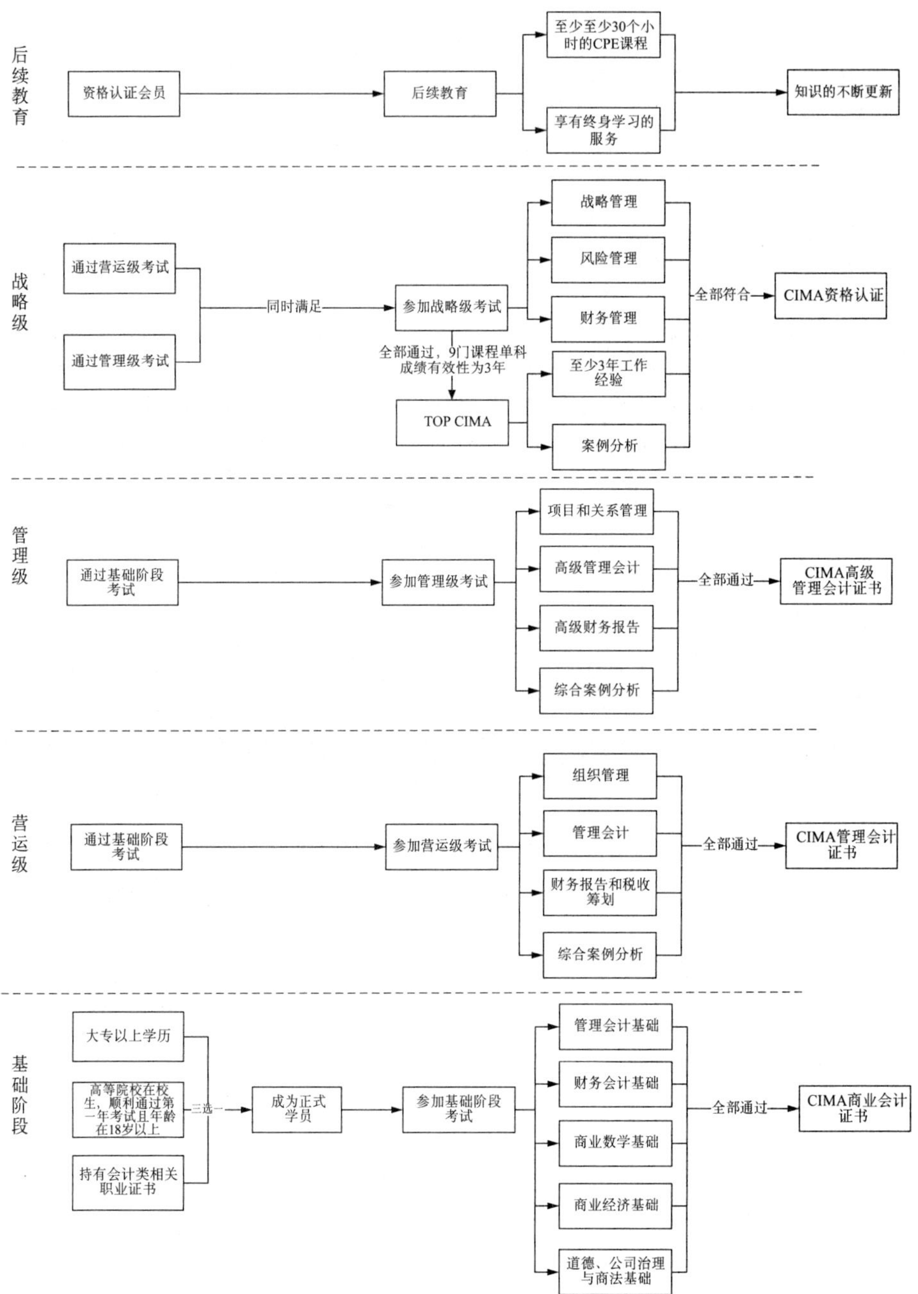

附图 2.9　CIMA 资格认证流程

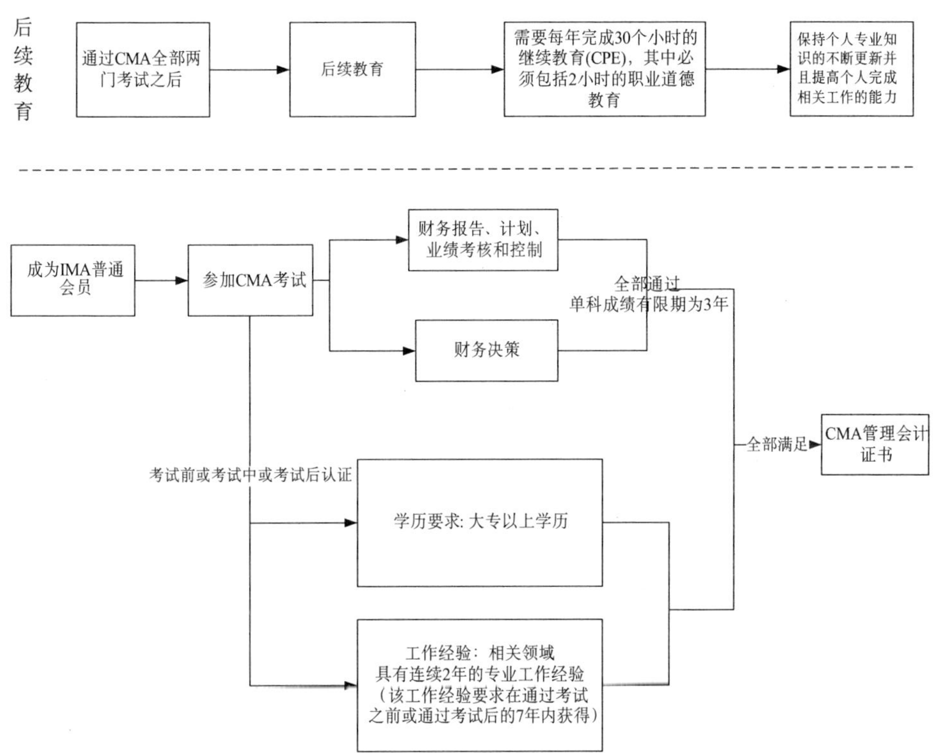

附图 2.10　CMA 资格认证流程

附件三 各资格认证汇总表

附表 3.1 各资格认证适合人群汇总表

资格认证	适合人群
CMA（USA）	企业财务总监、总会计师、注册会计师、成本会计师、内部审计师、风险投资经理、预算分析师、一般会计人员、大学高年级学生和研究生等都可以考这个证书。由于管理会计注重企业经营决策，企业中的中高层管理者以及信息管理方面的人员都可以考
CIMA	财务管理人员、市场营销人员、供应链管理人员、工程与技术人员、财务信息系统开发人员、企业管理人员和人力资源管理人员
CGMA	CIMA，AICPA 适合人群
ACCA	1. 有意向从事财务金融领域相关职业，希望提升自身的学历水平的高中及大专学历人员；他们可以在通过基础阶段（F1—F9）考试后，获得高级国际商业会计资格证，并申请牛津布鲁克斯大学应用会计学学士学位。 2. 有意向从事财务金融领域相关职业，教育部认可的高等院校在读学生；他们适合在完成 ACCA 全部课程后获得 ACCA 特许公认会计师资格证书。 3. 正在从事或准备从事财会工作的专业人士，或者需要利用国际会计的相关知识做出专业决策的企业中高层管理者。他们适合在完成 ACCA 全部课程后获得 ACCA 特许公认会计师资格证书。
AICPA	想要从事高级财务会计、独立审计、税务咨询、财务规划等职业
AIA	1. 基础阶段：非财务、会计专业学员；刚从事财务基础工作人员；财务知识不扎实，运用技巧不强人员；从事国内会计工作，未曾接触过国外会计业务人员；相关法律专业的学生。 2. 专业阶段 1：具有较扎实的财务基础；具有基本的英语能力，理解能力；对审计工作感兴趣的相关人员。 3. 专业阶段 2：通过前 12 门课程的学员，或者已经获得 CPA、MPACC、NIA 等免考前 12 门课程的学员；具有 2 年以上工作经验学员；正在从事或者想要从事高级财务工作的学员。

续表

资格认证	适合人群
CGA	1. 学生可以根据自己的职业目标和兴趣在 CGA 最后级别课程中选择不同的职业方向，这些职业方向的设计可以帮助学员在他们选择的商业领域成绩卓越。 2. 适合于对企业实体包括中小企业资源管理如投资决策、长期规划、竞争力分析等感兴趣的人士。 3. 适合于在信息技术领域发展的管理人员。如信息系统设计、分析与最终执行的管理人员以及从事信息技术审计和系统开发活动的审计管理人员等。 4. 适合于对公共部门会计、非营利机构财务报告、费用支出控制及战略规划感兴趣，想在公共领域发展的管理人士。如协会管理、慈善事业和非牟利组织管理、健康服务与教育事业等。 5. 适合于致力于维护公众利益，提升自身专业和职业胜任能力，想从事为公司、政府机构、非营利组织和中小企业客户提供会计、审计、税务筹划及商务咨询等服务的执业人士。
CA	适合于从事会计、审计及税务业务的人员
ASCPA	已经获得大学会计学位的人群，会计师事务所执业人员，以及从事以下工作的人群：评估、记录和总结会计记录；'管理咨询服务、审查、分析和报告；审计；准备财务总结；税收筹划等
CFA	1. 研究员、分析师、基金经理； 2. MBA（企管硕士）、MS in Finance（财务硕士）、MS in Financial Engineering（财务金融硕士）； 3. 主管机关； 4. 学生； 5. 银行证券业销售人员； 6. FRM（金融风险管理师）、CPA（注册会计师）； 7. 金融业主管； 8. 银行埋财专员。

附表 3.2　　各资格认证报名条件汇总表

资格认证	报名条件（主要是考试报名条件）
CMA（USA）	IMA 普通会员
CIMA	1. 基础阶段：成为正式学员，具体要求为：凡持有大专以上学历者，即可报名成为 CIMA 正式学员；教育部认可的高等院校在校生，顺利通过第一年的所有课程考试（指的是学校的课程）且年龄在 18 岁以上者即可报名成为 CIMA 正式学员；凡持有会计类相关职业证书者，即可报名成为 CIMA 正式学员。 2. 运营级：通过基础阶段的考试。 3. 管理级：通过基础阶段的考试。 4. 战略级：通过运营阶段、管理阶段的考试。

续表

资格认证	报名条件（主要是考试报名条件）
CGMA	从2015年开始，AICPA协会会员只需要通过一个strategic case study examination的考试即可获得CGMA的证书。但是，在参加案例考试之前，会员需要符合下述条件：（1）3年的在商务、企业、政府领域的财务会计（包括内部审计）或管理会计的工作经验；（2）两年的财务会计或者管理会计工作经验，外加一年公共会计事务所的工作经验；（3）3年的财务会计或者管理会计领域的咨询工作经验；（4）3年的会计师事务所管理、运营方面的管理会计工作经验；（5）大学里获得会计学或其他商科领域的研究类博士学位，并且在大学里有至少4年的会计或者商科教学经验。
ACCA	1. 知识课程： 注册成为ACCA正式学员，具体要求为： （1）教育部认可的高等院校在校生（本科在校），顺利完成大一的课程考试，即可报名成为ACCA的正式学员； （2）凡具有教育部承认的大专以上学历，即可报名成为ACCA的正式学员； （3）未符合（1）（2）项报名资格的申请者，也可以先申请参加FIA（Foundations in Accountancy）基础财务资格考试。在完成基础商业会计（FAB）、基础管理会计（FMA）、基础财务会计（FFA）3门课程，并完成ACCA基础职业模块，可获得ACCA商业会计师资格证书（Diploma in Accounting and Business），资格证书后可豁免ACCAF1－F3三门课程的考试，直接进入技能课程的考试。 2. 技能课程：通过知识课程考试或者通过FIA基础财务资格考试。 3. 核心课程：通过技能课程考试。 4. 选修课程：通过核心课程考试。
AICPA	AICPA报考资格依照报考的州别不同，而有不同的资格限制，因为美国每一个州都有自己的规定。一般要求为： 1. 学士学位或即将取得学士学位，个别州无限定，例如特拉华州和伊利诺伊州的最低学历为专科，佛蒙特州在最低学历要求上没有特别的限制。 2. 150个以上总学分的规定（未要求修满150个学分的州如：缅因州、新罕布什尔州、加州、科罗拉多州等）。 3. 具有一定会计学分和商业学分的规定，个别州需满足额外要求。一般要求考生满足24个会计学分和24个商业学分的要求，个别州考试要求相对较低，如缅因州无会计和商业学分的要求，新罕布什尔州会计和商业学分各需12个。 另外，有些州还需要满足所规定的具体课程，比如关岛、特拉华州、佛蒙特州、科罗拉多州等等，如果满足了总会计或商业学分的要求，但是不能满足其中一科具体课程的要求，考生仍然无资格报考。 4. 有个别州（如Alaska）可以以一年会计师事务所工作经验代替所需会计学分。 5. 多数州不要求考生的公民权或者居住权的。有个别州在美国CPA报考要求上对于美国本土以外的申请者就有了很大的限制，或者要求公民权或者居住权，对于这些州，非美国本土申请者可首先排除不用考虑。 6. 关于考生最低年龄的限制。多数州在年龄上没有限制。如果是在校申请者的话需要具体联系所申请的州会计委员会，要学校填写一个统一的在读证明让学校填写，具体情况需要联系州会计委员会询问。

续表

资格认证	报名条件（主要是考试报名条件）
AIA	1. 基础阶段，专业阶段 1： （1）具有教育部认可的大专以上学历，可报名就读 AIA 课程，成为 AIA 的学生会员。 （2）教育部认可的高等院校在校生，需向 AIA China Desk 提出申请，核准后，可就读 AIA 课程，成为 AIA 学生会员。 （3）未符合以上报名资格的申请者，年龄在 21 岁以上，可循成年考生途径申请报名入会。 学生会员既可报名参加考试。 2. 专业阶段 2：通过基础阶段、专业阶段 1 的考试。
CGA	1. 基础课程：对学历和工作经验无要求，但是需要在线注册，完成课程学习，即可参加考试。包含三级课程，分别为一级课程、二级课程、三级课程。需要依次通过低级才能进入高级。本次注册课程未通过，可补考一次；补考未通过，再次注册课程学习并考试。根据提交材料进行评估，获得会计学学士学位可豁免初级、高级课程考试，其他相关专业根据所修会计相关课程豁免部分课程。 2. 高级课程：完成初级课程和考试后，注册高级课程，学习并通过考试，及案例课程提交作业。 3. 职业方向课程：完成高级课程和考试后，在四个职业方向中选择一个，选修该方向两门课程并通过考试。 4. 专业综合应用课程：完成 PACE 职业选修课程和考试后，参加专业应用考试
CA	1. 具备大学以上文凭并获得规定的会计课程学分。 2. 参加各省协会要求的教育课程并通过培训课程考试，培训课程包括核心知识（C1 财务会计与报告；C2 管理会计、计划与控制）、专业知识（E1 业绩管理；E2 金融；E3 保险；E4 税务，4 门选择 2 门）及专业技能（Cap1 和 Cap2，其中 Cap1 单独或团队撰写报告或做 presentation。考察综合能力，主要关注专业素养、问题解决和决策能力，沟通能力，自我管理，团队合作和领导力。Cap2 情景模拟。考察复杂情况下的行为，分析、解决问题和决策的能力）三个阶段六个模块。每个模块有三次考试机会。免考条件：持有 CGA 或 CMA Canada 证书，则可以直接参加 CA 的 UFE 考试，但必须是大学本科毕业，而且课程平均分数要在 B－以上。 3. CGA 全科通过后，可以直接参加 CA 的 UFE 考试。
ASCPA	1. 第一部分考试： （1）本土考生申请 ASCPA 考试最好有大学会计学位，但会计学位不是申请 ASCPA 考试的必须条件。但为了跟上新业务和技术的发展，ASCPA 考试要求申请者在申请前学习会计和其他相关课程达到 150 小时。这 150 个小时被称为申请 ASCPA 考试的教育时间要求。另外，教育要求还包括 36 个学期的会计课程，其中有 30 个学期必须是高级课程。达到了了以上教育要求后，本土考生可以在任何时候申请参加考试。由于需要满足 150 个小时的要求，所以需要修满 36 个学期的会计课程。 （2）针对中国考生，报名条件是大学本科毕业，IELTS 成绩 6 分以上。 2. 第二部分考试：通过第一部分考试。 3. 第三部分考试：通过第二部分考试。

续表

资格认证	报名条件（主要是考试报名条件）
CFA	1. Level 1：（1）学历要求，具体为拥有学士学位或相当的专业水准以上，对专业没有任何限制；大学学习年限与全职工作经验合计满四年；如果申请人不具备学士学位，而是具备相当的专业水准，也可被接受为候选人。在校大学生，最早可在毕业前18个月内注册报名考试。 （2）完成注册。 2. Level 2：通过 Level 1 的考试。 3. Level 3：通过 Level 2 的考试。

附表 3.3　各资格认证获证条件汇总表

资格认证	获证条件
CMA（USA）	1. 3年内通过全部考试（单科考试成绩的有效性为3年），没有免考制度 2. 符合资格审查要求，资格审查主要是学历审查和工作经验审查，学历审查表现为需要达到一定的学历要求，具体学历要求为考生需持有国家教育部认可的学院或大学的3年制全日制大专（不包括自考和函授群体）或以上学历（包括本科、研究生和博士，本科以学位证书为准），专业不限。如果您没有学士学位，可向评议会提出学历要求特例申请。只有个别达到相当职业成就的特例可能获得批准。ACCA 的全面合格会员自动符合 CMA 的学士学位教育要求。工作经验审查表现为考生必须在管理会计或财务管理领域具有连续两年的专业工作经验，该工作经验要求在通过考试之前或通过考试后的7年内获得，工作经验指的是考试需要担任过在工作中需要利用管理会计和财务管理的原理的岗位。这样的岗位包括财务分析、预算准备、管理信息系统分析、财务管理、以及政府、财务或行业中的审计、管理咨询、公开会计审计以及与管理会计或者财务管理有关研究、教学或者咨询工作。偶尔运用到管理会计原理的（计算机操作、推销和销售、生产、工程、人员和综合管理）的就职岗位是不符合要求从业资格验证的要求。同样，实习岗位、培训生、文书、或者非技术岗位的从业经验也不能满足要求。
CIMA	1. 基础阶段：通过基础阶段考试，获得 CIMA 商业会计证书。基础阶段的考试顺序可任意组合；必须在完全通过基础阶段的考试后（免试者除外），才能参加运营阶段的考试。如果您申请获得并接受基础阶段所有课程的免试，将不被授予 CIMA 商业会计证书。如需获得该证书，您需通过至少一门基础阶段课程的考试（即接受四门免试并通过一门考试）。免试条件如下： （1）目前，在中国地区，CIMA 还未对当地的学历和资格进行官方认可，所以没有设立相应的自动免试确认程序，CIMA 专家组会逐个评定通知免试科目。一般情况下国内的本科会计、金融专业以及 CICPA 可以免3至5门基础级的考试。具体免试门数完全取决于所提供的成绩单来评估。因为各个大学的教学大纲不同，CIMA 要求出具成绩单是为了考察学员在大学里所修的课程和学时及哪些与 CIMA 的内容相关。 （2）如果您拥有相关海外学历或者国际资格证书，CIMA 有相应的自动免试确认程序。

续表

资格认证	获证条件
	2. 运营级：通过运营级考试（包括3个科目+综合案例分析），获得CIMA管理会计证书。 3. 管理级：通过管理级考试（包括3个科目+综合案例分析），获得CIMA高级管理会计证书运营和管理阶段的考试科目顺序可以跨阶段选择。 4. 战略级：通过战略级考试以及职业能力（TOP CIMA）阶段，获得CIMA会员资质即皇家特许管理会计师。要通过战略阶段的认证，学员必须在第一次报考战略阶段时，同时参加全部3门课的考试，如有没通过的科目，之后可以逐门补考。但未能参加全部3门考试的，此次已经出席并通过的战略级考试分数也将视作无效。只有在完成战略阶段之后，才能参加TOP CIMA。 TOPCIMA分为两个部分： 第一部分实践工作经验。学员需要累积最少3年的与财务管理相关的实际工作经验；第二部分以案例分析为主，要求考生在模拟的商业背景下通过运用战略管理会计技巧进行决策和支持决策。管理会计职业能力考生是对所有课程所涉及的知识和技能的综合测试。 需要注意的是，3年内考完需要考完所有科目，如果3年内没有考完，则先考过的科目依次作废，需要重新考试。
CGMA	由于CGMA是CIMA与美国注册会计师协会（AICPA）联合推出的，因此如果已经是CIMA会员——皇家特许管理会计师，可以自动获得CGMA全球特许管理会计师。另外从2015年开始，AICPA协会会员只需要通过一个strategic case study examination的考试即可获得CGMA的证书。
ACCA	1. 通过14门课程的考试，F1—F9在满足相关条件时可以申请免考，选修课程P4—P7四选二），学员必须按照科目的先后次序报考，即知识课程（F1—F3），技能课程（F4—F9），核心课程（P1—P3）和选修课程（P4—P7），在一个课程阶段中可以选择任意顺序报考，每次或者每个考试期（6个月内）最多报考四门，核心课程的3个科目无须同时报考，单科第一次通过考试起10年内必须考完14门，2015年最新规定专业阶段（P1—P7）必须在7年之内完成（从学员通过第一门专业阶段考试算起），如果学员未能在7年内完成，则超过7年的已通过的考试将作废。具体的免考条件如下所示： （1）教育部认可高校毕业生： 会计学—获得学士学位：免试5门课程（ F1—F5）； 会计学—辅修专业：免试3门课程（F1—F3）； 金融专业：免试5门课程（F1—F5）； 法律专业：免试1门课程（F4）； 商务及管理专业：免试1门课程（F1）； MPAcc专业（获得MPAcc学位或完成MPAcc大纲规定的所有课程、只有论文待完成）：免试9门课程（F1—F9）（其中F6的免试需选修中国税制课程）； MBA学位—获得MBA学位：免试3门课程（F1—F3）； 非相关专业：无免试。 （2）教育部认可高校在校生（本科）：

续表

资格认证	获证条件
	会计学—完成第一学年课程：可以注册为 ACCA 正式学员，无免试； 会计学—完成第二学年课程：免试 3 门课程（F1—F3）； 会计学—完成第三学年课程：免试 3 门课程（F1—F3）。 （3）中国注册会计师资格： 09 年新政策以后 CICPA 全科通过：免试 F1—F9。 2. 在财会审计税务等相关岗位的至少 3 年的工作经验。 3. 完成在线职业操守训练课程的学习和测试。 4. ACCA 和 CMA 互换免考： 根据 CMA 认证和 ACCA 认证互换协议约定，取得 CMA 认证后可以免考 ACCA 考试科目 11 科，也就是说 CMA 持证会员只需参加 ACCA P 阶段的 P1、P2、P3 共 3 门课程考试，即可获得 ACCA 认证。 5. CGA 与 ACCA 互换免考： CGA 全科通过可以免考 ACCA 的 F1—F9；全科通过 ACCA 只需参加 CGA 最后专业认证综合考试。 6. 不同阶段可以获取不一样的证书，具体为： （1）通过 F1—F3 考试，获得国际商业会计资格证； （2）通过 F1—F9 考试，获得高级国际商业会计资格； （3）通过 F1—F9 考试，完成职业道德模块测试，完成并提交通过牛津布鲁克斯大学研究和分析项目，获得英国牛津布鲁克斯大学应用会计学学士学位。
AICPA	1. 拥有美国某州或哥伦比亚特区或者联邦领地内法律授权机构签发的有效的且未被撤销的 CPA 证书（每科成绩有效期限为一年半，考生在通过第一门科目之后的 18 个月内必须通过其余 3 科的考试，否则先考过的科目依次作废，需要重新考试）； 2. 已通过某项会计资格考试且美国注册会计师协会董事会所决定统一考试的其他相关科目的成绩合格； 3. 取得 CPA 证书后有超过 2 年以经营者、合伙人、股东或者雇员身份从事公共会计业务，并在经核准成为实务监控计划的协会中登记的事务所执业； 4. 同意遵守美国注册会计师协会的规章制度和执业道德规范。 免考条件： 1. 获得美国 AICPA 可豁免 ACCA 的 8 门科目（F1、F2、F3、F4、F5、F6、F8、F9）； 2. 取得 AICPA 执照 5 年后可以直接获得英国皇家特许会计师 ACA； 3. 此外还可以豁免 ASCPA、HKCPA、CA 等，但豁免条件不尽相同。
AIA	1. 基础阶段：通过基础阶段考试，获得基础阶段证书，还可以申请到会计技术员资格证书（ACAE），基础阶段分为 A 模块（财务会计 1、商务经济学、管理会计 1）和 B 模块（商务法、审计和税法、信息处理），通过 A 模块才能进行参加 B 模块考试。 国际会计师公会设立免考制度，为中国学生提供的免试如下： 具备大学英语六级（CET-6）、托福 580 分、雅思 6 分、伦敦工商会商务英语二级（LCCIEFB2）、剑桥商务英语二级（BEC）等英语证书之一者免试英语入

续表

资格认证	获证条件
	学考试。中国专科和本科毕业生可免考基础阶段的第 2、4、6 门课程；LCCI 会计群体毕业生可免考基础阶段的第 1、3、6 门课程；中国的注册会计师可免考基础阶段全部课程；国际 MBA 毕业生可免考基础阶段全部课程。 2. 专业阶段 1：通过专业阶段 1 考试，获得专业阶段 1 证书，专业阶段 1 分为 C 模块（审计法、公司法、管理信息）和 D 模块（商务管理、财务会计 2、管理会计 2），通过 C 模块才能参加 D 模块考试。第一次报名参加基础阶段或者专业阶段 1 的考试，需要一次报 3 门课程。 3. 专业阶段 2：通过 16 门考试，获得全科通过证书，成为毕业生会员，其中专业阶段 2 分为 E 模块（财务会计 3、财务管理）和 F 模块（高级审计、税法与税收筹划），每次报名至少报 2 门。AIA 规定所有 16 门课程的单科考试成绩有效期为 10 年，每通过一个阶段的所有课程会发放相应的资格证书。证书没有期限，阶段之间没有时间限制，学员可自行协调决定考试时间。 4. 如拥有 3 年财务会计及相关领域的工作经验便可申请 AIA 全权会员资格，并将获得由 AIA 授予的被接纳成为 AIA 全权会员头衔的证书。
CGA	1. 通过所有课程考试，考试成绩必须达到 65 分以上方可通过。考试成绩在 50—64 分可以补考一次，低于 50 分或补考未及格的学员必须重新选修该门课程。无法参加期末考试的可申请递延考试，但必须满足作业的要求并在考试前一周书面申请。递延考试必须在 CGA 下两次该门课程考试时间内完成。可以申请最长两年的休学时间，可以分两次休，每次最短休息一年。休学时间不计入 CGA 规定学习时间。 2. 具备经协会评审认定的两年或以上的会计相关工作经验（财会、管理信息系统、税务、审计、管理会计、财务管理、政府及非营利组织、行政及人力资源管理）。 3. 学历要求：申请会员时已拿到本科学位。 4. 与其他资格认证的关系： （1）CGA 全科通过后，可以直接参加 CA 的 UFE 考试。 （2）CGA 全科通过可以免考 ACCA 的 F1—F9；全科通过 ACCA 只需参加 CGA 最后专业认证综合考试。
CA	1. 通过 CA UFE 考试； 2. 具备表明在加拿大特许会计师协会手册及执业准则所要求的知识（一般通过考试即可）； 3. 在加拿大有居住权； 4. 在提交会员申请的省协会有两名会员作为推荐人； 5. 指定的 CA Firm（会计师事务所）的 30 个月的工作经验。 免考政策： 1. 下述被认可的国外会计师职业组织的会员可免 UFE：澳大利亚特许会计师协会；英格兰及威尔士特许会计师协会；爱尔兰特许会计师协会；英格兰特许会计师协会。 2. 对于安大略、新步朗斯威克及纽芬兰省协会，UFE 的免试也给予在美国已有特定经验的美国 54 个州级会计局的 CPA 成员。

续表

资格认证	获证条件
ASCPA	1. 提出申请。通过申请后申请人成为工会会员（ASA）。 2. 通过所有考试。考试共分为三部分，第一部分和第二部分为必修课程考试。第一个部分是基础部分，包括报告和专业实践，考生必须首先注册这个部分并经考试合格后方可进入下一部分的必修课程——公司治理和义务，经营战略和领导力。必修科目必须按照顺序考试，没有通过前一科，则无法进行下一科的考试。第三部分是选修部分，考生可以在以下课程中选修任意三门：保险服务与审计，商务信息管理，财务会计，财务报告与信息公开，破产与重组，个人养老金与理财计划，战略管理会计学，税务学，司库学。考生必须在开始注册CPA课程后的5年内完成三部分的学习与考试。 3. 获取3年经认可的行业工作经验，这3年工作经验应在会计、财务、商务咨询等相关领域内取得；同时，申请人在工作期间必须有一位职业指导顾问，帮助申请人取得工作中所应掌握的各项技能。这名顾问的基本条件是本人为澳洲CPA或FCPA（资深CPA）或是澳协会认可的其他会计师组织的正式会员，且在取得CPA或相应资格后有至少2年的相关工作经验。 4. 出席会员迎新工作坊，完成之后，会员由ASA可申请成为CPA，即澳洲注册会计师（备注：在香港或者海外的会计或财务或商务上积累十五年的工作经验可申请成为FCPA，即澳洲资深注册会计师）。 5. 与ASCPA有互认协议的机构包括： （1）CGA：与澳洲CPA仅差2门课，分别是Overview of Canadian Tax and Law加拿大税务和法律概述；The Professional Application Reciprocity Evaluation（PARE）专业应用互认评估（其中，完成了MBA课程或者其他有关税务的硕士课程的学生或许可以获得第1门课的免考；第2门课是一个形式上的互认评估考试，基本上都是选择题，比较容易通过）。 （2）CIMA特许管理会计师工会：要求澳洲的CPA会员通过CIMA的评估，完成CIMA认可的3年工作，工作领域限制在审计、会计和税务三个方面。 （3）AICPA（美国注册会计师协会）要求澳洲CPA会员满足以下条件： ①是澳洲CPA的正式会员（即完成了CPA考试和澳洲3年的工作经验）； ②有澳洲3年的本科学位（会计相关专业）； ③完成澳洲CPA考试选修课中的审计与保证这门课； ④通过美国注册会计师水协会的IQEX（International Qualification Examination）考试，这是一个互认考试，仅由简单的选择题目构成； ⑤完成IQEX测试后申请欲执业的州的执业证书。
CFA	1. 美国：（1）通过三个级别的考试，没有时间限制；（2）具有四年的合格的投资决策方面的专业工作经验；（3）同意遵守CFA协会职业道德规范和职业行为准则；（4）成为CFA协会的正式成员，并申请加入当地的CFA成员的社区。 2. 中国：（1）通过三个级别的考试，没有时间限制；（2）具有四年或以上的CFA认可的与投资决策过程相关的专业工作经验（相关经验可在考前、考中、考后积累）；（3）提交两封引荐人Sponsor的推荐信；（4）申请成为CFA及所在协会的会员资格；（5）递交职业品行陈述。 CFA证书终身有效（2008年曾要求过7年内通过3个级别考试，该规定现已取消）。

附表 3.4　　各资格认证后续教育汇总表

资格认证	后续教育
CMA（USA）	强制要求。在通过美国注册管理会计师所有考试科目之后，考试需要每年完成 30 个小时的继续教育，其中必须包括 2 小时的职业道德教育。如果当年完成了超过两个小时职业道德方面的继续教育，那么最多能有两个小时的职业道德教育学时能够被带到下一年。由美国管理会计师协会、其委员会和分会、认可雇主、企业、教育机构、其他专业会计组织以及贸易协会举办的项目都可获得继续教育学时。具体规定如下： 1. 报告周期从完成两门考试之后的 1 月 1 日开始。在成功完成两门考试到随后的 1 月 1 日之间的时期是一个宽限期。在这个时期没有继续教育的要求，但是在这个时期所获得的任何继续教育学时都可以算在第一个报告周期内。 2. 当一名会员在一年内完成了超过 30 个小时的继续教育，最多 10 个小时可被带到下一年。
CIMA	强制要求。 1. 具有资格认证的会员按时参加 CIMA 的后续教育 CPE，保证每年至少完成 30 小时的 CPE 课程。 2. 具有 CIMA 资格认证的学员享有终身学习的服务，每年都有后续教育保证知识体系的更新。
CGMA	没有找到相关资料
ACCA	强制要求。所有正式会员每年都必须完成 CPD，退休会员无须完成。刚刚获取会员资格的新会员可从翌年的 1 月 1 日至 12 月 31 日期间完成当年的 CPD 学时。ACCA 认为其会员需要通过实际可行的方式来完成 CPD。如果因故未能参加 CPD 学术活动，ACCA 还提供免费的网上学习资源来帮助会员完成相关的 CPD 学时。会员可以依据自己的实际情况从以下四种方式中任选其一来完成： 1. Unit route（单位小时途径）。选择此种途径，需要每年完成 40 个与工作相关的学时（小时）。其中 21 个小时（verifiable unit）需要出示相关证明材料（CPD evidence），其余的 19 个小时则不需要出示任何证明。除了证明材料外，需要填写 CPD evidence record 来记录学习。一份 evidence record 对应一个学习活动。对于不需证明的 19 个小时的 CPD 活动，只需填写一份 evidence summary 即可。如果会员在一年内完成的可有效证明的 CPD 学时超过了 21 个小时，那么可以将多于这部分的小时数计入翌年来继续使用。需要注意的是，无需证明的 CPD 学时将不可被记入翌年。 2. ACCA Approved Employer Route（ACCA 认可雇主途径）。如果会员所在的公司是 ACCA CPD 认可雇主，会员将不需要累计课时或保留培训凭证，会员只需保留就职于该公司的在职证明以及在每年年底提交当年的 CPD 学时的时候选择“I have completed my CPD requirement with an Approved Employer route”即可。 会员可以与 ACCA 各代表处或向贵公司的人力资源部确认会员所在的公司是否为 ACCA CPD 认可雇主。如会员的公司目前还未申请成为 ACCA 认可雇主，但会员认为贵公司已经为会员提供了足够的培训与发展的机会，会员可以帮助会员的公司向 ACCA 提出免费加入认可雇主计划的申请，并享受一系列由 ACCA 提供的财会人员招聘、培训和发展等方面的专享服务。 3. Other IFAC member body route（其他“国际会计师联合会”成员途径）。如果会员同时也隶属于其他国际财会组织，例如：中国注册会计师协会（CICPA）或香

续表

资格认证	后续教育
	港注册会计师（HKICPA），ACCA 允许会员选择参加任何一个组织的后续教育并承认其有效性。但是，会员首先要满足以下 3 点要求： （1）除 ACCA 外，会员是该组织的正式会员，而不是学员或准会员等。 （2）除 ACCA 外，会员所属的团体必须是 IFAC 成员或 IFAC 认可的组织。 （3）除 ACCA 外，会员所属组织的后续教育政策须遵守 IFAC 国际教育准则的相关要求。如果会员选择使用 IFAC 途径完成会员的后续教育，会员需要保留该组织的会员资格证明，以及该组织的后续教育证明以供 ACCA 进行抽查。 （4）Unit route：Part - time or Semi - retired（单位小时：兼职或半退休途径）。如果会员全年工作的小时数低于 770 个小时，那么会员就可以选择通过此途径来完成 CPD 目标。举例来说：如果会员每周工作 17.5 个小时，或在全年的某个时段只为个别项目工作，会员只需要完成 19 个无需证明的 CPD 单位小时，然后根据自己的实际情况为自己制定需要证明的有效的 CPD 学时数量即可。但 ACCA 要求会员需要为自己制定的小时数量给出合理的解释。
AICPA	强制要求。美国注册会计师协会（AICPA）对不同类型的会员，规定了不同的法定学习时间。对于那些从事公开业务（public practice）的会员（即在会计师事务所工作的注册会计师），每 3 年必须完成 120 小时的后续教育课程，但每年最低不得少于 20 小时；对于那些从事非公开业务（not public practice）的会员（即不在会计师事务所工作的注册会计师），则每三年必须完成 90 小时的后续教育课程，但每年最低不得少于 15 小时；对于在政府部门工作的会员，每两年必须完成 80 小时的后续教育课程，每年至少 20 小时。如果一个会员由从事公开业务转向非公开业务、或者情形相反，则三年期法定的累计学习时间应予以调整，按公开业务每年 40 小时、非公开业务每年 30 小时计算所需要的总学时。美国注册会计师协会设置了多种课程来满足职业后续教育的需要，课程种类在 150 种以上，并且每年大约有 1/3 的课程要进行修改或更新。其后续教育课程按会员的不同职业发展阶段设计，以满足不同层次的培训要求。具体分为：（1）基础课：用于新会员，该课程知识面窄，强调基本原则和技能；（2）中级深：在基础课的基础上强调实际应用；（3）高级课：强调知识的深度和应用的广度；（4）更新课：介绍各个领域的最新发展；（5）星级课：由高级专家指导的讨论课。与此同时，对于自主学习的课程，由各州会计理事会全美协会指定的后续职业教育机构负责设计，其中最有影响的组织之一是会计师教育组（AEG），该组织从 1988 年开始成为美国自学后续职业教育领域内的领先者。目前，该组织所设置的课程主要有：（1）计算机系列；（2）税收系列；（3）审计和会计系列；（4）财产计划系列。通过考试但是尚未拿到执照的准会员没有继续教育的强制要求，但需要满足其他申请条件。
AIA	强制要求，具体表现为：毕业生会员（通过所有考试）需要参与后续教育。CPD 后续教育服务为讲座、论坛、学术讨论等一系列的后续教育。毕业生会员每年须进行总计 30 个小时的 CPD 后续教育。

续表

资格认证	后续教育
CGA	强制要求，具体表现为： 1. 学时要求。每一考核周期（3 年）必须达到 120 小时及以上，其中 60 小时必须是可验证的。可验证后续教育学时：主要指（但不局限于）参加、开发和教授有学分的课程或其他无学分的课程或项目，如： （1）参加研讨会（包括 CGA 举办的后续教育活动）、公司正式内部培训、无学分课程、学历（位）教育等学分课程或其他专业技术课程或讲座等。 （2）教授学历（位）教育等学分课程、无学分课程、企业内训课程或作为研讨会、后续教育活动、研讨会、讲座的主讲嘉宾。 （3）为远程教育课程或学历（位）教育等课程进行辅导或作业批改。 （4）参与证书课程学习以及提供考核和证书的在线项目学习。如 CGA 的在线 seminar （5）发表文章、出版图书或者为其他文章的发表和图书出版进行评论或修改。 （6）为第三方开发设计课程、讲座或研讨会。 不可验证后续教育学时：主要指利用公开发表的学习材料自学，如： （1）阅读或自学一些技术材料。 （2）自学一些不提供证书或考核的课程。 （3）工作职责的改变。 （4）作为自愿者担任非牟利组织职务（如董事等）。 2. 考核周期计算： 考核周期循环计算，3 年一个周期。计算方法如下： 如：第一个考核周期为：2009 年、2010 年、2011 年。 第二个考核周期为：2010 年、2011 年、2012 年，依次类推。 因此，建议会员每年至少申报 40 小时（20 小时为可验证）CPD。 3. 新会员的 CPD 申报：新会员在取得会员资格的当年以及下一个年度不要求申报 CPD。如一个会员是 2008 年 6 月取得的会员资格，则该会员 2008 年、2009 年不需要申请 CPD，其第一个 CPD 考核周期为：2010 年、2011 年、2012 年，即该会员第一次 CPD 申报截止日期为 2011 年 3 月 31 日（申报 2010 年 CPD 学时）。 4. CPD 豁免：有下列情况者可申请豁免 CPD，须书面申请并获得批准后方才有效。 （1）退休的会员； （2）休产假的年度； （3）严重的健康问题； （4）其他协会认为可豁免的情况。
CA	没有找到相关资料。
ASCPA	强制要求。澳洲会计师协会要求会员每 3 年完成至少 120 小时，每年至少 40 小时的后续教育。后续教育可以是来自职业团体、教育机构或雇主的培训，也可以是会员自学或自己制定学习计划。

续表

资格认证	后续教育
CFA	自愿参加，没有强制要求。对于 CFA 协会会员： 自愿继续教育计划构建了一个有助于会员持续专业发展教育活动的框架。具体为： 1. 设计你的课程； 2. 浏览活动建议； 3. 学会如何计算和管理学分； 4. 管理、追踪继续教育进度； 5. 证实自己的参与。

附表 3.5　　各资格认证社会影响和认可程度汇总表

资格认证	社会影响和认可程度
CMA（USA）	CMA 是全球管理会计和财务管理领域最顶级的认证，全球 180 多个国家认可，备受国有企业及世界 500 强企业雇主推崇。例如 IBM、强生、卡特彼勒等。CMA 认证越来越受到各大中小型企业的青睐，在招聘财务总监，财务经理时，持有 CMA 是优先录取的有力条件。不仅如此，很多企业大力支持内部财务人员参加 CMA 培训。例如中国联通，农业发展银行，中粮集团，中国石油，海尔集团等曾大规模举行了 CMA 企业内训
CIMA	CIMA 企业会计证书是 CIMA 旗下最重要的财务证书之一，而 CIMA 则是世界上第一个达到国际会计联合会（IFAC）国际教育标准的会计职业资格认证体系，迄今已经有 93 年的历史，4500 多家合作雇主遍布世界各地，例如花旗银行、法兴银行、汇丰银行、皇家苏格兰银行、摩根士丹利、埃森哲、安永等
CGMA	1. CGMA 证书在全球范围内认证持证人在管理会计师领域的专业水准。CIMA 与 AICPA 均为全球最具影响力的会计师组织，均为国际会计师协会 IFAC 成员，在国际会计领域具有举足轻重的号召力。CIMA 在英国、欧盟、新加坡、香港、澳大利亚、加拿大等国都得到权威认证，而 AICPA 协会在美国、日本、亚洲等全球各地有广泛的权威性。因此持有 CGMA 证书可以帮助会员更好的在两大协会的影响力的地区做全球性的职业发展。 2. 扩大持证人的职业发展机遇，拥有更多的业界资源。CIMA 与 AICPA 协会均有大量会员，通过 CGMA 证书，两大协会建立了一个由 50 多万人组成的财务高管社群，大大扩大的持证人的业界资源范围。双方的认可雇主企业也更大程度的扩展了 CGMA 持证人的职业发展机遇。 3. 获得更多的专业支持。CIMA 及 AICPA 协会将向 CGMA 持证会员从管理会计及财务会计的角度提供更多的可供职业工作中的技能及工作工具，并通过两大协会对于行业的先进研究，保持前瞻性的专业视野，保持个人核心的竞争能力。
ACCA	1. ACCA 专业资格考试是最具权威性的国际认证资格考试。伴随中国经济金融国际化，在中国持有 ACCA 特许公认会计师资格证书象征着无与伦比的国际财经职业地位和广阔的职业发展机遇。 ACCA 中国大陆会员 61% 在大型工商业企业工作，24% 在公共部门工作，11% 在银行、保险、投资等金融机构工作，4% 在其他部门。截至目前，ACCA 在中国的

续表

资格认证	社会影响和认可程度
	认可雇主企业超过800家，ACCA认可雇主会给予公司职员报考ACCA考试费用，带薪休假参加考试等支持，还会对ACCA会员优先录用。IBM、GE、摩托罗拉、强生、卡特彼勒、"四大"、中国银行等国内外数百家知名企业均高度认可ACCA证书，并定期组织员工参加ACCA学习与认证。 目前ACCA会员主要就业方向包括花旗银行、汇丰银行、渣打银行、工商银行、中国银行等大型国际国内金融机构；阿里巴巴、通用电气、壳牌和联合利华等大型企业；和以"四大"会计师事务所为代表的国际财务金融服务机构。 2. 薪资情况： 具有ACCA资格的财会人员，年薪在10万元以下－－－－4.30% 具有ACCA资格的财会人员，年薪在10万至30万元－－－－36.5% 具有ACCA资格的财会人员，年薪在30万至50万元－－－－29.5% 具有ACCA资格的财会人员，年薪在50万至200万元－－－－29.0%
AICPA	审计：最大部分的AICPA选择去会计事务所工作，为不同的客户提供审计和会计服务。企业：也可以在一家以营利为目的的企业从事财务/会计工作非营利组织：这是另外一种选择，可以在一些协会或组织中担任工作教育：可以从事会计方向的教育，或者兼职AICPA的讲师，教育的需求是持续非常庞大的，特别是AICPA的教育需求。政府：每个州、每个地方政府都需要美国注册会计师。咨询：可以进入咨询公司，为企业提供更好的商业服务
AIA	1. 据统计，AIA学员目前主要任职机构为工商企业财务部门、财政/税务部门、审计/会计师事务所、银行金融机构、风险投资机构、跨国集团、外资企业，例如第一财经传媒有限公司、普华永道、毕马威、德勤、汇丰银行等。 2. AIA学员目前职位分布情况：首席财务官CFO（11%）；财务总监（14%）；财务经理（7%）高级会计（9%）会计（31%）；财务分析师（6%）；审计师（2%）；总经理（8%）；行政经理（3%）；其他（9%）。 3. 通过AIA学习后，学员在两年内的收入增加情况：增加10%以下：8%；增加10%—20%：27%；增加20%—30%：35%；增加30%—40%：19%；增加40%以上：11%。
CGA	1. CGA专衔享有极高的国际公信力，协会会员可在加拿大执业，独立签署审计报告；或在世界各地从事高级财务及企业管理等工作。参加CGA课程培训的学员或CGA会员不仅能在工业、商业、政府机构、会计师事务所等出任会计师、财务经理、财务总监等职，同时也能胜任跨国公司或合资企业高级行政管理人员或总经理之职等。 2. CGA会员主要面对中小企业提供会计审计服务，可以签署审计报告，或从事高级财务及企业管理等工作。实际上CGA执业会员以在中小事务所从业为主，而中小所一般很少开展审计业务，主要从事会计记账、财务报表编制、为客户报税等财务会计类工作。

续表

资格认证	社会影响和认可程度
CA	1. 主要职业方向为：（1）会计师事务所工作，主要从事审计及税务业务；（2）大公司较高级的职位如CEO/CFO财务副总裁；（3）中级经理职务如财务经理。 2. CA有近40%的会员在四大这类大型会计师事务所执业，近一半以上在工商等领域。据了解，在加拿大签署审计报告，一般都应具备CA资格，特别是在国际四大这类大型会计师事务所从事上市公司审计业务的都需CA资格。在CPAB、安永、致同访问时，接触到的监管和执业人员一般都具备CA资格，说明CA在加拿大会计界是最具权威性的执业资格。
ASCPA	澳大利亚注册会计师可以成为商业咨询师、企业家和预算专家。也可以成为风险经理、顾问、税务咨询师和问题解决者。澳大利亚注册会计师可以为各类组织工作，范围从MTV到联邦调查局，以及每一个大型和小型公司
CFA	1. CFA职业方向包括投行经理，基金经理、证券分析师、财务总监、投资顾问、投资银行家、交易员等。最新统计结果为： （1）全球：会计/审计（3%）；首席执行官（7%）；咨询（6%）；公司金融分析师（5%）；财务顾问（5%）；投资银行分析师（4%）；管理经理的管理人员（3%）；投资组合经理（22%）；客户经理（5%）；研究分析员（15%）；风险管理人员（5%）；策略师（3%）；贸易商（3%）；待业（4%）；其他（11%）。 （2）中国：会计/审计（3%）；首席执行官（7%）；咨询（5%）；公司金融分析师（5%）；财务顾问（5%）；投资银行分析师（9%）；管理经理的管理人员（4%）；投资组合经理（18%）；客户经理（5%）；研究分析员（15%）；风险管理人员（6%）；策略师（3%）；贸易商（4%）；待业（3%）；其他（8%）。 2. CFA就业最多的世界著名机构包括：高盛、摩根斯坦利、J. P摩根、花旗、穆迪、德意志银行、巴克莱银行、瑞士信贷和瑞银、普华永道、国内头牌投行如中金、中信、银河证券、国泰君安、广发证券、华泰证券、光大证券、国信证券、中银国际证券等。 3. 根据调查得出CFA学员平均薪资水平为：CFA一级学员收入：基本薪金人民币240 000元加上奖金人民币102 400元，总计年收入为人民币342 400元；CFA二级学员收入：基本薪金人民币436 000元加上奖金人民币156 000元，总计年收入为人民币592 000元；CFA三级学员收入：基本薪金人民币514 800元加上奖金人民币423 600元，总计年收入为人民币938 400元。

附件四 调查问卷

1.1　CEO 调查问卷

本次调查结果仅用于综合分析，不作为任何考察、考核、晋级的依据，敬请您放心填写。

填写没有好坏、对错之分，真实表达和反映您的看法和想法，就是最佳答案，也是我们最为期待的。

填写对象：企业负责人

填写方法：请在下划线“__”处填写或在“□”内打“√”。

1. 请您对如下各项能力在企业管理的重要性进行评价（请在每项后面的下划线“__”处填写分值，取值1—5，其中1表示“不重要”，2为“不太重要”，3为“一般”，4为“较为重要”，5为“重要”）：

   □财会专业知识和技能__　□分析能力__　□管理能力__
   □预测能力__　□决策能力__　□规划能力__
   □沟通能力__　□人际交往能力__　□领导能力__
   □市场意识与观念__　□职业道德__　□创新思维能力__
   □自我完善与发展能力（即学习能力）__

2. 请您对财会人员的如下专业技能在企业管理的重要性进行评价（请在每项后面的下划线“__”处填写分值，取值1—5，其中1表示“不重要”，2为“不太重要”，3为“一般”，4为“较为重要”，5为“重要”）：

□会计核算能力__ □财务管理能力__ □财务分析能力__
□成本管理能力__ □税务筹划能力__ □资金筹集能力__
□内部控制能力__ □风险控制能力__ □市场预测能力__
□经营决策能力__ □信息需求规划能力__ □数据挖掘能力__
□信息集成和整合能力__ □数据可视化能力和信息展示能力__

3. 请您对如下各项知识在企业管理的重要性进行评价（请在每项后面的下划线“__”处填写分值，取值1—5，其中1表示“不重要”，2为“不太重要”，3为“一般”，4为“较为重要”，5为“重要”）：

□会计核算__ □财务管理__ □财务报告__
□财务分析__ □运营管理__ □资产管理__
□项目管理__ □税收筹划__ □绩效管理__
□信息系统管理__ □组织行为管理__ □公司治理__
□内部审计__ □内部控制__ □风险管理__
□信用管理__ □战略管理__ □并购与重组__
□客户关系管理__ □社会关系管理__ □价值管理__
□创新与变革管理__ □金融知识__ □经济知识__
□法律知识__ □经营决策知识__ □投资决策知识__
□职业道德与伦理__

4. 请您对贵公司财会部门在履行如下企业管理职能中发挥作用的重要性进行评价（请在每项后面的下划线“__”处填写分值，取值1—5，其中1表示“不重要”，2为“不太重要”，3为“一般”，4为“较为重要”，5为“重要”）：

□预测__ □决策__ □规划（预算）__ □组织__
□控制__ □核算__ □分析__ □考核__

5. 请您对下列管理工具或方法在企业管理的重要性进行评价（请在每项后面的下划线“__”处填写分值，取值1—5，其中1表示“不重要”，2为“不太重要”，3为“一般”，4为“较为重要”，5为“重要”）：

□成本变动性分析与变动成本分析__ □盈亏平衡分析与本量利分析__
□经营决策分析__ □投资决策分析__

□产品定价__　□转移定价__
□责任会计与业绩评价__　□全面预算__
□质量成本与全面质量管理__　□标准成本制度与成本控制__
□存货管理和适时制（JustinTime）__　□作业成本计算与作业成本管理__
□价值链分析__　□产品生命周期成本分析__
□外汇风险管理__

6. 请您对贵公司财会人员如下能力的总体满意程度进行评价（请在前面的方框内评价，取值1—5，其中1表示“不满意”，2为“不太满意”，3为“基本满意”，4为“较为满意”，5为“满意”）：
□财会专业知识和技能__　□分析能力__　□管理能力__
□预测能力__　□决策能力__　□规划能力__
□沟通能力__　□人际交往能力__　□领导能力__
□市场意识与观念__　□职业道德__　□创新思维能力__
□自我完善与发展能力（即学习能力）__

7. 请您对贵公司财会人员如下专业技能的总体满意程度进行评价（请在前面的方框内评价，取值1—5，其中1表示“不满意”，2为“不太满意”，3为“基本满意”，4为“较为满意”，5为“满意”）：
□会计核算能力__　□财务管理能力__　□财务分析能力__
□成本管理能力__　□税务筹划能力__　□资金筹集能力__
□内部控制能力__　□风险控制能力__　□市场预测能力__
□经营决策能力__　□信息需求规划能力__　□数据挖掘能力__
□信息集成和整合能力__　□数据可视化能力和信息展示能力__

8. 请您对贵公司财务人员在如下工作中发挥作用的总体满意程度进行评价（请在前面的方框内评价，取值1—5，其中1表示“不满意”，2为“不太满意”，3为“基本满意”，4为“较为满意”，5为“满意”）：
□会计核算__　□财务管理__　□财务报告__
□财务分析__　□运营管理__　□资产管理__
□项目管理__　□税收筹划__　□绩效管理__
□信息系统管理__　□组织行为管理__　□公司治理__
□内部审计__　□内部控制__　□风险管理__
□信用管理__　□战略管理__　□并购与重组__
□客户关系管理__　□社会关系管理__　□价值管理__

□创新与变革管理__　□金融业务__　□经济分析__
□法律事务__　□经营决策__　□投资决策__
□职业道德与伦理__

9. 请您对贵公司财会部门在企业履行如下管理职能中发挥作用的满意程度进行评价（请在前面的方框内评价，取值 1—5，其中 1 表示“不满意”，2 为“不太满意”，3 为“基本满意”，4 为“较为满意”，5 为“满意”）：
□预测__　□决策__　□规划（预算）__　□组织__
□控制__　□核算__　□分析__　□考核__

10. 请您对贵公司财会部门如下工作中所发挥作用的满意程度进行评价（请在前面的方框内评价，取值 1—5，其中 1 表示“不满意”，2 为“不太满意”，3 为“基本满意”，4 为“较为满意”，5 为“满意”）：
□成本变动性分析与变动成本分析__　□盈亏平衡分析与本量利分析__
□经营决策分析__　□投资决策分析__
□产品定价__　□转移定价__
□责任会计与业绩评价__　□全面预算__
□质量成本与全面质量管理__　□标准成本制度与成本控制__
□存货管理和适时制（JustinTime）__　□作业成本计算与作业成本管理__
□价值链分析__　□产品生命周期成本分析__
□外汇风险管理__

11. 您对贵公司财会工作的总体评价：
□不满意　□不太满意　□基本满意　□较为满意　□满意

12. 您认为贵公司财会人员的整体素质：
□很差　□较差　□一般　□较高　□很高

13. 您认为贵公司财会部门提供的信息准确性：
□很不准确　□较不准确　□一般　□较准确　□准确

14. 您认为贵公司财会部门提供的信息及时性：
□很不及时　□不及时　□较及时　□及时　□超前

15. 您认为贵公司财会部门提供的信息有用性：
□没用　□几乎没用　□作用不大　□较有用　□很有用

16. 您希望贵公司的财会信息达到什么状态：
□如实反映企业的经营活动　□能够提供决策所需要的信息
□能够提供有预见性的信息　□其他，请注明

17. 请您对贵公司财会信息的满意程度评价（1—5 分，其中“1”表示很不满意，“5”表示很满意）：
    □如实反映企业的经营活动__　□能够提供决策所需要的信息__
    □能够提供有预见性的信息__
18. 您的性别为：□男，□女；年龄____岁
19. 您的最高学历是：□大专以下　□大专　□本科　□硕士　□博士
20. 您所经历的高等学历属于：□文科　□理工科　□既有文科，又有理工科
    □其他，请注明________________________________
21. 您是否经历过会计、财务或审计方面的专业学习或培训：□是，□否
22. 您所取得的学位中有（可多选）：
    □会计　□财务管理　□审计　□管理
    □经济　□金融　□法律
    □其他，请注明________________________________
23. 您是否从事过会计、财务或审计方面的工作：□是，□否
24. 您大概从事过会计、财务或审计方面的工作____年。
25. 您已工作____年，至今共在____个单位工作过，在贵公司工作____年，在贵公司担任现职____年。
26. 您在公司目前的职务是：□董事长　□总经理　□副总经理　□其他，请注明________________________________
27. 您最近购买的一本书是____个月前买的，该书属于哪个领域：
    □会计、财务或审计　□企业管理　□金融或证券　□经济　□法律
    □政治　□社会　□文化　□文学　□其他，请注明：______________
28. 您最近读的一本书是____个月前读的，该书属于哪个领域：
    □会计、财务或审计　□企业管理　□金融或证券　□经济　□法律
    □政治　□社会　□文化　□文学　□其他，请注明：______________
29. 您最近参加的在职培训是____个月前进行的，培训的内容涉及（可多选）：
    □会计、财务或审计　□企业管理　□金融或证券　□经济　□法律
    □政治　□社会　□文化　□文学　□其他，请注明：______________
30. 最近一年，您每天用于开会平均约____个小时，处理本职工作平均约____个小时，社会交往平均约____小时，上网平均约____个小时，浏览微信平均约____小时。
31. 您心目中最崇拜的企业是（若无，可不填）：______________________

32. 您最崇拜的人物是（若无，可不填）：______________________________

33. 您最崇拜的企业家是（若无，可不填）：____________________________

34. 贵公司属于（可多选）：□央企　□地方国有企业　□非国有企业　□民营企业□中外合资企业　□中外合作企业　□外商独资企业　□上市公司　□非上市公司　□其他，请注明：_____________________

35. 贵公司的产品主要属于：□制造业　□金融业　□建筑和房地产业　□服务业□综合类行业　□其他行业，请注明：_____________________

其中，若是制造业，主要产品属于为：

□食品　□饮料（含酒）　□烟草　□纺织　□服装和服饰（含制鞋）

□木材加工与家具制造　□造纸与印刷（含记录媒介复制）

□文体和娱乐用品制造　□石油加工　□化工化纤　□医药

□金属冶炼和压延加工　□金属制品　□非金属矿物制品　□设备制造

□汽车制造　□仪器仪表制造　□其他制造

36. 贵公司位于___________省___________市

37. 贵公司现有职工约________人，上年底总资产约为___________万元。

公司名称为_____________________________（用于资料整理，无其他目的）

38. 您对未来的财会人员和财会工作有何更高的期望？（若无，可不填）_____

____

____

____

我们很愿意将本次调查的研究成果与您分享。如果需要，请留下您的电子邮箱：____

调查到此结束。衷心感谢您在百忙之中参加本次调查，谢谢您的积极而有价值的回答！

财政部江苏专员办课题组

1.2　CFO调查问卷

本次调查结果仅用于综合分析，不作为任何考察、考核、晋级的依据，敬请您放心填写。

填写没有好坏、对错之分，真实表达和反映您的看法和想法，就是最佳答案，也是我们最为期待的。

填写对象：财务负责人（财务副总，总会计师或财务总监）

填写方法：请在下划线“__”处填写或在“□”内打“√”。

1. 请您对财会人员的如下各项能力在企业财会工作中的**重要性**进行评价（请在每项后面的下划线“__”处填写分值，取值1—5，其中1表示“不重要”，2为“不太重要”，3为“一般”，4为“较为重要”，5为“重要”）：

   □财会专业知识和技能__　□分析能力__　□管理能力__
   □预测能力__　□决策能力__　□规划能力__
   □沟通能力__　□人际交往能力__　□领导能力__
   □市场意识与观念__　□职业道德__　□创新思维能力__
   □自我完善与发展能力（即学习能力）__

2. 请您对财会人员的如下专业技能在企业财会工作中的**重要性**进行评价（请在每项后面的下划线“__”处填写分值，取值1—5，其中1表示“不重要”，2为“不太重要”，3为“一般”，4为“较为重要”，5为“重要”）：

   □会计核算能力__　□财务管理能力__　□财务分析能力__
   □成本管理能力__　□税务筹划能力__　□资金筹集能力__
   □内部控制能力__　□风险控制能力__　□市场预测能力__
   □经营决策能力__　□信息需求规划能力__　□数据挖掘能力__
   □信息集成和整合能力__　□数据可视化能力和信息展示能力__

3. 请您对如下各项知识在企业财会工作中的**重要性**进行评价（请在每项后面的下划线“__”处填写分值，取值1—5，其中1表示“不重要”，2为“不太重要”，3为“一般”，4为“较为重要”，5为“重要”）：

□会计核算__ □财务管理__ □财务报告__
□财务分析__ □运营管理__ □资产管理__
□项目管理__ □税收筹划__ □绩效管理__
□公司治理__ □经济知识__ □法律知识__
□内部审计__ □内部控制__ □风险管理__
□信用管理__ □战略管理__ □并购与重组__
□价值管理__ □经营决策知识__ □投资决策知识__
□金融知识__ □组织行为管理__ □社会关系管理__
□客户关系管理__ □信息系统管理__ □创新与变革管理__
□职业道德与伦理__

4. 请您对贵公司财会部门在企业履行如下管理职能中发挥作用的**重要性**进行评价（请在每项后面的下划线“__”处填写分值，取值1—5，其中1表示“不重要”，2为“不太重要”，3为“一般”，4为“较为重要”，5为“重要”）：

□预测__ □决策__ □规划（预算）__ □组织__
□控制__ □核算__ □分析__ □考核__

5. 贵公司财务人员对如下工作领域的**熟悉程度**如何？请您做出评价（请在前面的方框内评价，取值1—5，其中1表示“不熟悉”，2为“不太熟悉”，3为“一般”，4为“较熟悉”，5为“熟悉”）：

□会计核算__ □财务管理__ □财务报告__ □财务分析__
□法律事务__ □运营管理__ □企业管理__ □战略管理__
□绩效管理__ □公司治理__ □并购与重组__ □经营决策__
□内部审计__ □内部控制__ □风险管理__ □税收筹划__
□资产管理__ □项目管理__ □关系管理__ □投资决策__
□金融业务__ □经济分析__ □供应链管理__
□信息系统管理__ □组织行为管理__
□职业道德与伦理__ □创新与变革管理__

6. 您对贵公司财务部门在企业如下工作中发挥作用的**满意程度**如何？请您做出评价（请在前面的方框内评价，取值1—5，其中1表示“不满意”，2为“不太满意”，3为“基本满意”，4为“较为满意”，5为“满意”）：

□会计核算__ □财务管理__ □财务报告__
□财务分析__ □供应链管理__ □运营管理__

□企业管理__ □战略管理__ □绩效管理__
□公司治理__ □并购与重组__ □投资决策__
□内部审计__ □内部控制__ □风险管理__
□税收筹划__ □资产管理__ □项目管理__
□关系管理__ □法律事务__ □金融业务__
□经济分析__ □组织行为管理__ □经营决策__
□职业道德与伦理__ □信息系统管理__ □创新与变革管理__

7. 请您对下表中各项管理工具在财会工作中的**重要程度**做出评价。

8. 请您对下表中各项管理工具在财会工作中的贵公司财会人员对其**熟悉程度**做出评价（请在各行的相应位置打“✓”，取值1—5）：

重要程度：1表示“不重要”，2为“不太重要”，3为“一般”，4为“较为重要”，5为“重要”。

熟悉程度：1表示“不熟悉”，2为“不太熟悉”，3为“一般”，4为“较熟悉”，5为“熟悉”。

管理工具	重要程度					熟悉程度				
	不重要	不太重要	一般	较为重要	重要	不熟悉	不太熟悉	一般	较熟悉	熟悉
计划成本	1	2	3	4	5	1	2	3	4	5
定额成本	1	2	3	4	5	1	2	3	4	5
标准成本	1	2	3	4	5	1	2	3	4	5
差异分析	1	2	3	4	5	1	2	3	4	5
作业成本法（ABC）	1	2	3	4	5	1	2	3	4	5
作业成本管理（ABCM）	1	2	3	4	5	1	2	3	4	5
成本收益分析	1	2	3	4	5	1	2	3	4	5
决策的相关性分析	1	2	3	4	5	1	2	3	4	5
成本的可控性分析	1	2	3	4	5	1	2	3	4	5
成本的边际性分析	1	2	3	4	5	1	2	3	4	5
成本的变动性分析（即性态分析）	1	2	3	4	5	1	2	3	4	5
成本的约束性分析	1	2	3	4	5	1	2	3	4	5
变动成本法	1	2	3	4	5	1	2	3	4	5

续表

管理工具	重要程度					熟悉程度				
	不重要	不太重要	一般	较为重要	重要	不熟悉	不太熟悉	一般	较熟悉	熟悉
本量利分析	1	2	3	4	5	1	2	3	4	5
销售预测	1	2	3	4	5	1	2	3	4	5
成本预测	1	2	3	4	5	1	2	3	4	5
利润预测	1	2	3	4	5	1	2	3	4	5
资金预测	1	2	3	4	5	1	2	3	4	5
生产决策中的差量分析	1	2	3	4	5	1	2	3	4	5
生产决策中的边际贡献分析	1	2	3	4	5	1	2	3	4	5
生产决策中的本量利分析	1	2	3	4	5	1	2	3	4	5
生产决策中的最优生产批量分析	1	2	3	4	5	1	2	3	4	5
生产决策中的线性规划	1	2	3	4	5	1	2	3	4	5
市场价格定价法	1	2	3	4	5	1	2	3	4	5
目标成本定价法	1	2	3	4	5	1	2	3	4	5
成本加成定价法	1	2	3	4	5	1	2	3	4	5
合同定价法	1	2	3	4	5	1	2	3	4	5
0.6 指数定价法	1	2	3	4	5	1	2	3	4	5
投资决策中的时间价值分析	1	2	3	4	5	1	2	3	4	5
投资决策中的资本成本分析	1	2	3	4	5	1	2	3	4	5
投资决策中的风险报酬分析	1	2	3	4	5	1	2	3	4	5
投资决策中的现金流量分析	1	2	3	4	5	1	2	3	4	5
投资决策中的投资回收期分析	1	2	3	4	5	1	2	3	4	5
投资决策中的投资收益率分析	1	2	3	4	5	1	2	3	4	5
投资决策中的净现值分析	1	2	3	4	5	1	2	3	4	5
投资决策中的现值指数分析	1	2	3	4	5	1	2	3	4	5
投资决策中的内含报酬率分析	1	2	3	4	5	1	2	3	4	5
财务预算（收入、支出和现金预算）	1	2	3	4	5	1	2	3	4	5
资本支出预算	1	2	3	4	5	1	2	3	4	5
全面预算管理	1	2	3	4	5	1	2	3	4	5
增减预算	1	2	3	4	5	1	2	3	4	5

续表

管理工具	重要程度					熟悉程度				
	不重要	不太重要	一般	较为重要	重要	不熟悉	不太熟悉	一般	较熟悉	熟悉
零基预算	1	2	3	4	5	1	2	3	4	5
定期预算	1	2	3	4	5	1	2	3	4	5
滚动预算	1	2	3	4	5	1	2	3	4	5
固定预算	1	2	3	4	5	1	2	3	4	5
弹性预算	1	2	3	4	5	1	2	3	4	5
最优订货批量决策	1	2	3	4	5	1	2	3	4	5
ABC 存货管理法	1	2	3	4	5	1	2	3	4	5
适时管理（JIT）	1	2	3	4	5	1	2	3	4	5
零库存管理	1	2	3	4	5	1	2	3	4	5
质量成本分析	1	2	3	4	5	1	2	3	4	5
六西格玛（6σ）管理	1	2	3	4	5	1	2	3	4	5
责任中心划分	1	2	3	4	5	1	2	3	4	5
责任中心业绩评价	1	2	3	4	5	1	2	3	4	5
内部转移定价	1	2	3	4	5	1	2	3	4	5
平衡计分卡（BSC）	1	2	3	4	5	1	2	3	4	5
关键绩效指标考核（KPI）	1	2	3	4	5	1	2	3	4	5
360 度考核	1	2	3	4	5	1	2	3	4	5
EVA 考核	1	2	3	4	5	1	2	3	4	5
目标管理	1	2	3	4	5	1	2	3	4	5
目标成本管理	1	2	3	4	5	1	2	3	4	5
成本企划（画）	1	2	3	4	5	1	2	3	4	5
价值工程（VE）	1	2	3	4	5	1	2	3	4	5
竞争力分析（五力模型）	1	2	3	4	5	1	2	3	4	5
优势劣势分析（SWOT）	1	2	3	4	5	1	2	3	4	5
价值链分析	1	2	3	4	5	1	2	3	4	5
供应商评价	1	2	3	4	5	1	2	3	4	5
客户盈利能力分析	1	2	3	4	5	1	2	3	4	5
客户满意度调查与分析	1	2	3	4	5	1	2	3	4	5

续表

管理工具	重要程度					熟悉程度				
	不重要	不太重要	一般	较为重要	重要	不熟悉	不太熟悉	一般	较熟悉	熟悉
竞争对手分析	1	2	3	4	5	1	2	3	4	5
产品生命周期分析	1	2	3	4	5	1	2	3	4	5
标杆管理	1	2	3	4	5	1	2	3	4	5
企业资源规划（ERP）	1	2	3	4	5	1	2	3	4	5
环境成本分析与报告	1	2	3	4	5	1	2	3	4	5
风险识别	1	2	3	4	5	1	2	3	4	5
风险评价	1	2	3	4	5	1	2	3	4	5
风险诊断	1	2	3	4	5	1	2	3	4	5
风险应对	1	2	3	4	5	1	2	3	4	5
外汇风险管理	1	2	3	4	5	1	2	3	4	5

9. 请您对下表中各项管理工具在贵公司相关经营管理或决策活动中的**应用程度**做出评价。

10. 请您对下表中各项管理工具在贵公司相关经营管理或决策活动中的**应用效果**做出评价（请在各行的相应位置打“✓”，取值1—5）：

    应用程度：1表示“从未使用”，2为“很少使用”，3“较少使用”，4为“经常使用”，5为“常规使用”。

    应用效果：1表示“很差”，2为“较差”，3为“一般”，4为“较好，5为“很好”。

管理工具	应用程度					应用效果				
	从未使用	很少使用	较少使用	经常使用	常规使用	很差	较差	一般	较好	很好
计划成本	1	2	3	4	5	1	2	3	4	5
定额成本	1	2	3	4	5	1	2	3	4	5
标准成本	1	2	3	4	5	1	2	3	4	5
差异分析	1	2	3	4	5	1	2	3	4	5

续表

管理工具	应用程度					应用效果				
	从未使用	很少使用	较少使用	经常使用	常规使用	很差	较差	一般	较好	很好
作业成本法（ABC）	1	2	3	4	5	1	2	3	4	5
作业成本管理（ABCM）	1	2	3	4	5	1	2	3	4	5
成本收益分析	1	2	3	4	5	1	2	3	4	5
决策的相关性分析	1	2	3	4	5	1	2	3	4	5
成本的可控性分析	1	2	3	4	5	1	2	3	4	5
成本的边际性分析	1	2	3	4	5	1	2	3	4	5
成本的变动性分析（即性态分析）	1	2	3	4	5	1	2	3	4	5
成本的约束性分析	1	2	3	4	5	1	2	3	4	5
变动成本法	1	2	3	4	5	1	2	3	4	5
本量利分析	1	2	3	4	5	1	2	3	4	5
销售预测	1	2	3	4	5	1	2	3	4	5
成本预测	1	2	3	4	5	1	2	3	4	5
利润预测	1	2	3	4	5	1	2	3	4	5
资金预测	1	2	3	4	5	1	2	3	4	5
生产决策中的差量分析	1	2	3	4	5	1	2	3	4	5
生产决策中的边际贡献分析	1	2	3	4	5	1	2	3	4	5
生产决策中的本量利分析	1	2	3	4	5	1	2	3	4	5
生产决策中的最优生产批量分析	1	2	3	4	5	1	2	3	4	5
生产决策中的线性规划	1	2	3	4	5	1	2	3	4	5
市场价格定价法	1	2	3	4	5	1	2	3	4	5
目标成本定价法	1	2	3	4	5	1	2	3	4	5
成本加成定价法	1	2	3	4	5	1	2	3	4	5
合同定价法	1	2	3	4	5	1	2	3	4	5
0.6 指数定价法	1	2	3	4	5	1	2	3	4	5
投资决策中的时间价值分析	1	2	3	4	5	1	2	3	4	5
投资决策中的资本成本分析	1	2	3	4	5	1	2	3	4	5
投资决策中的风险报酬分析	1	2	3	4	5	1	2	3	4	5
投资决策中的现金流量分析	1	2	3	4	5	1	2	3	4	5

续表

管理工具	应用程度					应用效果				
	从未使用	很少使用	较少使用	经常使用	常规使用	很差	较差	一般	较好	很好
投资决策中的投资回收期分析	1	2	3	4	5	1	2	3	4	5
投资决策中的投资收益率分析	1	2	3	4	5	1	2	3	4	5
投资决策中的净现值分析	1	2	3	4	5	1	2	3	4	5
投资决策中的现值指数分析	1	2	3	4	5	1	2	3	4	5
投资决策中的内含报酬率分析	1	2	3	4	5	1	2	3	4	5
财务预算（收入、支出和现金预算）	1	2	3	4	5	1	2	3	4	5
资本支出预算	1	2	3	4	5	1	2	3	4	5
全面预算管理	1	2	3	4	5	1	2	3	4	5
增减预算	1	2	3	4	5	1	2	3	4	5
零基预算	1	2	3	4	5	1	2	3	4	5
定期预算	1	2	3	4	5	1	2	3	4	5
滚动预算	1	2	3	4	5	1	2	3	4	5
固定预算	1	2	3	4	5	1	2	3	4	5
弹性预算	1	2	3	4	5	1	2	3	4	5
最优订货批量决策	1	2	3	4	5	1	2	3	4	5
ABC 存货管理法	1	2	3	4	5	1	2	3	4	5
适时管理（JIT）	1	2	3	4	5	1	2	3	4	5
零库存管理	1	2	3	4	5	1	2	3	4	5
质量成本分析	1	2	3	4	5	1	2	3	4	5
六西格玛（6σ）管理	1	2	3	4	5	1	2	3	4	5
责任中心划分	1	2	3	4	5	1	2	3	4	5
责任中心业绩评价	1	2	3	4	5	1	2	3	4	5
内部转移定价	1	2	3	4	5	1	2	3	4	5
平衡计分卡（BSC）	1	2	3	4	5	1	2	3	4	5
关键绩效指标考核（KPI）	1	2	3	4	5	1	2	3	4	5
360 度考核	1	2	3	4	5	1	2	3	4	5
EVA 考核	1	2	3	4	5	1	2	3	4	5
目标管理	1	2	3	4	5	1	2	3	4	5

续表

管理工具	应用程度					应用效果				
	从未使用	很少使用	较少使用	经常使用	常规使用	很差	较差	一般	较好	很好
目标成本管理	1	2	3	4	5	1	2	3	4	5
成本企划（画）	1	2	3	4	5	1	2	3	4	5
价值工程（VE）	1	2	3	4	5	1	2	3	4	5
竞争力分析（五力模型）	1	2	3	4	5	1	2	3	4	5
优势劣势分析（SWOT）	1	2	3	4	5	1	2	3	4	5
价值链分析	1	2	3	4	5	1	2	3	4	5
供应商评价	1	2	3	4	5	1	2	3	4	5
客户盈利能力分析	1	2	3	4	5	1	2	3	4	5
客户满意度调查与分析	1	2	3	4	5	1	2	3	4	5
竞争对手分析	1	2	3	4	5	1	2	3	4	5
产品生命周期分析	1	2	3	4	5	1	2	3	4	5
标杆管理	1	2	3	4	5	1	2	3	4	5
企业资源规划（ERP）	1	2	3	4	5	1	2	3	4	5
环境成本分析与报告	1	2	3	4	5	1	2	3	4	5
风险识别	1	2	3	4	5	1	2	3	4	5
风险评价	1	2	3	4	5	1	2	3	4	5
风险诊断	1	2	3	4	5	1	2	3	4	5
风险应对	1	2	3	4	5	1	2	3	4	5
外汇风险管理	1	2	3	4	5	1	2	3	4	5

11. 您认为我国是否有必要建立管理会计师统一考试和认证制度：□是　□否

您认为我国的管理会计师统一考试和认证是否有必要采用分级考试制度（如初级、中级、高级）以及采用几级分级制度更好：

□不分级　　□两级（初级、高级）

□三级（初级、中级、高级）　□四级（初级、中级、高级、最高级或专家级）

您认为我国的管理会计师统一考试**报名**是否应设置**学历**门槛（可多选）：

□不加限制　□专科及以上学历　□在校本科学生

□在校经济或管理类本科学生　□在校会计、财务或审计类本科学生

□本科及以上学历　□经济或管理类本科及以上学历

□会计、财务或审计本科及以上学历□取得会计从业资格证书

□取得初级会计及以上会计职称　□取得中国注册会计师证书

□取得境外注册会计师证书　□其他，请注明

您认为我国的管理会计师统一考试**报名**是否应设置工作**经验**门槛：

□不加限制　□至少两年工作经验　□至少 3 年工作经验

□至少两年相关工作经验　□至少 3 年相关工作经验

□其他，请注明________________

在全部考试通过后，在取得管理会计师证书（即**认证**）时是否应设置工作**经验**门槛：

□不加限制　□至少两年工作经验　□至少 3 年工作经验

□至少两年相关工作经验　□至少 3 年相关工作经验

□其他，请注明________________

您认为我国的管理会计师统一考试合格成绩在取得证书前的有效期应为：

□不限制　□3 年　□5 年　□10 年　□其他，请注明________

您认为我国未来的管理会计师行业是否应建立强制的后续教育制度以及考核周期多长为好？

□不必强制　□1 年　□2 年　□3 年　□其他，请注明________

您认为我国未来的管理会计师后续教育每年多少学时为宜：

□20 小时　□30 小时　□40 小时

您认为我国未来的管理会计师后续教育的形式应为：

□网络课程　□集中培训　□参加讲座　□管理实践

□其他，请注明________________

12. 您的性别为：□男，□女；年龄____岁

13. 您的最高学历是：□大专以下　□大专　□本科　□硕士　□博士

您所经历的高等学历属于：□文科　□理工科　□既有文科，又有理工科

□其他，请注明________________

14. 您是否经历过会计、财务或审计方面的专业学习或培训：□是，□否

15. 您所取得的学历或学位中有（可多选）：

□会计　□财务管理　□审计　□管理

□经济　□金融　□法律

□其他，请注明________________

16. 您是否从事过会计、财务或审计方面的工作：□是，□否
您从事过会计、财务或审计方面的工作约____年。
17. 您已工作____年，至今共在____个单位工作过，在贵公司工作____年，在贵公司担任现职____年。
18. 您在公司目前的职务是：□分管财务的副总 □总会计师 □财务总监 □副总会计师
□其他，请注明________________________________
19. 您的专业职称是：□正高级会计师 □高级会计师 □会计师 □其他，请注明________________________________
20. 您是否属于会计领军人才：□是，□否
21. 您本人是否拥有如下专业证书以及拥有哪些专业证书（可多选）：
□没有 □中国注册会计师（CPA）
□资产评估师（PV） □注册税务师（CTA）
□注册金融分析师（CFA） □注册金融理财师（CFP）
□金融风险管理师（FRM） □英国特许会计师（ACCA）
□加拿大注册会计师（CGA） □ASCPA 澳大利亚注册会计师（ASCPA）
□美国注册管理会计师（CMA）□英国特许管理会计师（CIMA）
□其他，请注明________________________________
22. 您认为以下各证书的含金量有多高（在 0—5 之间取值，其中 0 表示“不了解”，1 表示“很低”，2 表示“较低”，3 表示“一般”，4 表示“较高”，5 表示“很高”）：
□中国注册会计师（CPA）__ □资产评估师（PV）__
□注册税务师（CTA）__ □注册金融分析师（CFA）__
□注册金融理财师（CFP）__ □金融风险管理师（FRM）__
□英国特许会计师（ACCA）__ □加拿大注册会计师（CGA）__
□ASCPA 澳大利亚注册会计师（CIMA）__
□美国注册管理会计师（CMA）__ □英国特许管理会计师（ASCPA）__
23. 您最近购买的一本书是____个月前买的，该书主要属于哪个领域：
□会计、财务或审计 □企业管理 □金融或证券 □经济 □法律
□政治 □社会 □文化 □文学 □其他，请注明：________________
24. 您最近读的一本书是____个月前读的，该书属于哪个领域：
□会计、财务或审计 □企业管理 □金融或证券 □经济 □法律

□政治 □社会 □文化 □文学 □其他，请注明：________

25. 您最近参加的在职培训是____个月前进行的，培训的内容涉及（可多选）：
□会计、财务或审计 □企业管理 □金融或证券 □经济 □法律
□政治 □社会 □文化 □文学 □其他，请注明：________

26. 最近一年，您每天用于开会平均约____个小时，处理本职工作平均约____个小时，社会交往平均约____小时，上网平均约____个小时，浏览微信平均约____小时。

27. 您心目中最崇拜的企业是（若无，可不填）：________

28. 您最崇拜的人物是（若无，可不填）：________

29. 您最崇拜的企业家是（若无，可不填）：________

30. 贵公司属于（可多选）：□央企 □地方国有企业 □非国有企业
□民营企业 □中外合资企业 □中外合作企业 □外商独资企业
□上市公司 □非上市公司 □其他，请注明：________

31. 贵公司的产品主要属于：□制造业 □金融业 □建筑和房地产业
□服务业 □综合类行业 □其他行业，请注明：________
其中，若是制造业，主要产品属于：________
□食品 □饮料（含酒） □烟草 □纺织 □服装和服饰（含制鞋）
□木材加工与家具制造 □造纸与印刷（含记录媒介复制）
□文体和娱乐用品制造 □石油加工 □化工化纤 □医药
□金属冶炼和压延加工 □金属制品 □非金属矿物制品 □设备制造
□汽车制造 □仪器仪表制造 □其他制造

32. 贵公司位于________省________市。

33. 贵公司现有职工约____人，上年的净利润约为________万元，上年底总资产约为________万元，国有股所占比例约为________%。

34. 贵公司名称为________（用于资料整理，无其他目的）

35. 您认为财、会、审方面的知识和能力在财会人员的全部知识体系和能力体系中占居约为____%的比重，其中财务约占有____%，会计约占有____%，审计约占有____%。

36. 近年来，贵公司的财会工作在哪些方面取得了创造性成果（若无，可不填）：
（1）________

（2）______________________________

（3）______________________________

我们很愿意将本次调查的研究成果与您分享。如果需要，请留下您的电子邮箱：______________________________

调查到此结束。衷心感谢您在百忙之中参加本次调查，谢谢您的积极而有价值的回答！

财政部江苏专员办课题组

1.3　正高级会计师调查问卷

本次调查结果仅用于综合分析，不作为任何考察、考核、晋级的依据，敬请您放心填写。

填写没有好坏、对错之分，真实表达和反映您的看法和想法，就是最佳答案，也是我们最为期待的。

填写对象：正高级会计师

填写方法：请在下划线“__”处填写或在“□”内打“√”。

37. 请您对财会人员的如下各项能力在企业财会工作中的**重要性**进行评价（请在每项后面的下划线“__”处填写分值，取值1—5，其中1表示“不重要”，2为“不太重要”，3为“一般”，4为“较为重要”，5为“重要”）：

□财会专业知识和技能__　□分析能力__　□管理能力__

□预测能力__　□决策能力__　□规划能力__

□沟通能力__　□人际交往能力__　□领导能力__

□市场意识与观念__　□职业道德__　□创新思维能力__

□自我完善与发展能力（即学习能力）__

38. 请您对财会人员的如下专业技能在企业财会工作中的**重要性**进行评价（请在每项后面的下划线“__”处填写分值，取值1—5，其中1表示“不重要”，2为“不太重要”，3为“一般”，4为“较为重要”，5为“重要”）：

☐会计核算能力__　☐财务管理能力__　☐财务分析能力__
☐成本管理能力__　☐税务筹划能力__　☐资金筹集能力__
☐内部控制能力__　☐风险控制能力__　☐市场预测能力__
☐经营决策能力__　☐信息需求规划能力__　☐数据挖掘能力__
☐信息集成和整合能力__　☐数据可视化能力和信息展示能力__

39. 请您对如下各项知识在企业财会工作中的**重要性**进行评价（请在每项后面的下划线“__”处填写分值，取值1—5，其中1表示“不重要”，2为“不太重要”，3为“一般”，4为“较为重要”，5为“重要”）：

☐会计核算__　☐财务管理__　☐财务报告__　☐财务分析__
☐运营管理__　☐资产管理__　☐项目管理__　☐税收筹划__
☐绩效管理__　☐信息系统管理__　☐组织行为管理__　☐公司治理__
☐内部审计__　☐内部控制__　☐风险管理__　☐信用管理__
☐战略管理__　☐并购与重组__　☐客户关系管理__　☐社会关系管理__
☐价值管理__　☐创新与变革管理__　☐金融知识__　☐经济知识__
☐法律知识__　☐经营决策知识__　☐投资决策知识__　☐职业道德与伦理__

40. 请您对贵公司财会部门在企业履行如下管理职能中发挥作用的**重要性**进行评价（请在每项后面的下划线“__”处填写分值，取值1—5，其中1表示“不重要”，2为“不太重要”，3为“一般”，4为“较为重要”，5为“重要”）：

☐预测__　☐决策__　☐规划（预算）__　☐组织__
☐控制__　☐核算__　☐分析__　☐考核__

41. 请您对下列管理工具或方法在企业管理的重要性进行评价（请在每项后面的下划线“__”处填写分值，取值1—5，其中1表示“不重要”，2为“不太重要”，3为“一般”，4为“较为重要”，5为“重要”）：

☐成本变动性分析与变动成本分析__　☐盈亏平衡分析与本量利分析__
☐经营决策分析__　☐投资决策分析__
☐产品定价__　☐转移定价__
☐责任会计与业绩评价__　☐全面预算__
☐质量成本与全面质量管理__　☐标准成本制度与成本控制__
☐存货管理和适时制(Just in Time)__　☐作业成本计算与作业成本管理__
☐价值链分析__　☐产品生命周期成本分析__
☐外汇风险管理__

42. 您本人对如下工作的**熟悉程度**如何？请做出自我评价（请在前面的方框内评价，取值1—5，其中1表示“不熟悉”，2为“不太熟悉”，3为“一般”，4为“较熟悉”，5为“熟悉”）：

☐会计核算__　☐财务管理__　☐财务报告__　☐财务分析__
☐供应链管理__　☐运营管理__　☐企业管理__　☐战略管理__
☐绩效管理__　☐组织行为管理__　☐公司治理__　☐并购与重组__
☐内部审计__　☐内部控制__　☐风险管理__　☐税收筹划__
☐资产管理__　☐项目管理__　☐关系管理__　☐信息系统管理__
☐创新与变革管理__　☐金融业务__　☐经济分析__　☐法律事务__
☐经营决策__　☐投资决策__　☐职业道德与伦理__

43. 您对贵公司财务部门在企业如下工作中发挥作用的**满意程度**如何？请您做出评价（请在前面的方框内评价，取值1—5，其中1表示“不满意”，2为“不太满意”，3为“基本满意”，4为“较为满意”，5为“满意”）

☐会计核算__　☐财务管理__　☐财务报告__　☐财务分析__
☐供应链管理__　☐运营管理__　☐企业管理__　☐战略管理__
☐绩效管理__　☐组织行为管理__　☐公司治理__　☐并购与重组__
☐内部审计__　☐内部控制__　☐风险管理__　☐税收筹划__
☐资产管理__　☐项目管理__　☐关系管理__　☐信息系统管理__
☐创新与变革管理__　☐金融业务__　☐经济分析__　☐法律事务__
☐经营决策__　☐投资决策__　☐职业道德与伦理__

44. 请您对下表中各项管理工具在财会工作中的**重要程度**做出评价。

45. 请您对下表中各项管理工具在财会工作中的您本人对其**熟悉程度**做出评价（请在各行的相应位置打“✓”，取值1—5）：

重要程度：1表示“不重要”，2为“不太重要”，3为“一般”，4为“较为重要”，5为“重要”。

熟悉程度：1表示“不熟悉”，2为“不太熟悉”，3为“一般”，4为“较熟悉”，5为“熟悉”。

管理工具	重要程度					熟悉程度				
	不重要	不太重要	一般	较为重要	重要	不熟悉	不太熟悉	一般	较熟悉	熟悉
计划成本	1	2	3	4	5	1	2	3	4	5
定额成本	1	2	3	4	5	1	2	3	4	5
标准成本	1	2	3	4	5	1	2	3	4	5
差异分析	1	2	3	4	5	1	2	3	4	5
作业成本法（ABC）	1	2	3	4	5	1	2	3	4	5
作业成本管理（ABCM）	1	2	3	4	5	1	2	3	4	5
成本收益分析	1	2	3	4	5	1	2	3	4	5
决策的相关性分析	1	2	3	4	5	1	2	3	4	5
成本的可控性分析	1	2	3	4	5	1	2	3	4	5
成本的边际性分析	1	2	3	4	5	1	2	3	4	5
成本的变动性分析（即性态分析）	1	2	3	4	5	1	2	3	4	5
成本的约束性分析	1	2	3	4	5	1	2	3	4	5
变动成本法	1	2	3	4	5	1	2	3	4	5
本量利分析	1	2	3	4	5	1	2	3	4	5
销售预测	1	2	3	4	5	1	2	3	4	5
成本预测	1	2	3	4	5	1	2	3	4	5
利润预测	1	2	3	4	5	1	2	3	4	5
资金预测	1	2	3	4	5	1	2	3	4	5
生产决策中的差量分析	1	2	3	4	5	1	2	3	4	5
生产决策中的边际贡献分析	1	2	3	4	5	1	2	3	4	5
生产决策中的本量利分析	1	2	3	4	5	1	2	3	4	5
生产决策中的最优生产批量分析	1	2	3	4	5	1	2	3	4	5
生产决策中的线性规划	1	2	3	4	5	1	2	3	4	5
市场价格定价法	1	2	3	4	5	1	2	3	4	5
目标成本定价法	1	2	3	4	5	1	2	3	4	5
成本加成定价法	1	2	3	4	5	1	2	3	4	5
合同定价法	1	2	3	4	5	1	2	3	4	5
0.6 指数定价法	1	2	3	4	5	1	2	3	4	5
投资决策中的时间价值分析	1	2	3	4	5	1	2	3	4	5

续表

管理工具	重要程度					熟悉程度				
	不重要	不太重要	一般	较为重要	重要	不熟悉	不太熟悉	一般	较熟悉	熟悉
投资决策中的资本成本分析	1	2	3	4	5	1	2	3	4	5
投资决策中的风险报酬分析	1	2	3	4	5	1	2	3	4	5
投资决策中的现金流量分析	1	2	3	4	5	1	2	3	4	5
投资决策中的投资回收期分析	1	2	3	4	5	1	2	3	4	5
投资决策中的投资收益率分析	1	2	3	4	5	1	2	3	4	5
投资决策中的净现值分析	1	2	3	4	5	1	2	3	4	5
投资决策中的现值指数分析	1	2	3	4	5	1	2	3	4	5
投资决策中的内含报酬率分析	1	2	3	4	5	1	2	3	4	5
财务预算（收入、支出和现金预算）	1	2	3	4	5	1	2	3	4	5
资本支出预算	1	2	3	4	5	1	2	3	4	5
全面预算管理	1	2	3	4	5	1	2	3	4	5
增减预算	1	2	3	4	5	1	2	3	4	5
零基预算	1	2	3	4	5	1	2	3	4	5
定期预算	1	2	3	4	5	1	2	3	4	5
滚动预算	1	2	3	4	5	1	2	3	4	5
固定预算	1	2	3	4	5	1	2	3	4	5
弹性预算	1	2	3	4	5	1	2	3	4	5
最优订货批量决策	1	2	3	4	5	1	2	3	4	5
ABC 存货管理法	1	2	3	4	5	1	2	3	4	5
适时管理（JIT）	1	2	3	4	5	1	2	3	4	5
零库存管理	1	2	3	4	5	1	2	3	4	5
质量成本分析	1	2	3	4	5	1	2	3	4	5
六西格玛（6σ）管理	1	2	3	4	5	1	2	3	4	5
责任中心划分	1	2	3	4	5	1	2	3	4	5
责任中心业绩评价	1	2	3	4	5	1	2	3	4	5
内部转移定价	1	2	3	4	5	1	2	3	4	5
平衡计分卡（BSC）	1	2	3	4	5	1	2	3	4	5
关键绩效指标考核（KPI）	1	2	3	4	5	1	2	3	4	5

续表

管理工具	重要程度					熟悉程度				
	不重要	不太重要	一般	较为重要	重要	不熟悉	不太熟悉	一般	较熟悉	熟悉
360 度考核	1	2	3	4	5	1	2	3	4	5
EVA 考核	1	2	3	4	5	1	2	3	4	5
目标管理	1	2	3	4	5	1	2	3	4	5
目标成本管理	1	2	3	4	5	1	2	3	4	5
成本企划（画）	1	2	3	4	5	1	2	3	4	5
价值工程（VE）	1	2	3	4	5	1	2	3	4	5
竞争力分析（五力模型）	1	2	3	4	5	1	2	3	4	5
优势劣势分析（SWOT）	1	2	3	4	5	1	2	3	4	5
价值链分析	1	2	3	4	5	1	2	3	4	5
供应商评价	1	2	3	4	5	1	2	3	4	5
客户盈利能力分析	1	2	3	4	5	1	2	3	4	5
客户满意度调查与分析	1	2	3	4	5	1	2	3	4	5
竞争对手分析	1	2	3	4	5	1	2	3	4	5
产品生命周期分析	1	2	3	4	5	1	2	3	4	5
标杆管理	1	2	3	4	5	1	2	3	4	5
企业资源规划（ERP）	1	2	3	4	5	1	2	3	4	5
环境成本分析与报告	1	2	3	4	5	1	2	3	4	5
风险识别	1	2	3	4	5	1	2	3	4	5
风险评价	1	2	3	4	5	1	2	3	4	5
风险诊断	1	2	3	4	5	1	2	3	4	5
风险应对	1	2	3	4	5	1	2	3	4	5
外汇风险管理	1	2	3	4	5	1	2	3	4	5

46. 请您对下表中各项管理工具在贵公司相关经营管理或决策活动中的**应用程度**做出评价。

47. 请您对下表中各项管理工具在贵公司相关经营管理或决策活动中的**应用效果**做出评价（请在各行的相应位置打“✓”，取值1—5）：

应用程度：1 表示“从未使用”，2 为“很少使用”，3 为“较少使用”，4 为“经常使用”，5 为“常规使用”。

应用效果：1 表示“很差”，2 为“较差”，3 为“一般”，4 为“较好”，5 为“很好”。

管理工具	应用程度					应用效果				
	从未使用	很少使用	较少使用	经常使用	常规使用	很差	较差	一般	较好	很好
计划成本	1	2	3	4	5	1	2	3	4	5
定额成本	1	2	3	4	5	1	2	3	4	5
标准成本	1	2	3	4	5	1	2	3	4	5
差异分析	1	2	3	4	5	1	2	3	4	5
作业成本法（ABC）	1	2	3	4	5	1	2	3	4	5
作业成本管理（ABCM）	1	2	3	4	5	1	2	3	4	5
成本收益分析	1	2	3	4	5	1	2	3	4	5
决策的相关性分析	1	2	3	4	5	1	2	3	4	5
成本的可控性分析	1	2	3	4	5	1	2	3	4	5
成本的边际性分析	1	2	3	4	5	1	2	3	4	5
成本的变动性分析（即性态分析）	1	2	3	4	5	1	2	3	4	5
成本的约束性分析	1	2	3	4	5	1	2	3	4	5
变动成本法	1	2	3	4	5	1	2	3	4	5
本量利分析	1	2	3	4	5	1	2	3	4	5
销售预测	1	2	3	4	5	1	2	3	4	5
成本预测	1	2	3	4	5	1	2	3	4	5
利润预测	1	2	3	4	5	1	2	3	4	5
资金预测	1	2	3	4	5	1	2	3	4	5
生产决策中的差量分析	1	2	3	4	5	1	2	3	4	5
生产决策中的边际贡献分析	1	2	3	4	5	1	2	3	4	5
生产决策中的本量利分析	1	2	3	4	5	1	2	3	4	5
生产决策中的最优生产批量分析	1	2	3	4	5	1	2	3	4	5
生产决策中的线性规划	1	2	3	4	5	1	2	3	4	5
市场价格定价法	1	2	3	4	5	1	2	3	4	5
目标成本定价法	1	2	3	4	5	1	2	3	4	5
成本加成定价法	1	2	3	4	5	1	2	3	4	5
合同定价法	1	2	3	4	5	1	2	3	4	5

续表

管理工具	应用程度					应用效果				
	从未使用	很少使用	较少使用	经常使用	常规使用	很差	较差	一般	较好	很好
0.6 指数定价法	1	2	3	4	5	1	2	3	4	5
投资决策中的时间价值分析	1	2	3	4	5	1	2	3	4	5
投资决策中的资本成本分析	1	2	3	4	5	1	2	3	4	5
投资决策中的风险报酬分析	1	2	3	4	5	1	2	3	4	5
投资决策中的现金流量分析	1	2	3	4	5	1	2	3	4	5
投资决策中的投资回收期分析	1	2	3	4	5	1	2	3	4	5
投资决策中的投资收益率分析	1	2	3	4	5	1	2	3	4	5
投资决策中的净现值分析	1	2	3	4	5	1	2	3	4	5
投资决策中的现值指数分析	1	2	3	4	5	1	2	3	4	5
投资决策中的内含报酬率分析	1	2	3	4	5	1	2	3	4	5
财务预算（收入、支出和现金预算）	1	2	3	4	5	1	2	3	4	5
资本支出预算	1	2	3	4	5	1	2	3	4	5
全面预算管理	1	2	3	4	5	1	2	3	4	5
增减预算	1	2	3	4	5	1	2	3	4	5
零基预算	1	2	3	4	5	1	2	3	4	5
定期预算	1	2	3	4	5	1	2	3	4	5
滚动预算	1	2	3	4	5	1	2	3	4	5
固定预算	1	2	3	4	5	1	2	3	4	5
弹性预算	1	2	3	4	5	1	2	3	4	5
最优订货批量决策	1	2	3	4	5	1	2	3	4	5
ABC 存货管理法	1	2	3	4	5	1	2	3	4	5
适时管理（JIT）	1	2	3	4	5	1	2	3	4	5
零库存管理	1	2	3	4	5	1	2	3	4	5
质量成本分析	1	2	3	4	5	1	2	3	4	5
六西格玛（6σ）管理	1	2	3	4	5	1	2	3	4	5
责任中心划分	1	2	3	4	5	1	2	3	4	5
责任中心业绩评价	1	2	3	4	5	1	2	3	4	5
内部转移定价	1	2	3	4	5	1	2	3	4	5

续表

管理工具	应用程度					应用效果				
	从未使用	很少使用	较少使用	经常使用	常规使用	很差	较差	一般	较好	很好
平衡计分卡（BSC）	1	2	3	4	5	1	2	3	4	5
关键绩效指标考核（KPI）	1	2	3	4	5	1	2	3	4	5
360 度考核	1	2	3	4	5	1	2	3	4	5
EVA 考核	1	2	3	4	5	1	2	3	4	5
目标管理	1	2	3	4	5	1	2	3	4	5
目标成本管理	1	2	3	4	5	1	2	3	4	5
成本企划（画）	1	2	3	4	5	1	2	3	4	5
价值工程（VE）	1	2	3	4	5	1	2	3	4	5
竞争力分析（五力模型）	1	2	3	4	5	1	2	3	4	5
优势劣势分析（SWOT）	1	2	3	4	5	1	2	3	4	5
价值链分析	1	2	3	4	5	1	2	3	4	5
供应商评价	1	2	3	4	5	1	2	3	4	5
客户盈利能力分析	1	2	3	4	5	1	2	3	4	5
客户满意度调查与分析	1	2	3	4	5	1	2	3	4	5
竞争对手分析	1	2	3	4	5	1	2	3	4	5
产品生命周期分析	1	2	3	4	5	1	2	3	4	5
标杆管理	1	2	3	4	5	1	2	3	4	5
企业资源规划（ERP）	1	2	3	4	5	1	2	3	4	5
环境成本分析与报告	1	2	3	4	5	1	2	3	4	5
风险识别	1	2	3	4	5	1	2	3	4	5
风险评价	1	2	3	4	5	1	2	3	4	5
风险诊断	1	2	3	4	5	1	2	3	4	5
风险应对	1	2	3	4	5	1	2	3	4	5
外汇风险管理	1	2	3	4	5	1	2	3	4	5

48. 您认为我国是否有必要建立管理会计师统一考试和认证制度：□是，□否

您认为我国的管理会计师统一考试和认证是否有必要采用分级考试制度（如初级、中级、高级）以及采用几级分级制度更好：

□不分级　　□两级（初级、高级）

□三级（初级、中级、高级）　□四级（初级、中级、高级、最高级或专家级）

您认为我国的管理会计师统一考试**报名**是否应设置**学历**门槛（可多选）：

□不加限制　□专科及以上学历　□在校本科学生

□在校经济或管理类本科学生　□在校会计、财务或审计类本科学生

□本科及以上学历　□经济或管理类本科及以上学历

□会计、财务或审计本科及以上学历□取得会计从业资格证书

□取得初级会计及以上会计职称　□取得中国注册会计师证书

□取得境外注册会计师证书　□其他，请注明＿＿＿＿＿＿

您认为我国的管理会计师统一考试**报名**是否应设置工作**经验**门槛：

□不加限制　□至少两年工作经验　□至少3年工作经验

□至少两年相关工作经验　□至少3年相关工作经验

□其他，请注明＿＿＿＿＿＿

在全部考试通过后，在取得管理会计师证书（即**认证**）时是否应设置工作**经验**门槛：

□不加限制　□至少两年工作经验　□至少3年工作经验

□至少两年相关工作经验　□至少3年相关工作经验

□其他，请注明＿＿＿＿＿＿

您认为我国的管理会计师统一考试合格成绩在取得证书前的有效期应为：

□不限制　□3年　□5年　□10年　□其他，请注明＿＿＿＿＿＿

您认为我国未来的管理会计师行业是否应建立强制的后续教育制度以及考核周期多长为好？

□不必强制　□1年　□2年　□3年　□其他，请注明＿＿＿＿＿＿

您认为我国未来的管理会计师后续教育每年多少学时为宜：

□20小时　□30小时　□40小时

您认为我国未来的管理会计师后续教育的形式应为：

□网络课程　□集中培训　□参加讲座　□管理实践

□其他，请注明＿＿＿＿＿＿

49. 您的性别为：□男，□女；年龄＿＿岁

50. 您的最高学历是：□大专以下　□大专　□本科　□硕士　□博士

您所经历的高等学历属于：□文科　□理工科　□既有文科，又有理工科

□其他，请注明＿＿＿＿＿＿

51. 您是否经历过会计、财务或审计方面的专业学习或培训：□是， □否
52. 您所取得的学历或学位中有（可多选）：
□会计 □财务管理 □审计 □管理
□经济 □金融 □法律
□其他，请注明________________
53. 您是否从事过会计、财务或审计方面的工作：□是， □否
您从事过会计、财务或审计方面的工作约____年。
54. 您已工作____年，至今共在____个单位工作过，在贵公司工作____年，在贵公司担任现职____年。
55. 您在公司目前的职务是：□董事长 □总经理 □财务副总
□非财务副总 □总会计师 □副总会计师 □财务总监 □副财务总监
□财务部门负责人 □其他，请注明________________
56. 您的专业职称是：□正高级会计师 □高级会计师 □会计师
□其他，请注明________________
57. 您是否属于会计领军人才：□是， □否
58. 您本人是否拥有如下专业证书以及拥有哪些专业证书（可多选）：
□没有 □中国注册会计师（CPA）
□资产评估师（PV） □注册税务师（CTA）
□注册金融分析师（CFA） □注册金融理财师（CFP）
□金融风险管理师（FRM） □英国特许会计师（ACCA）
□加拿大注册会计师（CGA） □ASCPA 澳大利亚注册会计师（ASCPA）
□美国注册管理会计师（CMA）□英国特许管理会计师（CIMA）
□其他，请注明________________
59. 您认为以下各证书的含金量有多高（在 0—5 之间取值，其中 0 表示“不了解”，1 表示“很低”，2 表示“较低”，3 表示“一般”，4 表示“较高”，5 表示“很高”）：
□中国注册会计师（CPA）__ □资产评估师（PV）__
□注册税务师（CTA）__ □注册金融分析师（CFA）__
□注册金融理财师（CFP）__ □金融风险管理师（FRM）__
□英国特许会计师（ACCA）__ □加拿大注册会计师（CGA）__
□美国注册管理会计师（CMA）__ □英国特许管理会计师（CIMA）__
□澳大利亚注册会计师（ASCPA）__

60. 您最近购买的一本书是____个月前买的，该书主要属于哪个领域：
□会计、财务或审计 □企业管理 □金融或证券 □经济 □法律
□政治 □社会 □文化 □文学 □其他，请注明：________________

61. 您最近读的一本书是____个月前读的，该书属于哪个领域：
□会计、财务或审计 □企业管理 □金融或证券 □经济 □法律
□政治 □社会 □文化 □文学 □其他，请注明：________________

62. 您最近参加的在职培训是____个月前进行的，培训的内容涉及（可多选）：
□会计、财务或审计 □企业管理 □金融或证券 □经济 □法律
□政治 □社会 □文化 □文学 □其他，请注明：________________

63. 最近一年，您每天用于开会平均约____个小时，处理本职工作平均约____个小时，社会交往平均约____小时，上网平均约____个小时，浏览微信平均约____小时。

64. 您心目中最崇拜的企业是（若无，可不填）：________________

65. 您最崇拜的人物是（若无，可不填）：________________

66. 您最崇拜的企业家是（若无，可不填）：________________

67. 贵公司属于（可多选）：□央企 □地方国有企业 □非国有企业
□民营企业 □中外合资企业 □中外合作企业 □外商独资企业
□上市公司 □非上市公司 □其他，请注明：________________

68. 贵公司的产品主要属于：□制造业 □金融业 □建筑和房地产业
□服务业 □综合类行业 □其他行业，请注明：________________
其中，若是制造业，主要产品属于为：
□食品 □饮料（含酒） □烟草 □纺织 □服装和服饰（含制鞋）
□木材加工与家具制造 □造纸与印刷（含记录媒介复制） □文体和娱乐用品制造 □石油加工 □化工化纤 □医药 □金属冶炼和压延加工
□金属制品 □非金属矿物制品 □设备制造 □汽车制造 □仪器仪表制造 □其他制造

69. 贵公司位于____________省____________市。

70. 贵公司现有职工约____人，上年的净利润约为________万元，上年底总资产约为________万元，国有股所占比例约为____%。

71. 贵公司名称为________________________（用于资料整理，无其他目的）

72. 您认为财、会、审方面的知识和能力在财会人员的全部知识体系和能力体

系中占居约为______%的比重，其中财务约占有______%，会计约占有______%，审计约占有______%。

73. 您最擅长的管理会计领域是：____，
您在该领域的主要贡献是（若无，可不填）：__________________________
____
____
____

74. 近年来，贵公司的财会工作在哪些方面取得了创造性成果（若无，可不填）：
(1) ____
(2) ____
(3) ____

我们很愿意将本次调查的研究成果与您分享。如果需要，请留下您的电子邮箱：____

调查到此结束。衷心感谢您在百忙之中参加本次调查，谢谢您的积极而有价值的回答！

财政部江苏专员办课题组

1.4　高级会计师调查问卷

本次调查结果仅用于综合分析，不作为任何考察、考核、晋级的依据，敬请您放心填写。

填写没有好坏、对错之分，真实表达和反映您的看法和想法，就是最佳答案，也是我们最为期待的。

填写对象：高级会计师

填写方法：请在下划线“__”处填写或在“□”内打“√”。

69. 请您对财会人员的如下各项能力在企业财会工作中的**重要性**进行评价（请在每项后面的下划线“__”处填写分值，取值1—5，其中1表示“不重要”，2为“不太重要”，3为“一般”，4为“较为重要”，5为“重要”）：

□财会专业知识和技能__ □分析能力__ □管理能力__
□预测能力__ □决策能力__ □规划能力__
□沟通能力__ □人际交往能力__ □领导能力__
□市场意识与观念__ □职业道德__ □创新思维能力__
□自我完善与发展能力（即学习能力）__

70. 请您对财会人员的如下专业技能在企业财会工作中的**重要性**进行评价（请在每项后面的下划线“__”处填写分值，取值1—5，其中1表示“不重要”，2为“不太重要”，3为“一般”，4为“较为重要”，5为“重要”）：

□会计核算能力__ □财务管理能力__ □财务分析能力__
□成本管理能力__ □税务筹划能力__ □资金筹集能力__
□内部控制能力__ □风险控制能力__ □市场预测能力__
□经营决策能力__ □信息需求规划能力__ □数据挖掘能力__
□信息集成和整合能力__ □数据可视化能力和信息展示能力__

71. 请您对如下各项知识在企业财会工作中的**重要性**进行评价（请在每项后面的下划线“__”处填写分值，取值1—5，其中1表示“不重要”，2为“不太重要”，3为“一般”，4为“较为重要”，5为“重要”）

□会计核算__ □财务管理__ □财务报告__ □财务分析__
□运营管理__ □资产管理__ □项目管理__ □税收筹划__
□绩效管理__ □信息系统管理__ □组织行为管理__ □公司治理__
□内部审计__ □内部控制__ □风险管理__ □信用管理__
□战略管理__ □并购与重组__ □客户关系管理__ □社会关系管理
□价值管理__ □创新与变革管理__ □金融知识__ □经济知识__
□法律知识__ □经营决策知识__ □投资决策知识__ □职业道德与伦理__

72. 请您对贵公司财会部门在企业履行如下管理职能中发挥作用的**重要性**进行评价（请在每项后面的下划线“__”处填写分值，取值1—5，其中1表示“不重要”，2为“不太重要”，3为“一般”，4为“较为重要”，5为“重要”）：

□预测__ □决策__ □规划（预算）__ □组织__
□控制__ □核算__ □分析__ □考核__

73. 请您对下列管理工具或方法在企业管理的重要性进行评价（请在每项后面的下划线“__”处填写分值，取值1—5，其中1表示“不重要”，2为“不太重要”，3为“一般”，4为“较为重要”，5为“重要”）：

□成本变动性分析与变动成本分析__ □盈亏平衡分析与本量利分析__
□经营决策分析__ □投资决策分析__
□产品定价__ □转移定价__
□责任会计与业绩评价__ □全面预算__
□质量成本与全面质量管理__ □标准成本制度与成本控制__
□存货管理和适时制（Just in Time）__ □作业成本计算与作业成本管理__
□价值链分析__ □产品生命周期成本分析__
□外汇风险管理__

74. 您本人对如下工作的**熟悉程度**如何？请做出自我评价（请在前面的方框内评价，取值1—5，其中1表示“不熟悉”，2为“不太熟悉”，3为“一般”，4为“较熟悉”，5为“熟悉”）：

□会计核算__ □财务管理__ □财务报告__ □财务分析__
□供应链管理__ □运营管理__ □企业管理__ □战略管理__
□绩效管理__ □组织行为管理__ □公司治理__ □并购与重组__
□内部审计__ □内部控制__ □风险管理__ □税收筹划__
□资产管理__ □项目管理__ □关系管理__ □信息系统管理__
□创新与变革管理__ □金融业务__ □经济分析__ □法律事务__
□经营决策__ □投资决策__ □职业道德与伦理__

75. 您对贵公司财务部门在企业如下工作中发挥作用的**满意程度**如何？请您做出评价（请在前面的方框内评价，取值1—5，其中1表示“不满意”，2为“不太满意”，3为“基本满意”，4为“较为满意”，5为“满意”）：

□会计核算__ □财务管理__ □财务报告__ □财务分析__
□供应链管理__ □运营管理__ □企业管理__ □战略管理__
□绩效管理__ □组织行为管理__ □公司治理__ □并购与重组__
□内部审计__ □内部控制__ □风险管理__ □税收筹划__
□资产管理__ □项目管理__ □关系管理__ □信息系统管理__
□创新与变革管理__ □金融业务__ □经济分析__ □法律事务__
□经营决策__ □投资决策__ □职业道德与伦理__

76. 请您对下表中各项管理工具在财会工作中的**重要程度**做出评价。

77. 请您对下表中各项管理工具在财会工作中的您本人对其**熟悉程度**做出评价（请在各行的相应位置打“✓”，取值1—5）：

重要程度：1表示“不重要”，2为“不太重要”，3为“一般”，4为“较为重要”，5 为“重要”。

熟悉程度：1 表示“不熟悉”，2 为“不太熟悉”，3 为“一般”，4 为“较熟悉”，5 为“熟悉”。

管理工具	重要程度					熟悉程度				
	不重要	不太重要	一般	较为重要	重要	不熟悉	不太熟悉	一般	较熟悉	熟悉
计划成本	1	2	3	4	5	1	2	3	4	5
定额成本	1	2	3	4	5	1	2	3	4	5
标准成本	1	2	3	4	5	1	2	3	4	5
差异分析	1	2	3	4	5	1	2	3	4	5
作业成本法（ABC）	1	2	3	4	5	1	2	3	4	5
作业成本管理（ABCM）	1	2	3	4	5	1	2	3	4	5
成本收益分析	1	2	3	4	5	1	2	3	4	5
决策的相关性分析	1	2	3	4	5	1	2	3	4	5
成本的可控性分析	1	2	3	4	5	1	2	3	4	5
成本的边际性分析	1	2	3	4	5	1	2	3	4	5
成本的变动性分析（即性态分析）	1	2	3	4	5	1	2	3	4	5
成本的约束性分析	1	2	3	4	5	1	2	3	4	5
变动成本法	1	2	3	4	5	1	2	3	4	5
本量利分析	1	2	3	4	5	1	2	3	4	5
销售预测	1	2	3	4	5	1	2	3	4	5
成本预测	1	2	3	4	5	1	2	3	4	5
利润预测	1	2	3	4	5	1	2	3	4	5
资金预测	1	2	3	4	5	1	2	3	4	5
生产决策中的差量分析	1	2	3	4	5	1	2	3	4	5
生产决策中的边际贡献分析	1	2	3	4	5	1	2	3	4	5
生产决策中的本量利分析	1	2	3	4	5	1	2	3	4	5
生产决策中的最优生产批量分析	1	2	3	4	5	1	2	3	4	5
生产决策中的线性规划	1	2	3	4	5	1	2	3	4	5
市场价格定价法	1	2	3	4	5	1	2	3	4	5
目标成本定价法	1	2	3	4	5	1	2	3	4	5
成本加成定价法	1	2	3	4	5	1	2	3	4	5

续表

管理工具	重要程度					熟悉程度				
	不重要	不太重要	一般	较为重要	重要	不熟悉	不太熟悉	一般	较熟悉	熟悉
合同定价法	1	2	3	4	5	1	2	3	4	5
0.6 指数定价法	1	2	3	4	5	1	2	3	4	5
投资决策中的时间价值分析	1	2	3	4	5	1	2	3	4	5
投资决策中的资本成本分析	1	2	3	4	5	1	2	3	4	5
投资决策中的风险报酬分析	1	2	3	4	5	1	2	3	4	5
投资决策中的现金流量分析	1	2	3	4	5	1	2	3	4	5
投资决策中的投资回收期分析	1	2	3	4	5	1	2	3	4	5
投资决策中的投资收益率分析	1	2	3	4	5	1	2	3	4	5
投资决策中的净现值分析	1	2	3	4	5	1	2	3	4	5
投资决策中的现值指数分析	1	2	3	4	5	1	2	3	4	5
投资决策中的内含报酬率分析	1	2	3	4	5	1	2	3	4	5
财务预算（收入、支出和现金预算）	1	2	3	4	5	1	2	3	4	5
资本支出预算	1	2	3	4	5	1	2	3	4	5
全面预算管理	1	2	3	4	5	1	2	3	4	5
增减预算	1	2	3	4	5	1	2	3	4	5
零基预算	1	2	3	4	5	1	2	3	4	5
定期预算	1	2	3	4	5	1	2	3	4	5
滚动预算	1	2	3	4	5	1	2	3	4	5
固定预算	1	2	3	4	5	1	2	3	4	5
弹性预算	1	2	3	4	5	1	2	3	4	5
最优订货批量决策	1	2	3	4	5	1	2	3	4	5
ABC 存货管理法	1	2	3	4	5	1	2	3	4	5
适时管理（JIT）	1	2	3	4	5	1	2	3	4	5
零库存管理	1	2	3	4	5	1	2	3	4	5
质量成本分析	1	2	3	4	5	1	2	3	4	5
六西格玛（6σ）管理	1	2	3	4	5	1	2	3	4	5
责任中心划分	1	2	3	4	5	1	2	3	4	5
责任中心业绩评价	1	2	3	4	5	1	2	3	4	5

续表

管理工具	重要程度					熟悉程度				
	不重要	不太重要	一般	较为重要	重要	不熟悉	不太熟悉	一般	较熟悉	熟悉
内部转移定价	1	2	3	4	5	1	2	3	4	5
平衡计分卡（BSC）	1	2	3	4	5	1	2	3	4	5
关键绩效指标考核（KPI）	1	2	3	4	5	1	2	3	4	5
360 度考核	1	2	3	4	5	1	2	3	4	5
EVA 考核	1	2	3	4	5	1	2	3	4	5
目标管理	1	2	3	4	5	1	2	3	4	5
目标成本管理	1	2	3	4	5	1	2	3	4	5
成本企划（画）	1	2	3	4	5	1	2	3	4	5
价值工程（VE）	1	2	3	4	5	1	2	3	4	5
竞争力分析（五力模型）	1	2	3	4	5	1	2	3	4	5
优势劣势分析（SWOT）	1	2	3	4	5	1	2	3	4	5
价值链分析	1	2	3	4	5	1	2	3	4	5
供应商评价	1	2	3	4	5	1	2	3	4	5
客户盈利能力分析	1	2	3	4	5	1	2	3	4	5
客户满意度调查与分析	1	2	3	4	5	1	2	3	4	5
竞争对手分析	1	2	3	4	5	1	2	3	4	5
产品生命周期分析	1	2	3	4	5	1	2	3	4	5
标杆管理	1	2	3	4	5	1	2	3	4	5
企业资源规划（ERP）	1	2	3	4	5	1	2	3	4	5
环境成本分析与报告	1	2	3	4	5	1	2	3	4	5
风险识别	1	2	3	4	5	1	2	3	4	5
风险评价	1	2	3	4	5	1	2	3	4	5
风险诊断	1	2	3	4	5	1	2	3	4	5
风险应对	1	2	3	4	5	1	2	3	4	5
外汇风险管理	1	2	3	4	5	1	2	3	4	5

78. 请您对下表中各项管理工具在贵公司相关经营管理或决策活动中的**应用程度**做出评价。

79. 请您对下表中各项管理工具在贵公司相关经营管理或决策活动中的**应用效

果做出评价（请在各行的相应位置打“✓”，取值1—5）：

应用程度：1表示“从未使用”，2为“很少使用”，3为“较少使用”，4为“经常使用”，5为“常规使用”。

应用效果：1表示“很差”，2为“较差”，3为“一般”，4为“较好”，5为“很好”。

管理工具	应用程度					应用效果				
	从未使用	很少使用	较少使用	经常使用	常规使用	很差	较差	一般	较好	很好
计划成本	1	2	3	4	5	1	2	3	4	5
定额成本	1	2	3	4	5	1	2	3	4	5
标准成本	1	2	3	4	5	1	2	3	4	5
差异分析	1	2	3	4	5	1	2	3	4	5
作业成本法（ABC）	1	2	3	4	5	1	2	3	4	5
作业成本管理（ABCM）	1	2	3	4	5	1	2	3	4	5
成本收益分析	1	2	3	4	5	1	2	3	4	5
决策的相关性分析	1	2	3	4	5	1	2	3	4	5
成本的可控性分析	1	2	3	4	5	1	2	3	4	5
成本的边际性分析	1	2	3	4	5	1	2	3	4	5
成本的变动性分析（即性态分析）	1	2	3	4	5	1	2	3	4	5
成本的约束性分析	1	2	3	4	5	1	2	3	4	5
变动成本法	1	2	3	4	5	1	2	3	4	5
本量利分析	1	2	3	4	5	1	2	3	4	5
销售预测	1	2	3	4	5	1	2	3	4	5
成本预测	1	2	3	4	5	1	2	3	4	5
利润预测	1	2	3	4	5	1	2	3	4	5
资金预测	1	2	3	4	5	1	2	3	4	5
生产决策中的差量分析	1	2	3	4	5	1	2	3	4	5
生产决策中的边际贡献分析	1	2	3	4	5	1	2	3	4	5
生产决策中的本量利分析	1	2	3	4	5	1	2	3	4	5
生产决策中的最优生产批量分析	1	2	3	4	5	1	2	3	4	5
生产决策中的线性规划	1	2	3	4	5	1	2	3	4	5
市场价格定价法	1	2	3	4	5	1	2	3	4	5

续表

管理工具	应用程度					应用效果				
	从未使用	很少使用	较少使用	经常使用	常规使用	很差	较差	一般	较好	很好
目标成本定价法	1	2	3	4	5	1	2	3	4	5
成本加成定价法	1	2	3	4	5	1	2	3	4	5
合同定价法	1	2	3	4	5	1	2	3	4	5
0.6 指数定价法	1	2	3	4	5	1	2	3	4	5
投资决策中的时间价值分析	1	2	3	4	5	1	2	3	4	5
投资决策中的资本成本分析	1	2	3	4	5	1	2	3	4	5
投资决策中的风险报酬分析	1	2	3	4	5	1	2	3	4	5
投资决策中的现金流量分析	1	2	3	4	5	1	2	3	4	5
投资决策中的投资回收期分析	1	2	3	4	5	1	2	3	4	5
投资决策中的投资收益率分析	1	2	3	4	5	1	2	3	4	5
投资决策中的净现值分析	1	2	3	4	5	1	2	3	4	5
投资决策中的现值指数分析	1	2	3	4	5	1	2	3	4	5
投资决策中的内含报酬率分析	1	2	3	4	5	1	2	3	4	5
财务预算（收入、支出和现金预算）	1	2	3	4	5	1	2	3	4	5
资本支出预算	1	2	3	4	5	1	2	3	4	5
全面预算管理	1	2	3	4	5	1	2	3	4	5
增减预算	1	2	3	4	5	1	2	3	4	5
零基预算	1	2	3	4	5	1	2	3	4	5
定期预算	1	2	3	4	5	1	2	3	4	5
滚动预算	1	2	3	4	5	1	2	3	4	5
固定预算	1	2	3	4	5	1	2	3	4	5
弹性预算	1	2	3	4	5	1	2	3	4	5
最优订货批量决策	1	2	3	4	5	1	2	3	4	5
ABC 存货管理法	1	2	3	4	5	1	2	3	4	5
适时管理（JIT）	1	2	3	4	5	1	2	3	4	5
零库存管理	1	2	3	4	5	1	2	3	4	5
质量成本分析	1	2	3	4	5	1	2	3	4	5
六西格玛（6σ）管理	1	2	3	4	5	1	2	3	4	5

续表

管理工具	应用程度					应用效果				
	从未使用	很少使用	较少使用	经常使用	常规使用	很差	较差	一般	较好	很好
责任中心划分	1	2	3	4	5	1	2	3	4	5
责任中心业绩评价	1	2	3	4	5	1	2	3	4	5
内部转移定价	1	2	3	4	5	1	2	3	4	5
平衡计分卡（BSC）	1	2	3	4	5	1	2	3	4	5
关键绩效指标考核（KPI）	1	2	3	4	5	1	2	3	4	5
360 度考核	1	2	3	4	5	1	2	3	4	5
EVA 考核	1	2	3	4	5	1	2	3	4	5
目标管理	1	2	3	4	5	1	2	3	4	5
目标成本管理	1	2	3	4	5	1	2	3	4	5
成本企划（画）	1	2	3	4	5	1	2	3	4	5
价值工程（VE）	1	2	3	4	5	1	2	3	4	5
竞争力分析（五力模型）	1	2	3	4	5	1	2	3	4	5
优势劣势分析（SWOT）	1	2	3	4	5	1	2	3	4	5
价值链分析	1	2	3	4	5	1	2	3	4	5
供应商评价	1	2	3	4	5	1	2	3	4	5
客户盈利能力分析	1	2	3	4	5	1	2	3	4	5
客户满意度调查与分析	1	2	3	4	5	1	2	3	4	5
竞争对手分析	1	2	3	4	5	1	2	3	4	5
产品生命周期分析	1	2	3	4	5	1	2	3	4	5
标杆管理	1	2	3	4	5	1	2	3	4	5
企业资源规划（ERP）	1	2	3	4	5	1	2	3	4	5
环境成本分析与报告	1	2	3	4	5	1	2	3	4	5
风险识别	1	2	3	4	5	1	2	3	4	5
风险评价	1	2	3	4	5	1	2	3	4	5
风险诊断	1	2	3	4	5	1	2	3	4	5
风险应对	1	2	3	4	5	1	2	3	4	5
外汇风险管理	1	2	3	4	5	1	2	3	4	5

80. 您认为我国是否有必要建立管理会计师统一考试和认证制度：

□是， □否

您认为我国的管理会计师统一考试和认证是否有必要采用分级考试制度（如初级、中级、高级）以及采用几级分级制度更好：

□不分级　　　　　　　　□两级（初级、高级）

□三级（初级、中级、高级）　□四级（初级、中级、高级、最高级或专家级）

您认为我国的管理会计师统一考试**报名**是否应设置**学历**门槛（可多选）：

□不加限制　　□专科及以上学历　　□在校本科学生

□在校经济或管理类本科学生　　□在校会计、财务或审计类本科学生

□本科及以上学历　　□经济或管理类本科及以上学历

□会计、财务或审计本科及以上学历　□取得会计从业资格证书

□取得初级会计及以上会计职称　　□取得中国注册会计师证书

□取得境外注册会计师证书　　□其他，请注明________________

您认为我国的管理会计师统一考试**报名**是否应设置工作**经验**门槛：

□不加限制　　□至少两年工作经验　　□至少 3 年工作经验

□至少两年相关工作经验　　□至少 3 年相关工作经验

□其他，请注明____

在全部考试通过后，在取得管理会计师证书（即**认证**）时是否应设置工作**经验**门槛：

□不加限制　　□至少两年工作经验　　□至少 3 年工作经验

□至少两年相关工作经验　　□至少 3 年相关工作经验

□其他，请注明____

您认为我国的管理会计师统一考试合格成绩在取得证书前的有效期应为：

□不限制　□3 年　□5 年　□10 年　□其他，请注明______________

您认为我国未来的管理会计师行业是否应建立强制的后续教育制度以及考核周期多长为好？

□不必强制　□1 年　□2 年　□3 年　□其他，请注明______________

您认为我国未来的管理会计师后续教育每年多少学时为宜：

□20 小时　□30 小时　□40 小时

您认为我国未来的管理会计师后续教育的形式应为：

□网络课程　　□集中培训　　□参加讲座　　□管理实践

□其他，请注明____

81. 您的性别为：□男，　□女；年龄____岁

82. 您的最高学历是：□大专以下　□大专　□本科　　□硕士　□博士

您所经历的高等学历属于：□文科　□理工科　□既有文科，又有理工科

□其他，请注明____

83. 您是否经历过会计、财务或审计方面的专业学习或培训：□是，　□否

84. 您所取得的学历或学位中有（可多选）：
□会计　□财务管理　□审计　□管理
□经济　□金融　□法律
□其他，请注明______

85. 您是否从事过会计、财务或审计方面的工作：□是，　□否
您从事过会计、财务或审计方面的工作约____年。

86. 您已工作____年，至今共在____个单位工作过，在贵公司工作____年，在贵公司担任现职____年。

87. 您在公司目前的职务是：□董事长　□总经理　□财务副总
□非财务副总　□总会计师　□副总会计师　□财务总监　□副财务总监
□财务部门负责人　□其他，请注明______

88. 您的专业职称是：□正高级会计师　□高级会计师　□会计师
□其他，请注明______

89. 您是否属于会计领军人才：□是，　□否

90. 您本人是否拥有如下专业证书以及拥有哪些专业证书（可多选）：
□没有　□中国注册会计师（CPA）
□资产评估师（PV）　□注册税务师（CTA）
□注册金融分析师（CFA）　□注册金融理财师（CFP）
□金融风险管理师（FRM）　□英国特许会计师（ACCA）
□加拿大注册会计师（CGA）　□ASCPA 澳大利亚注册会计师（ASCPA）
□美国注册管理会计师（CMA）　□英国特许管理会计师（CIMA）
□其他，请注明______

91. 您认为以下各证书的含金量有多高（在 0—5 之间取值，其中 0 表示“不了解”，1 表示“很低”，2 表示“较低”，3 表示“一般”，4 表示“较高”，5 表示“很高”）：
□中国注册会计师（CPA）__　□资产评估师（PV）__
□注册税务师（CTA）__　□注册金融分析师（CFA）__
□注册金融理财师（CFP）__　□金融风险管理师（FRM）__
□英国特许会计师（ACCA）__　□加拿大注册会计师（CGA）__
□澳大利亚注册会计师（ASCPA）__　□美国注册管理会计师（CMA）__
□英国特许管理会计师（CIMA）__

92. 您最近购买的一本书是____个月前买的，该书主要属于哪个领域：
□会计、财务或审计 □企业管理 □金融或证券 □经济 □法律
□政治 □社会 □文化 □文学 □其他，请注明：________________

93. 您最近读的一本书是____个月前读的，该书属于哪个领域：
□会计、财务或审计 □企业管理 □金融或证券 □经济 □法律
□政治 □社会 □文化 □文学 □其他，请注明：________________

94. 您最近参加的在职培训是____个月前进行的，培训的内容涉及（可多选）：
□会计、财务或审计 □企业管理 □金融或证券 □经济 □法律
□政治 □社会 □文化 □文学 □其他，请注明：________________

95. 最近一年，您每天用于开会平均约____个小时，处理本职工作平均约____个小时，社会交往平均约____小时，上网平均约____个小时，浏览微信平均约____小时。

96. 您心目中最崇拜的企业是（若无，可不填）：________________

97. 您最崇拜的人物是（若无，可不填）：________________

98. 您最崇拜的企业家是（若无，可不填）：________________

99. 贵公司属于（可多选）：□央企 □地方国有企业 □非国有企业□民营企业
□中外合资企业 □中外合作企业 □外商独资企业 □上市公司
□非上市公司 □其他，请注明：________________

100. 贵公司的产品主要属于：□制造业 □金融业 □建筑和房地产业 □服务业
□综合类行业 □其他行业，请注明：________________
其中，若是制造业，主要产品属于为：
□食品 □饮料（含酒） □烟草 □纺织 □服装和服饰（含制鞋）
□木材加工与家具制造 □造纸与印刷（含记录媒介复制）
□文体和娱乐用品制造 □石油加工 □化工化纤 □医药
□金属冶炼和压延加工 □金属制品 □非金属矿物制品 □设备制造
□汽车制造 □仪器仪表制造 □其他制造

101. 贵公司位于____________省____________市。

102. 贵公司现有职工约____人，上年的净利润约为________万元，上年底总资产约为________万元，国有股所占比例约为____%。

103. 贵公司名称为________________________（用于资料整理，无其他目的）

104. 您认为财、会、审方面的知识和能力在财会人员的全部知识体系和能力体系中占居约为____%的比重，其中财务约占有____%，会计约占有

____%，审计约占有____%。

105. 您最擅长的管理会计领域是：____，
您在该领域的主要贡献是（若无，可不填）：__________________________
____
____
____

106. 近年来，贵公司的财会工作在哪些方面取得了创造性成果（可不填）：
（1）____
（2）____
（3）____
我们很愿意将本次调查的研究成果与您分享。如果需要，请留下您的电子邮箱：____

调查到此结束。衷心感谢您在百忙之中参加本次调查，谢谢您的积极而有价值的回答！

财政部江苏专员办课题组

1.5　会计领军人才调查问卷

本次调查结果仅用于综合分析，不作为任何考察、考核、晋级的依据，敬请您放心填写。

填写没有好坏、对错之分，真实表达和反映您的看法和想法，就是最佳答案，也是我们最为期待的。

填写对象：会计领军人才

填写方法：请在下划线“__”处填写或在“□”内打“√”。

101. 请您对财会人员的如下各项能力在企业财会工作中的**重要性**进行评价（请在每项后面的下划线“__”处填写分值，取值1—5，其中1表示“不重要”，2为“不太重要”，3为“一般”，4为“较为重要”，5为“重要”）：

□财会专业知识和技能__ □分析能力__ □管理能力__
□预测能力__ □决策能力__ □规划能力__
□沟通能力__ □人际交往能力__ □领导能力__
□市场意识与观念__ □职业道德__ □创新思维能力__
□自我完善与发展能力（即学习能力）__

102. 请您对财会人员的如下专业技能在企业财会工作中的**重要性**进行评价（请在每项后面的下划线“__”处填写分值，取值1—5，其中1表示“不重要”，2为“不太重要”，3为“一般”，4为“较为重要”，5为“重要”）：

□会计核算能力__ □财务管理能力__ □财务分析能力__
□成本管理能力__ □税务筹划能力__ □资金筹集能力__
□内部控制能力__ □风险控制能力__ □市场预测能力__
□经营决策能力__ □信息需求规划能力__ □数据挖掘能力__
□信息集成和整合能力__ □数据可视化能力和信息展示能力__

103. 请您对如下各项知识在企业财会工作中的**重要性**进行评价（请在每项后面的下划线“__”处填写分值，取值1—5，其中1表示“不重要”，2为“不太重要”，3为“一般”，4为“较为重要”，5为“重要”）：

□会计核算__ □财务管理__ □财务报告__ □并购与重组__
□运营管理__ □资产管理__ □项目管理__ □客户关系管理__
□绩效管理__ □公司治理__ □信用管理__ □组织行为管理__
□内部审计__ □内部控制__ □风险管理__ □信息系统管理__
□战略管理__ □财务分析__ □税收筹划__ □社会关系管理__
□价值管理__ □金融知识__ □经济知识__ □经营决策知识__
□法律知识__ □投资决策知识__ □创新与变革管理__
□职业道德与伦理__

104. 请您对贵公司财会部门在企业履行如下管理职能中发挥作用的**重要性**进行评价（请在每项后面的下划线“__”处填写分值，取值1—5，其中1表示“不重要”，2为“不太重要”，3为“一般”，4为“较为重要”，5为“重要”）：

□预测__ □决策__ □规划（预算）__ □组织__
□控制__ □核算__ □分析__ □考核__

105. 请您对下列管理工具或方法在企业管理的重要性进行评价（请在每项后面的下划线“__”处填写分值，取值1—5，其中1表示“不重要”，2为“不太重要”，3为“一般”，4为“较为重要”，5为“重要”）：

□成本变动性分析与变动成本分析__　□盈亏平衡分析与本量利分析__
□经营决策分析__　□投资决策分析__
□产品定价__　□转移定价__
□责任会计与业绩评价__　□全面预算__
□质量成本与全面质量管理__　□标准成本制度与成本控制__
□存货管理和适时制（Just in Time）__　□作业成本计算与作业成本管理__
□价值链分析__　□产品生命周期成本分析__
□外汇风险管理__

106. 您本人对如下工作的**熟悉程度**如何？请做出自我评价（请在前面的方框内评价，取值1—5，其中1表示“不熟悉”，2为“不太熟悉”，3为“一般”，4为“较熟悉”，5为“熟悉”）：

□会计核算__　□财务管理__　□财务报告__　□财务分析__
□战略管理__　□经营决策__　□运营管理__　□并购与重组__
□绩效管理__　□公司治理__　□企业管理__　□组织行为管理__
□内部审计__　□内部控制__　□风险管理__　□税收筹划__
□资产管理__　□项目管理__　□关系管理__　□信息系统管理__
□金融业务__　□经济分析__　□法律事务__　□供应链管理__
□经营决策__　□投资决策__　□职业道德与伦理__
□创新与变革管理__

107. 您对贵公司财务部门在企业如下工作中发挥作用的**满意程度**如何？请您做出评价（请在前面的方框内评价，取值1—5，其中1表示“不满意”，2为“不太满意”，3为“基本满意”，4为“较为满意”，5为“满意”）：

□会计核算__　□财务管理__　□财务报告__　□供应链管理__
□财务分析__　□运营管理__　□企业管理__　□组织行为管理__
□绩效管理__　□战略管理__　□公司治理__　□并购与重组__
□内部审计__　□内部控制__　□风险管理__　□税收筹划__
□资产管理__　□项目管理__　□关系管理__　□信息系统管理__
□金融业务__　□经济分析__　□法律事务__　□经营决策__
□投资决策__　□职业道德与伦理__　□创新与变革管理__

108. 请您对下表中各项管理工具在财会工作中的**重要程度**做出评价。

109. 请您对下表中各项管理工具在财会工作中的您本人对其**熟悉程度**做出评价（请在各行的相应位置打“✓”，取值1—5）：

重要程度：1 表示“不重要”，2 为“不太重要”，3 为“一般”，4 为“较为重要”，5 为“重要”。

熟悉程度：1 表示“不熟悉”，2 为“不太熟悉”，3 为“一般”，4 为“较熟悉”，5 为“熟悉”。

管理工具	重要程度					熟悉程度				
	不重要	不太重要	一般	较为重要	重要	不熟悉	不太熟悉	一般	较熟悉	熟悉
计划成本	1	2	3	4	5	1	2	3	4	5
定额成本	1	2	3	4	5	1	2	3	4	5
标准成本	1	2	3	4	5	1	2	3	4	5
差异分析	1	2	3	4	5	1	2	3	4	5
作业成本法（ABC）	1	2	3	4	5	1	2	3	4	5
作业成本管理（ABCM）	1	2	3	4	5	1	2	3	4	5
成本收益分析	1	2	3	4	5	1	2	3	4	5
决策的相关性分析	1	2	3	4	5	1	2	3	4	5
成本的可控性分析	1	2	3	4	5	1	2	3	4	5
成本的边际性分析	1	2	3	4	5	1	2	3	4	5
成本的变动性分析（即性态分析）	1	2	3	4	5	1	2	3	4	5
成本的约束性分析	1	2	3	4	5	1	2	3	4	5
变动成本法	1	2	3	4	5	1	2	3	4	5
本量利分析	1	2	3	4	5	1	2	3	4	5
销售预测	1	2	3	4	5	1	2	3	4	5
成本预测	1	2	3	4	5	1	2	3	4	5
利润预测	1	2	3	4	5	1	2	3	4	5
资金预测	1	2	3	4	5	1	2	3	4	5
生产决策中的差量分析	1	2	3	4	5	1	2	3	4	5
生产决策中的边际贡献分析	1	2	3	4	5	1	2	3	4	5
生产决策中的本量利分析	1	2	3	4	5	1	2	3	4	5
生产决策中的最优生产批量分析	1	2	3	4	5	1	2	3	4	5
生产决策中的线性规划	1	2	3	4	5	1	2	3	4	5

续表

管理工具	重要程度					熟悉程度				
	不重要	不太重要	一般	较为重要	重要	不熟悉	不太熟悉	一般	较熟悉	熟悉
市场价格定价法	1	2	3	4	5	1	2	3	4	5
目标成本定价法	1	2	3	4	5	1	2	3	4	5
成本加成定价法	1	2	3	4	5	1	2	3	4	5
合同定价法	1	2	3	4	5	1	2	3	4	5
0.6 指数定价法	1	2	3	4	5	1	2	3	4	5
投资决策中的时间价值分析	1	2	3	4	5	1	2	3	4	5
投资决策中的资本成本分析	1	2	3	4	5	1	2	3	4	5
投资决策中的风险报酬分析	1	2	3	4	5	1	2	3	4	5
投资决策中的现金流量分析	1	2	3	4	5	1	2	3	4	5
投资决策中的投资回收期分析	1	2	3	4	5	1	2	3	4	5
投资决策中的投资收益率分析	1	2	3	4	5	1	2	3	4	5
投资决策中的净现值分析	1	2	3	4	5	1	2	3	4	5
投资决策中的现值指数分析	1	2	3	4	5	1	2	3	4	5
投资决策中的内含报酬率分析	1	2	3	4	5	1	2	3	4	5
财务预算（收入、支出和现金预算）	1	2	3	4	5	1	2	3	4	5
资本支出预算	1	2	3	4	5	1	2	3	4	5
全面预算管理	1	2	3	4	5	1	2	3	4	5
增减预算	1	2	3	4	5	1	2	3	4	5
零基预算	1	2	3	4	5	1	2	3	4	5
定期预算	1	2	3	4	5	1	2	3	4	5
滚动预算	1	2	3	4	5	1	2	3	4	5
固定预算	1	2	3	4	5	1	2	3	4	5
弹性预算	1	2	3	4	5	1	2	3	4	5
最优订货批量决策	1	2	3	4	5	1	2	3	4	5
ABC 存货管理法	1	2	3	4	5	1	2	3	4	5
适时管理（JIT）	1	2	3	4	5	1	2	3	4	5
零库存管理	1	2	3	4	5	1	2	3	4	5
质量成本分析	1	2	3	4	5	1	2	3	4	5
六西格玛（6σ）管理	1	2	3	4	5	1	2	3	4	5
责任中心划分	1	2	3	4	5	1	2	3	4	5

续表

管理工具	重要程度					熟悉程度				
	不重要	不太重要	一般	较为重要	重要	不熟悉	不太熟悉	一般	较熟悉	熟悉
责任中心业绩评价	1	2	3	4	5	1	2	3	4	5
内部转移定价	1	2	3	4	5	1	2	3	4	5
平衡计分卡（BSC）	1	2	3	4	5	1	2	3	4	5
关键绩效指标考核（KPI）	1	2	3	4	5	1	2	3	4	5
360 度考核	1	2	3	4	5	1	2	3	4	5
EVA 考核	1	2	3	4	5	1	2	3	4	5
目标管理	1	2	3	4	5	1	2	3	4	5
目标成本管理	1	2	3	4	5	1	2	3	4	5
成本企划（画）	1	2	3	4	5	1	2	3	4	5
价值工程（VE）	1	2	3	4	5	1	2	3	4	5
竞争力分析（五力模型）	1	2	3	4	5	1	2	3	4	5
优势劣势分析（SWOT）	1	2	3	4	5	1	2	3	4	5
价值链分析	1	2	3	4	5	1	2	3	4	5
供应商评价	1	2	3	4	5	1	2	3	4	5
客户盈利能力分析	1	2	3	4	5	1	2	3	4	5
客户满意度调查与分析	1	2	3	4	5	1	2	3	4	5
竞争对手分析	1	2	3	4	5	1	2	3	4	5
产品生命周期分析	1	2	3	4	5	1	2	3	4	5
标杆管理	1	2	3	4	5	1	2	3	4	5
企业资源规划（ERP）	1	2	3	4	5	1	2	3	4	5
环境成本分析与报告	1	2	3	4	5	1	2	3	4	5
风险识别	1	2	3	4	5	1	2	3	4	5
风险评价	1	2	3	4	5	1	2	3	4	5
风险诊断	1	2	3	4	5	1	2	3	4	5
风险应对	1	2	3	4	5	1	2	3	4	5
外汇风险管理	1	2	3	4	5	1	2	3	4	5

110. 请您对下表中各项管理工具在贵公司相关经营管理或决策活动中的**应用程度**做出评价。

111. 请您对下表中各项管理工具在贵公司相关经营管理或决策活动中的**应用效果**做出评价（请在各行的相应位置打“✓”，取值 1—5）：

应用程度：1 表示“从未使用”，2 为“很少使用”，3 为“较少使用”，4 为“经常使用”，5 为“常规使用”。

应用效果：1 表示“很差”，2 为“较差”，3 为“一般”，4 为“较好”，5 为“很好”。

管理工具	应用程度					应用效果				
	从未使用	很少使用	较少使用	经常使用	常规使用	很差	较差	一般	较好	很好
计划成本	1	2	3	4	5	1	2	3	4	5
定额成本	1	2	3	4	5	1	2	3	4	5
标准成本	1	2	3	4	5	1	2	3	4	5
差异分析	1	2	3	4	5	1	2	3	4	5
作业成本法（ABC）	1	2	3	4	5	1	2	3	4	5
作业成本管理（ABCM）	1	2	3	4	5	1	2	3	4	5
成本收益分析	1	2	3	4	5	1	2	3	4	5
决策的相关性分析	1	2	3	4	5	1	2	3	4	5
成本的可控性分析	1	2	3	4	5	1	2	3	4	5
成本的边际性分析	1	2	3	4	5	1	2	3	4	5
成本的变动性分析（即性态分析）	1	2	3	4	5	1	2	3	4	5
成本的约束性分析	1	2	3	4	5	1	2	3	4	5
变动成本法	1	2	3	4	5	1	2	3	4	5
本量利分析	1	2	3	4	5	1	2	3	4	5
销售预测	1	2	3	4	5	1	2	3	4	5
成本预测	1	2	3	4	5	1	2	3	4	5
利润预测	1	2	3	4	5	1	2	3	4	5
资金预测	1	2	3	4	5	1	2	3	4	5
生产决策中的差量分析	1	2	3	4	5	1	2	3	4	5
生产决策中的边际贡献分析	1	2	3	4	5	1	2	3	4	5
生产决策中的本量利分析	1	2	3	4	5	1	2	3	4	5
生产决策中的最优生产批量分析	1	2	3	4	5	1	2	3	4	5
生产决策中的线性规划	1	2	3	4	5	1	2	3	4	5
市场价格定价法	1	2	3	4	5	1	2	3	4	5
目标成本定价法	1	2	3	4	5	1	2	3	4	5

续表

管理工具	应用程度					应用效果				
	从未使用	很少使用	较少使用	经常使用	常规使用	很差	较差	一般	较好	很好
成本加成定价法	1	2	3	4	5	1	2	3	4	5
合同定价法	1	2	3	4	5	1	2	3	4	5
0.6 指数定价法	1	2	3	4	5	1	2	3	4	5
投资决策中的时间价值分析	1	2	3	4	5	1	2	3	4	5
投资决策中的资本成本分析	1	2	3	4	5	1	2	3	4	5
投资决策中的风险报酬分析	1	2	3	4	5	1	2	3	4	5
投资决策中的现金流量分析	1	2	3	4	5	1	2	3	4	5
投资决策中的投资回收期分析	1	2	3	4	5	1	2	3	4	5
投资决策中的投资收益率分析	1	2	3	4	5	1	2	3	4	5
投资决策中的净现值分析	1	2	3	4	5	1	2	3	4	5
投资决策中的现值指数分析	1	2	3	4	5	1	2	3	4	5
投资决策中的内含报酬率分析	1	2	3	4	5	1	2	3	4	5
财务预算（收入、支出和现金预算）	1	2	3	4	5	1	2	3	4	5
资本支出预算	1	2	3	4	5	1	2	3	4	5
全面预算管理	1	2	3	4	5	1	2	3	4	5
增减预算	1	2	3	4	5	1	2	3	4	5
零基预算	1	2	3	4	5	1	2	3	4	5
定期预算	1	2	3	4	5	1	2	3	4	5
滚动预算	1	2	3	4	5	1	2	3	4	5
固定预算	1	2	3	4	5	1	2	3	4	5
弹性预算	1	2	3	4	5	1	2	3	4	5
最优订货批量决策	1	2	3	4	5	1	2	3	4	5
ABC 存货管理法	1	2	3	4	5	1	2	3	4	5
适时管理（JIT）	1	2	3	4	5	1	2	3	4	5
零库存管理	1	2	3	4	5	1	2	3	4	5
质量成本分析	1	2	3	4	5	1	2	3	4	5
六西格玛（6σ）管理	1	2	3	4	5	1	2	3	4	5
责任中心划分	1	2	3	4	5	1	2	3	4	5

续表

管理工具	应用程度					应用效果				
	从未使用	很少使用	较少使用	经常使用	常规使用	很差	较差	一般	较好	很好
责任中心业绩评价	1	2	3	4	5	1	2	3	4	5
内部转移定价	1	2	3	4	5	1	2	3	4	5
平衡计分卡（BSC）	1	2	3	4	5	1	2	3	4	5
关键绩效指标考核（KPI）	1	2	3	4	5	1	2	3	4	5
360 度考核	1	2	3	4	5	1	2	3	4	5
EVA 考核	1	2	3	4	5	1	2	3	4	5
目标管理	1	2	3	4	5	1	2	3	4	5
目标成本管理	1	2	3	4	5	1	2	3	4	5
成本企划（画）	1	2	3	4	5	1	2	3	4	5
价值工程（VE）	1	2	3	4	5	1	2	3	4	5
竞争力分析（五力模型）	1	2	3	4	5	1	2	3	4	5
优势劣势分析（SWOT）	1	2	3	4	5	1	2	3	4	5
价值链分析	1	2	3	4	5	1	2	3	4	5
供应商评价	1	2	3	4	5	1	2	3	4	5
客户盈利能力分析	1	2	3	4	5	1	2	3	4	5
客户满意度调查与分析	1	2	3	4	5	1	2	3	4	5
竞争对手分析	1	2	3	4	5	1	2	3	4	5
产品生命周期分析	1	2	3	4	5	1	2	3	4	5
标杆管理	1	2	3	4	5	1	2	3	4	5
企业资源规划（ERP）	1	2	3	4	5	1	2	3	4	5
环境成本分析与报告	1	2	3	4	5	1	2	3	4	5
风险识别	1	2	3	4	5	1	2	3	4	5
风险评价	1	2	3	4	5	1	2	3	4	5
风险诊断	1	2	3	4	5	1	2	3	4	5
风险应对	1	2	3	4	5	1	2	3	4	5
外汇风险管理	1	2	3	4	5	1	2	3	4	5

112. 您认为我国是否有必要建立管理会计师统一考试和认证制度：□是，□否

您认为我国的管理会计师统一考试和认证是否有必要采用分级考试制度（如初级、中级、高级）以及采用几级分级制度更好：

□不分级　□两级（初级、高级）

□三级（初级、中级、高级）□四级（初级、中级、高级、最高级或专家级）

您认为我国的管理会计师统一考试**报名**是否应设置**学历**门槛（可多选）：

□不加限制　□专科及以上学历　□在校本科学生

□在校经济或管理类本科学生　□在校会计、财务或审计类本科学生

□本科及以上学历　□经济或管理类本科及以上学历

□会计、财务或审计本科及以上学历　□取得会计从业资格证书

□取得初级会计及以上会计职称　□取得中国注册会计师证书

□取得境外注册会计师证书　□其他，请注明________

您认为我国的管理会计师统一考试**报名**是否应设置工作**经验**门槛：

□不加限制　□至少两年工作经验　□至少3年工作经验

□至少两年相关工作经验　□至少3年相关工作经验

□其他，请注明________

在全部考试通过后，在取得管理会计师证书（即**认证**）时是否应设置工作**经验**门槛：

□不加限制　□至少两年工作经验　□至少3年工作经验

□至少两年相关工作经验　□至少3年相关工作经验

□其他，请注明________

您认为我国的管理会计师统一考试合格成绩在取得证书前的有效期应为：

□不限制　□3年　□5年　□10年　□其他，请注明________

您认为我国未来的管理会计师行业是否应建立强制的后续教育制度以及考核周期多长为好？

□不必强制　□1年　□2年　□3年　□其他，请注明________

您认为我国未来的管理会计师后续教育每年多少学时为宜：

□20小时　□30小时　□40小时

您认为我国未来的管理会计师后续教育的形式应为：

□网络课程　□集中培训　□参加讲座　□管理实践

□其他，请注明________

113. 您的性别为：□男，□女；年龄____岁

114. 您的最高学历是：□大专以下　□大专　□本科　□硕士　□博士
您所经历的高等学历属于：□文科　□理工科　□既有文科，又有理工科　□其他，请注明________________

115. 您是否经历过会计、财务或审计方面的专业学习或培训：□是，□否

116. 您所取得的学历或学位中有（可多选）：
□会计　□财务管理　□审计　□管理
□经济　□金融　□法律
□其他，请注明________________

117. 您是否从事过会计、财务或审计方面的工作：□是，　□否
您从事过会计、财务或审计方面的工作约____年。

118. 您已工作____年，至今共在____个单位工作过，在贵公司工作____年，在贵公司担任现职____年。

119. 您在公司目前的职务是：□董事长　□总经理　□财务副总
□非财务副总　□总会计师　□副总会计师　□财务总监
□副财务总监　□财务部门负责人　□其他，请注明________

120. 您的专业职称是：□正高级会计师　□高级会计师　□会计师
□其他，请注明________________

121. 您是否属于会计领军人才：□是，　□否

122. 您本人是否拥有如下专业证书以及拥有哪些专业证书（可多选）：
□没有　□中国注册会计师（CPA）
□资产评估师（PV）　□注册税务师（CTA）
□注册金融分析师（CFA）　□注册金融理财师（CFP）
□金融风险管理师（FRM）　□英国特许会计师（ACCA）
□加拿大注册会计师（CGA）　□ASCPA 澳大利亚注册会计师（ASCPA）
□美国注册管理会计师（CMA）□英国特许管理会计师（CIMA）
□其他，请注明________________

123. 您认为以下各证书的含金量有多高（在0—5之间取值，其中0表示“不了解”，1表示“很低”，2表示“较低”，3表示“一般”，4表示“较高”，5表示“很高”）：
□中国注册会计师（CPA）__　□资产评估师（PV）__
□注册税务师（CTA）__　□注册金融分析师（CFA）__

□注册金融理财师（CFP）__ □金融风险管理师（FRM）__
□英国特许会计师（ACCA）__ □加拿大注册会计师（CGA）__
□澳大利亚注册会计师（ASCPA）__ □美国注册管理会计师（CMA）__
□英国特许管理会计师（CIMA）__

124. 您最近购买的一本书是____个月前买的，该书主要属于哪个领域：
□会计、财务或审计 □企业管理 □金融或证券 □经济 □法律
□政治 □社会 □文化 □文学 □其他，请注明：________________

125. 您最近读的一本书是____个月前读的，该书属于哪个领域：
□会计、财务或审计 □企业管理 □金融或证券 □经济 □法律
□政治 □社会 □文化 □文学 □其他，请注明：________________

126. 您最近参加的在职培训是____个月前进行的，培训的内容涉及（可多选）：
□会计、财务或审计 □企业管理 □金融或证券 □经济 □法律
□政治 □社会 □文化 □文学 □其他，请注明：________________

127. 最近一年，您每天用于开会平均约____个小时，处理本职工作平均约____个小时，社会交往平均约____小时，上网平均约____个小时，浏览微信平均约____小时。

128. 您心目中最崇拜的企业是（若无，可不填）：________________________

129. 您最崇拜的人物是（若无，可不填）：____________________________

130. 您最崇拜的企业家是（若无，可不填）：__________________________

131. 贵公司属于（可多选）：□央企 □地方国有企业 □非国有企业
□民营企业 □中外合资企业 □中外合作企业 □外商独资企业
□上市公司 □非上市公司 □其他，请注明：____________________

132. 贵公司的产品主要属于：□制造业 □金融业 □建筑和房地产业
□服务业 □综合类行业 □其他行业，请注明：__________________
其中，若是制造业，主要产品属于为：
□食品 □饮料（含酒） □烟草 □纺织 □服装和服饰（含制鞋）
□木材加工与家具制造 □造纸与印刷（含记录媒介复制）
□文体和娱乐用品制造 □石油加工 □化工化纤 □医药
□金属冶炼和压延加工 □金属制品 □非金属矿物制品 □设备制造
□汽车制造 □仪器仪表制造 □其他制造

133. 贵公司位于____________省____________市

134. 贵公司现有职工约____人，上年的净利润约为________万元，上年底总

资产约为________万元，国有股所占比例约为____%。

135. 贵公司名称为__________________（用于资料整理，无其他目的）

136. 您认为财、会、审方面的知识和能力在财会人员的全部知识体系和能力体系中占居约为________%的比重，其中财务约占有____%，会计约占有____%，审计约占有____%。

137. 您最擅长的管理会计领域是：______________________________，
您在该领域的主要贡献是（若无，可不填）：________________________
____
____
____

138. 近年来，贵公司的财会工作在哪些方面取得了创造性成果（可不填）：
（1）____
（2）____
（3）____

我们很愿意将本次调查的研究成果与您分享。如果需要，请留下您的电子邮箱：

____

调查到此结束。衷心感谢您在百忙之中参加本次调查，谢谢您的积极而有价值的回答！

财政部江苏专员办课题组

附件五 调研提纲

通用提纲

访谈对象基本信息

姓名：

性别：

年龄：

部门：

职位：

联系电话：

电子邮箱：

访谈时间：　　月　　日　　点　　分

访谈地点：

访谈预计的持续时间：　分钟

企业基本信息

企业名称：

企业性质：

所处行业：

企业地点：

项目组参加者：

整理人：

一、项目背景介绍和访谈对象自我介绍

1. 顾问介绍项目背景和访谈目的。

2. 您可以简单介绍一下您的个人经历吗？主要是工作经历，包括在该企业之前的工作经历。

二、职责与流程方面

1. 您平时主要负责哪些工作，这些工作的具体内容是什么，请详细介绍一下？（如果是部门负责人，可以询问：您所负责部门的部门职责和岗位设置）

2. 您所负责的工作中哪一项工作是耗时最多、耗精力做多、最棘手的？在工作过程中，您觉得难度最大、受干扰最多的任务是什么？（或者是您的工作精力是如何分配的？）

3. 您所负责的工作有明确的工作目标吗，是什么？为了保证这些工作目标实现，您采取了哪些措施，企业是否有相关的规定？哪些因素会影响工作目标的实现，为什么会产生这些因素或现象？（是不是由于企业的疏忽、不重视，或者没有相关的制度和职能，还是因为信息系统不支持？）

4. 企业现在有绩效考评的制度吗？具体是如何考核您的岗位职责履行情况的？

5. 在工作中，和您联系最密切的岗位是什么？您的上级岗位、下级岗位分别是什么？在您所负责的工作中，上下游接口岗位分别是什么（可能要区分不同的工作内容）？

6. 请您谈谈，您的工作流程中，哪些环节最容易出现问题（比如说拖拉、扯皮、标准不明确、作假）？这些问题现在已经解决了吗？

（1）如果解决了，您有哪些经验和成果？

（2）如果没有解决，您觉得采取哪些方法可以解决或者缓解这些问题（可以从制度、人员、沟通等方面谈谈）？您觉得需要上级单位提供怎样的支持？

7. 您觉得您的工作重要吗？领导重视您的工作吗？（如果是部门负责人，可以询问：您认为您所负责的部门在企业中重要吗？）

8. 您认为在今后，哪些工作会越来越重要？哪些会越来越不重要？

三、管理会计特色相关问题

1. 您认为企业有必要推进管理会计建设吗？您认为管理会计建设重要吗？

2. 本企业是否专门设置管理会计部门/岗位？您认为哪些岗位属于管理会

计岗位？您认为是否有必要单独设置管理会计相关部门/岗位？

3. 您认为管理会计和财务会计相比，存在哪些差异？（或者您认为管理会计应发挥的作用有哪些？）您能谈谈您对管理会计的认识和看法吗？

4. 您认为您所负责的工作属于管理会计工作范畴吗？（或者您认为您所负责的工作与管理会计工作范畴是怎样的关系？）

5. 您认为企业在推进管理会计建设上有哪些创新性的做法？能不能给我们举一些企业中为推动管理会计建设所采取的措施？这些措施的影响力及实施效果如何？

6. 您对本企业的管理会计体系建设有哪些看法，例如会遇到哪些困难？有哪些建议？哪些是企业能够解决的？哪些需要上级单位的支持？

7. 您觉得企业的业务未来会怎样发展，会不会发展一些新的业务？在这种趋势下管理会计可以做出怎样的贡献？

8. 您认为在管理会计建设上，哪个或哪些企业是本企业学习的对象（或者是标杆企业）？

9. 您认为作为一名财会人员，需要掌握哪些知识？需要哪些方面的能力？

10. 针对给的材料，再补充特色问题。

四、期望和建议

1. 您希望本项目对您部门的工作有哪些帮助？对本项目有什么期望？

2. 您对我们项目工作还有哪些问题、意见、建议？

注意：收集相关的制度和表单（询问有无电子稿）

非常感谢您对本项目工作的支持！

参考文献

[1] ACCA：Syllabus and study guide（F1）（2014. 2 –2015. 8）.

[2] ACCA：Syllabus and study guide（F2）（2014. 2 –2015. 8）.

[3] ACCA：Syllabus and study guide（F3）（2014. 2 –2015. 8）.

[4] ACCA：Syllabus and study guide（F4）（2014. 9 –2015. 8）.

[5] ACCA：Syllabus and study guide（F5）（2014. 9 –2015. 6）.

[6] ACCA：Syllabus and study guide（F6）（2015. 4 –2016. 3）.

[7] ACCA：Syllabus and study guide（F7）（2014. 12 –2015. 6）.

[8] ACCA：Syllabus and study guide（F8）（2014. 12 –2015. 6）.

[9] ACCA：Syllabus and study guide（F9）（2014. 12 –2015. 6）.

[10] ACCA：Syllabus and study guide（P1）（2014. 12 –2015. 8）.

[11] ACCA：Syllabus and study guide（P2）（2014. 12 –2015. 6）.

[12] ACCA：Syllabus and study guide（P3）（2014. 12 –2015. 6）.

[13] ACCA：Syllabus and study guide（P4）（2014. 12 –2015. 6）.

[14] ACCA：Syllabus and study guide（P5）（2014. 12 –2015. 6）.

[15] ACCA：Syllabus and study guide（P6）（2015. 4 –2016. 3）.

[16] ACCA：Syllabus and study guide（P7）（2015. 4 –2016. 3）.

[17] ACCA 官网 http：//competencyframework. accaglobal. com.

[18] AIA：Syllabus –2015.

[19] AIA：AIA – Code – of – Ethics – 2014.

[20] AICPA：2014 – CPA – Exam – Booklet.

［21］AICPA：2014December15ContentAsof2015April23CodeofConduct.

［22］AICP：CSOs－SSOs－Effective－Jan－2016.

［23］AICPA 考试大纲 .

［24］AICPA 社会认同 .

［25］AICPA 官网 http：//www. aicpa. org.

［26］ASCPA：RTO POLICY 9：ISSUIN G QUALIFICATIONS.

［27］ASCPA：Compiled APES 110 Code of Ethics for Professional Accountants.

［28］Beverley Jackling，Paul De Lange. Do Accounting Graduates' Skills Meet The Expectations of Employers? A Matter of Convergence or Divergence［J］. Accounting Education：an international journal，September－December 2009，Vol. 18 Nos. 4－5，369－385［29］cpaaustralia 官网 http：//www. cpaaustralia. com. au/.

［30］CAhttp：//baike. baidu. com/link? url＝ct4abwIBqQhjczhVQ5759－Rqq4OH6C5I2KAoytr7OL_Fosv8goaR91Hac－uUh_rIUwcHCi6aaYrg3azEF9vEpq.

［31］CA：http：//www. amberedu. com/Article/Read/10040.

［32］CA：http：//www. jjl. cn/edu/zhengzhou/zjsd/448072. shtml.

［33］CFA：The CFA Institute Ethical Decision－Making Framework.

［34］CFA：Code of Ethics and Standards of Professional Conduct.

［35］CFA：CFA_ program_ curriculum_ evolution.

［36］CFA：L1 _ StudySession_ combined 2015 年 .

［37］CFA：L2 _ StudySession_ combined 2015 年 .

［38］CFA：L3 _ StudySession_ combined 2015 年 .

［39］CFA 官网 .

［40］CGA：Code of Ethical Principles and Rules of Conduct 2. 14 版 2013.

［41］CGA：CGA Syllabus 2014.

［42］CGA：CGA Competency Framework 2010.

［43］CGA：官网 http：//www. cga－china. org/.

［44］CGA：官网 http：//www. cga－china. org/we－about. html.

［45］CGA：官网 http：//www. cga－china. org/we－s1404. html.

［46］CGMA：CGMA Code of ethics.

［47］CGMA：CGMA Competency－framework－complete.

[48] CGMA：CGMA Competency - framework - overview.

[49] CGMA 官网。

[50] CIMA：CIMA 2015 professional qualification syllabus.

[51] CIMA：CIMA code of ethics.

[52] CIMA2007 年官方宣传手册.

[53] CIMA 官网。

[54] CMA handbook 2015.

[55] CMA brochure 2015.

[56] CMA 官网.

[57] CMA content specification outlines 2015.

[58] CMA Learning outcome statements 2015.

[59] 加拿大注册会计师协会.2017. 2016 - 2017 年年报.

[60] 加拿大注册会计师协会.2018. 加拿大注册会计师胜任能力框架图.

[61] James W. Damitio，Raymond S. Schmidgall. What Accounting Skills Do Managers Value [J]. Strategic Finance，October 2007.

[62] Jose Luis Arquero Montano，Jose Antonio Donoso Anes，Trevor Hassall，John Joyce. Vocational skills in the accounting professional pro. le：the Chartered Institute of Management Accountants (CIMA) employers' opinion [J]. Accounting Education，2001 [10 (3)]，299 - 313.

[63] Kristine N. Palmer，Douglas E. Ziegenfuss，Robert E. Pinsker. International knowledge，skills，and abilities of auditors/accountants：Evidence from recent competency studies [J]. Managerial Auditing Journal，2004：889.

[64] 日本公认会计士协会. 2017. 2017 年年报.

[65] 中华民国会计师公会. 2017. 2017 年白皮书.

[66] 刘玉廷. 对我国高级会计人才职业能力与评价机制的探讨 [J]. 会计研究，2004，6：27 - 30.

[67] 南京大学会计学系课题组. 中国会计作用：现状与判断——来自企业家阶层的报告 [J]. 会计研究，2000，11：37 - 48.

[68] 邓传洲，赵春光，郑德渊. 职业会计师能力框架研究 [J]. 会计研究，2004，6：31 - 35.

[69] 秦中良，张玉伟. 形成“阶梯式”考评体系建立科学的高级会计人才评价机制——财政部会计司司长刘玉廷谈高级会计师资格考评结合试点工作

[J]. 财务与会计，2004，4：8 -10 +1.

[70] 田茂永. 构建以价值管理为中枢的 CFO 评价体系 [J]. 首席财务官，2006，4：24 -25.

[71] 佟成生，许素兰，李扣庆，梁淑屏. 中国企业管理会计人才培养模式研究——基于中国企业财务人员的调查问卷分析 [J]. 会计研究，2014，9：13 -20.

[72] 许萍. 会计人员能力框架问题研究 [D]. 厦门大学，2006.

[73] 夏大慰，郑德渊，张人骥. 论中国 CFO 能力框架的实施 [J]. 上海市经济管理干部学院学报，2007，5：52 -57.

[74] 小艾尔弗雷德. D. 钱德勒. 看得见的手——美国企业管理革命 [M]. 商务印书馆. 1997.

[75] 熊焰韧，苏文兵. 管理会计实践发展现状与展望 [J]. 会计研究，2008，11：84 -90.

[76] 葛艳波. 试析企业会计人员能力框架与会计人才评价 [J]. 现代经济信息，2013，21：117.

[77] 王晓娜. 我国会计人员职业能力框架的初步研究 [D]. 东北财经大学，2005.

[78] 湖北恩施州财政局总会计师素质能力研究课题组，刘国文. 我国总会计师能力评价指标体系及评价模型 [A]. 2009 年度中国总会计师优秀论文选 [C]，2011：11.

[79] 王淑霞. 正高级会计师的评价体系与能力建设 [J]. 会计研究，2009，7：79 -85.

[80] 周宏，张巍，宗文龙，杨霁. 企业会计人员能力框架与会计人才评价研究 [J]. 会计研究，2007，4：83 -89 +96.

[81] 孙茂竹，文光伟，杨万贵著. 管理会计学 [M]. 北京：中国人民大学出版社. 2009.

[82] 孙茂竹主编. 管理会计学 [M]. 北京：中国人民大学出版社. 2015.

[83] 约翰逊，卡普兰. 相关性的遗失——管理会计兴衰史 [M]. 清华大学出版社. 2004.

[84] 余绪缨，(加) 阿磅 (Oppong，Andrews) 著. 国际管理会计 [M]. 沈阳：辽宁人民出版社. 1992.

[85] 余绪缨编著. 管理会计 [M]. 北京：中国财政经济出版社. 1983.

[86] 余绪缨等编著．现代管理会计学［M］．长春：吉林人民出版社．1987.

[87] 余绪缨，（加）阿磅（Oppong，Andrews）著．国际管理会计［M］．沈阳：辽宁人民出版社．1992.

[88] 余恕莲主编．管理会计［M］．北京：对外经济贸易大学出版社．2004.

[89] 余恕莲，李相志，吴革著．工商管理精品系列教材 管理会计 第3版［M］．北京：对外经济贸易大学出版社．2013.

[90] 张继德，王霞．我国管理会计人才体系建设存在问题和对策［J］．会计之友，2014，20：122－126.

[91] 财政部关于全面推进管理会计体系建设的指导意见（征求意见稿）［J］．国际商务财会，2014，2：10－12.

[92] 2014年10月27日 财政部《关于全面推进管理会计体系建设的指导意见》（财会〔2014〕27号）．

[93] 2016年6月22日 财政部《管理会计基本指引》（财会〔2016〕10号）．

[94] 2016年10月8日 财政部《会计改革与发展“十三五”规划纲要》（财会〔2016〕19号）．

[95] 2017年9月29日 财政部《管理会计应用指引第100号——战略管理》（财会〔2017〕24号）．

[96] 1986年4月10日 中央职称改革工作领导小组《会计专业职务试行条例》（职改字［1986］55号）．

[97] 2019年3月25日 中国总会计师协会《中国管理会计职业能力框架》（中总协［2019］12号）．

[98] 刘玉廷．对我国高级会计人才职业能力与评价机制的探讨［J］．会计研究，2004，6：27－30.

[99] 邓传洲，赵春光，郑德渊．职业会计师能力框架研究［J］．会计研究，2004，6：31－35.

[100] 秦中艮，张玉伟．形成“阶梯式”考评体系建立科学的高级会计人才评价机制——财政部会计司司长刘玉廷谈高级会计师资格考评结合试点工作［J］．财务与会计，2004，4：8－10＋1.

[101] 田茂永．构建以价值管理为中枢的CFO评价体系［J］．首席财务官，2006，4：24－25.

[102] 许萍．会计人员能力框架问题研究［D］．厦门大学，2006.

[103] 夏大慰，郑德渊，张人骥．论中国 CFO 能力框架的实施 [J]．上海市经济管理干部学院学报，2007，5：52－57.

[104] 葛艳波．试析企业会计人员能力框架与会计人才评价 [J]．现代经济信息，2013，21：117.

[105] 王晓娜．我国会计人员职业能力框架的初步研究 [D]．东北财经大学，2005.

[106] 湖北恩施州财政局总会计师素质能力研究课题组，刘国文．我国总会计师能力评价指标体系及评价模型 [A]．2009 年度中国总会计师优秀论文选 [C]，2011：11.

[107] 王淑霞．正高级会计师的评价体系与能力建设 [J]．会计研究，2009，7：79－85.

[108] 周宏，张巍，宗文龙，杨霁．企业会计人员能力框架与会计人才评价研究 [J]．会计研究，2007，4：83－89＋96.

[109] 孙茂竹，文光伟，杨万贵著．管理会计学 [M]．北京：中国人民大学出版社．2009.

[110] 孙茂竹主编．管理会计学 [M]．北京：中国人民大学出版社．2015.

[111] 余绪缨，(加) 阿磅 (Oppong，Andrews) 著．国际管理会计 [M]．沈阳：辽宁人民出版社．1992.

[112] 余绪缨编著．管理会计 [M]．北京：中国财政经济出版社．1983.

[113] 余绪缨等编著．现代管理会计学 [M]．长春：吉林人民出版社．1987.

[114] 余绪缨，(加) 阿磅 (Oppong，Andrews) 著．国际管理会计 [M]．沈阳：辽宁人民出版社．1992.

[115] 余恕莲主编．管理会计 [M]．北京：对外经济贸易大学出版社．2004.

[116] 余恕莲，李相志，吴革著．工商管理精品系列教材 管理会计 第 3 版 [M]．北京：对外经济贸易大学出版社．2013.

[117] 张继德，王霞．我国管理会计人才体系建设存在问题和对策 [J]．会计之友，2014，20：122－126.

[118] 财政部关于全面推进管理会计体系建设的指导意见（征求意见稿）[J]．国际商务财会，2014，2：10－12.

[119] 加拿大注册会计师协会．2017. 2016－2017年年报．

[120] 加拿大注册会计师协会．2018. 加拿大注册会计师胜任能力框架图．

[121] 日本公认会计士协会．2017. 2017年年报．

[122] 中华民国会计师公会．2017. 2017年白皮书．

[123] 中国总会计师协会文件，中总协【2019】9号．

[124] 周守华，刘国强．“计天下利”与会计发展[J]. 会计研究，2016，1：3－4.

后记

在对各行业大中型企业的走访过程中，我们感到我们与实务界之间共同的话题不是越来越多，而是越来越少。

近年来，会计学界兴起了实证研究的热潮，在我们的研究中充斥着形形色色的数学模型，理论与数据结合的严丝合缝。但我们实务界的同行却不无失望地追问：你们的研究到底解决了多少现实问题？管理会计的实践现状你们关心吗？你们了解我们会计人员吗？

作为一个与实践结合非常紧密的学科，我们当中总要有一些人去关注现实问题。我们决定走进管理会计现场，尝试着去贴近现实问题，尽管我们很清楚，我们的这些努力对于解决问题而言很可能是杯水车薪。

那么管理会计实践中的现实问题有哪些呢？显然很多。

我们在调研中发现，管理会计人才的匮乏是其中比较突出的一个问题。于是，我们就从这个问题入手，选择了最为常见的问卷调查和实地访谈方法。数据处理也用了简单直观的描述性统计，我们只有一个朴素的想法，把我们的认知报告出来，让理论界、实务界更多的聪明人都关注这些问题，大家携起手来推动管理会计的发展，不要辜负时代赋予我们的使命。

从问卷设计到实地访谈，再到本书写作，历经了将近两年时间，我们不断意识到自己的不足，不断成长。

我们能做的极其有限，我们期待这一领域更多更加丰富的研究成果不断涌现，共同完成构建管理会计人才评价体系的使命。

感谢中国总会计师协会、财政部江苏专员办和中国管理会计实践创新平台给我们创造了与企业管理层和财务负责人直接对话的机会，没有这些机构热心的领导和前辈们牵线搭桥，我们很难有机会与实务界的同行们广泛而深入的交流。感谢国家社会科学基金选择资助了我们的研究，感谢南京大学会计学系对本书出版的资助，感谢南京大学会计学系魏晓冉、吴梦瑶、曾诗洁、陶仲羚、杨艺童等同学在调研和问卷收集整理过程中付出的辛勤劳动。特别感谢吕小军女士在本书出版过程中，给予我们的鼓励和耐心，并为此付出了大量辛勤劳动。我们无以为报，唯有加倍努力！

2019 年 10 月